AF474777

Lit E N° 686
Rumillies.

KETTELER

EN VENTE A LA MÊME LIBRAIRIE

DU MÊME AUTEUR

CATHOLIQUES ALLEMANDS. In-12................. **3 50**
LE RÉVEIL D'UN PEUPLE. In-12.................. **3 50**
LES ADVERSAIRES DU POUVOIR TEMPOREL ET LA TRIPLE ALLIANCE. In-12 .... **3 50**
UN CURÉ ALLEMAND EXTRAORDINAIRE (étude sur M. l'abbé S. KNEIPP). In-12, *avec portrait*... **0 75**

Cet ouvrage a été déposé, selon la loi, en janvier 1894.

CHALON-SUR-SAÔNE, IMPRIMERIE DE L. MARCEAU.

A. KANNENGIESER

KETTELER

ET

L'ORGANISATION SOCIALE

EN

ALLEMAGNE

PARIS

P. LETHIELLEUX, LIBRAIRE-ÉDITEUR

10, RUE CASSETTE, 10

1894

A

MON CHER ÉLÈVE

EUGÈNE LEFÉBURE

PRÉFACE

Au mois de mars dernier, siégeait à Paris le congrès des *Comités de la Croix,* — cette œuvre si jeune et déjà si florissante, — et M. le comte de Mun y parla, avec une haute éloquence, de la nécessité de l'*organisation catholique.* Quelques semaines plus tard, le même orateur prononçait à Toulouse un discours-programme, et il revint sur ce point avec une insistance marquée. « La seconde condition pour atteindre notre but, s'écria-t-il, c'est l'organisation non seulement de congrès et de joûtes oratoires, mais de mesures pratiques... »

Et, en effet, sans organisation, les forces sociales et religieuses,— une douloureuse expérience nous l'a prouvé, — sont condamnées à une impuissance absolue[1]. Organisées, au contraire, il n'est aucun

1. Le secret de notre échec, écrivait M. Lamy à ses électeurs après sa défaite du 20 août, le secret de notre échec et de toutes les défaites subies par les honnêtes gens, dans la France entière, est l'*infériorité de l'organisation.*

obstacle dont elles ne parviennent à triompher.

Dans le volume que nous offrons aujourd'hui au lecteur, nous nous sommes proposé de montrer comment on peut s'organiser et à quels résultats aboutit une bonne organisation. C'est encore à l'Allemagne que nous avons demandé nos exemples, parce que nulle part l'organisation sociale des catholiques n'est aussi bien comprise, aussi largement développée, aussi pleinement couronnée de succès.

Lorsqu'on parle du mouvement religieux et social en Allemagne, le nom de Mgr Ketteler se présente aussitôt à la mémoire. Il a été l'organisateur par excellence, et sa ville épiscopale a été le centre lumineux, dont le rayonnement s'étendait au loin sur la patrie allemande. L'évêque de Mayence domine son époque de toute la hauteur de son caractère, de son génie pratique, de sa science. De quelque côté qu'on pousse ses investigations, on rencontre l'influence puissante de ce prélat qui, en d'autres temps, eût chevauché fièrement à côté d'un Pie II ou d'un Jules II. Qu'il s'agisse d'œuvres sociales, d'institutions ouvrières, d'action politique, de renouvellement scientifique, Ketteler est partout au premier rang, suscitant de généreuses initiatives, groupant les bonnes volontés, secondant toutes les nobles aspirations, et ouvrant de larges horizons à ceux qui, fatigués d'un matérialisme égoïste, rêvent de construire l'édifice social de l'avenir. De son vivant, il est l'un des chefs incontestés des catholiques militants, et, presqu'à l'égal de Mallinckrodt et de Windthorst, il sait tenir la foule sous le charme de sa parole irrésistible. Et tandis que le prestige de tant d'autres meurt avec les derniers échos de leur éloquence, Ketteler, lui, commence à régner véritablement après sa mort. *Mortuus adhuc loquitur*, pourrait-on dire du vaillant évêque. Il parle et il agit dans les institutions qu'il a créées ; il se survit dans les nombreux disciples qui continuent ses traditions ; il règne enfin par les œuvres qui ont germé sur son tombeau dans cette ville de Mayence, dont le nom est désormais intimement lié au sien.

L'un des rouages essentiels de l'organisation catholique en Allemagne, ce sont les congrès annuels que Windthorst a appelés « nos grandes manœuvres d'automne ». Il pouvait être intéressant de faire connaître à fond le fonctionnement, le mécanisme, si je puis ainsi dire, de ces congrès à l'aide desquels les catholiques ont eu raison des violences du Kulturkampf. Nous avons choisi celui qui s'est tenu à Mayence au mois de septembre 1892. C'est à Mayence qu'est née l'Assemblée générale des catholiques, il y a tantôt quarante ans, et dès cette époque, Ketteler y a fait entendre sa parole véhémente. Dans la suite, il a souvent paru à ces grandes assises du peuple catholique, et l'an passé, on a pu se convaincre, à Mayence, que son souvenir plane toujours au-dessus de ces réunions, et que tout mort qu'il est, il en reste en quelque sorte l'inspirateur et le génie tutélaire.

A la vue des progrès alarmants du socialisme, Windthorst comprit que désormais les congrès ne suffiraient plus, et qu'avec les cadres dont il disposait il lui serait impossible de tenir longtemps tête à ce redoutable ennemi. Une réorganisation de l'armée catholique pouvait seule neutraliser les efforts de la démocratie révolutionnaire. Tout préoccupé qu'il était de cette idée, le chef du Centre en fit part à quelques-uns de ses amis. On résolut de discuter la question dans une série de réunions secrètes, et c'est encore Mayence qui fut choisie comme lieu du rendez-vous. Ce qu'on décida dans ce cénacle, tout le monde le sait aujourd'hui. La Petite-Excellence dota l'Allemagne catholique de cette institution merveilleuse, qui s'appelle le *Volksverein,* et qui, après trois années d'existence, compte plus de 160,000 membres, et est par conséquent l'association la plus puissante de l'Empire. Ketteler avait bien inspiré Windthorst.

Et de même que le *Volksverein* est né de l'œuvre des congrès, il a, de son côté, donné naissance au *Cours de sociologie pratique*, si brillamment inauguré, l'année dernière, à München-Gladbach. Ketteler avait formé des disciples, qui ont joué un rôle important durant ces vingt dernières années. Toute une littérature sociale est sortie de sa *Question ouvrière*, publiée en 1863, et, d'autre part, des patrons intelligents, des prêtres zélés ont réalisé quelques-unes des idées chères à l'évêque de Mayence. Mais ces idées comme ces œuvres n'étaient vraiment fécondes qu'à la condition de devenir le patrimoine commun de tous. Il fallait vulgariser les ouvrages des Hitze, des Moufang, des Hertling, et faire connaître les institutions ouvrières, dues à l'initiative des grands industriels catholiques Brandts, Boch, etc. Le comité du *Volksverein* l'a senti, et il a eu l'heureuse inspiration de fonder un enseignement social, une sorte d'école de sociologie pratique, où les hommes de bonne volonté apprennent ce que l'on *peut* et ce que l'on *doit* faire pour l'ouvrier. Cette institution, qui donne déjà les meilleurs résultats, complétait d'une façon très ingénieuse l'organisation catholique, dont les *Congrès* et le

Volksverein constituent les éléments principaux.

Congrès, Association populaire, Cours social, c'est avec ces leviers que les amis de Windthorst ont soulevé l'Allemagne catholique. Grâce à une organisation si parfaite, le Centre est devenu, suivant l'expression de la Petite-Excellence, « une tour absolument inébranlable ».

On s'en est aperçu aux dernières élections du *Reichstag*. Le gouvernement, les catholiques militaristes, les libéraux de toute nuance, les conservateurs protestants, les antisémites et les socialistes s'étaient ligués contre le Centre. Vains efforts : le Centre a vaincu cette formidable coalition, comme on le verra à la fin de ce volume.

Dans les pages qu'on va lire, je crois avoir indiqué quelques-uns des moyens qui ont procuré la victoire aux catholiques. Un sénateur romain concluait tous ses discours par ce mot obstiné : *Delenda est Carthago!* Le refrain de Caton a fini par faire tomber les murs de Carthage. On trouvera peut-être que mes volumes sur l'Allemagne ont tous le même refrain monotone! Et qu'importe, s'ils réussissent à inspirer aux jeunes gens le désir de s'organiser sérieusement et de préparer ainsi les triomphes de demain?

Château de Sainte-Assise.— Fête du Rosaire, 1893.

BREF

DE SA SAINTETÉ LE PAPE LÉON XIII

A M. L'ABBÉ KANNENGIESER

A notre cher fils, Alphonse Kannengieser, prêtre, à Paris.

Cher fils, salut et bénédiction apostolique.

L'hommage de votre dévouement envers Nous : votre ouvrage Catholiques allemands, *suivi bientôt de cet autre :* Le Réveil d'un peuple, *a été agréé de tout cœur par Nous qui estimons l'un et l'autre dignes de votre talent et de Notre éloge. Ce double travail sur un sujet d'une parfaite unité, est des plus opportuns et sera très efficace. Vous l'avez traité avec un tel zèle pour la religion, une connaissance si approfondie des temps et des hommes, que votre œuvre non seulement met au grand jour les récents mérites d'une nation, mais les fera briller encore au loin comme un noble exemple de vraie vertu catholique.*

Comme Nous l'avons recommandé dans No lettres et Nos discours, les catholiques doivent en effet, se montrer plus énergiques aujourd'hu pour la cause de la religion, cause important entre toutes, et persévérer dans sa défense en unissant leurs vues et leurs forces. Souven aussi, Nous avons loué le magnifique exemple d fermeté et d'union que l'Allemagne catholiqu donne depuis longtemps, sous la directio d'hommes de haute valeur.

Pour vous qui, à la lumière des faits et ave une grande justesse d'appréciation, vous ête efforcé de bien mettre en relief ces œuvres et ce personnages, soyez pleinement assuré d'avoi accompli une tâche qui Nous est très agréable et croyez que les résultats de votre travail n seront pas moins profitables à un grand nombr que glorieux pour vous-même.

Et maintenant, cher fils, il faut que vous qu avez justement exalté la grandeur d'âme et l'iné branlable fermeté des soldats du Christ, vou restiez vous-même fidèle à ces enseignements e que vous continuiez comme par le passé à servi de toutes vos forces la sainte Église dans toute les conjonctures. A votre dévouement pour l cause de Dieu, l'assistance qu'il donne à ses dé fenseurs ne fera point défaut. Nous la deman-

dons pour vous, cher fils, en vous accordant très affectueusement, à vous et aux vôtres, la bénédiction apostolique.

Donné à Rome, près Saint-Pierre, le 21 octobre 1892, de notre pontificat l'an quinzième.

LÉON XIII.

TEXTE LATIN

Dilecto filio Alfonso Kannengieser sacerdoti Parisios.

LEO PP. XIII

Dilecte Fili, salutem et Apostolicam benedictionem. Tuæ in Nos pietatis munera, libros videlicet Catholiques allemands *et* le Réveil d'un Peuple, *haud longo intervallo oblata, libenti Nos animo excepimus, digna sane et ingenio tuo et commendatione Nostra. Res utriusque libri maxime cohærens, peropportuna, salutaris : quo vero religionis studio, qua temporum atque hominum intima notatione rem ipsam es persecutus, opus plane exegisti, ex quo non tantum unius gentis recens gloria pateat illustrata, sed præterea specimen virtutis eo latius constitutum emineat. Oportere nimirum homines catholicos in religionis causa quæ una omnium est maxima, se nunc multo præbere alacriores, in eaque tuenda consiliis et viribus perseverare conjunctis, hoc frequenter Nos litteris et sermone suademus : pluries autem laudavimus concordissimæ firmitatis exemplum quod Germania catholica, egregiis viris præeuntibus, jamdiu edit insigne. Tu vero qui hæc eadem eosdemque viros quum historiæ luce tum æquitate judicii exornare curasti, crede quidem gratum te Nobis admodum fecisse, tuique laboris fructus non minus utiles multis quam tibi fore præclaros. Restat ut quam tu, dilecte Fili, in militibus Christi pro merito effers invictam propositorum constantiam, magno idem animo tenere ne cesses, atque totus, ut facis, Ecclesiæ temporibus inservire contentas : neque enim causam ejus agendi deerunt tibi a Deo præsidia, id quoque Nobis precantibus per Apostolicam benedictionem quam tibi tuisque amantissime impertimus.*

Datum Romæ apud S. Petrum die XXI octobris anno MDCCCXCII, pontificatus Nostri quintodecimo.

LEO PP. XIII.

UN ORGANISATEUR

KETTELER

ET

L'ORGANISATION SOCIALE EN ALLEMAGNE

UN ORGANISATEUR

KETTELER

Un conseiller de préfecture qui profite d'une persécution religieuse pour échanger son habit brodé contre la soutane du prêtre, ce n'est pas un événement banal. Si ce prêtre qui porte un des plus beaux noms de l'aristocratie s'ensevelit avec bonheur dans un obscur village et y passe son temps à visiter les pauvres, à soigner les malades, et à faire le lit de ses paroissiens délaissés, il y a de quoi vivement piquer la curiosité. Que ce curé de campagne devienne évêque, absolument malgré lui, qu'une fois revêtu de la plénitude du sacerdoce, il se révèle écrivain et orateur de premier ordre, que par ses écrits et ses hardies initiatives il remue tout un pays et attire sur sa personne l'attention de l'Europe entière, aussitôt la curiosité fait place à l'admiration. Et lorsque après une existence si merveilleusement féconde, cet homme se survit par ses idées, ses réformes et ses œuvres, lorsqu'une grande école se réclame de son autorité et que son nom est prononcé avec enthousiasme par les savants et par les ouvriers, on peut dire sans exagération qu'il est entré dans la gloire !

Telle est en peu de mots l'histoire du baron Emmanuel de Ketteler, mort évêque de Mayence il y a environ vingt ans. Il est aujourd'hui peu de noms aussi populaires en Allemagne que celui de ce prélat aristocratique qui a consacré sa vie aux classes ouvrières. Au dernier congrès de Mayence le discours le plus applaudi fut un éloge de Ketteler, et au cours de sociologie pratique de Munchen-Gladbach le génie du grand évêque semblait planer au-dessus de toutes les délibérations. Pour les catholiques allemands, Ketteler est en quelque sorte l'alpha et l'oméga de la science sociale. Tout le mouvement social de notre temps, ils le font dériver de lui, et à les entendre les institutions et les lois ouvrières créées ou provoquées par l'abbé Hitze et le Centre ne sont que l'éclosion et l'épanouissement des germes déposés dans le sol par l'évêque de Mayence.

Et la gloire comme les idées de Ketteler ont franchi de bonne heure les frontières de l'Allemagne et de l'Autriche.

Aux deux congrès sociaux de Liège l'influence de Ketteler a été plus d'une fois prépondérante. En Angleterre et aux États-Unis, d'illustres princes de l'Église ont proclamé hautement qu'ils marchaient sur ses traces, et, en France, ses doctrines ont trouvé d'éloquents interprètes et de non moins éloquents adversaires. En Suisse enfin, il s'est rencontré un tribun catholique[1] qui a fait de Ketteler sa chose, qui jure exclusivement par lui, qui vient de traduire en français quelques-uns de ses discours et qui déploie une fougue oratoire extraordinaire pour exalter partout, à Rome, en Allemagne, en France, l'incomparable initiateur des études sociales.

Si je ne craignais de paraître peu modeste, je dirais volontiers que souvent, en France, du moins, on parle de l'évêque de Mayence sans connaître suffisamment sa

1. Decurtins, le chef du parti catholique en Suisse et l'un des meilleurs orateurs du Conseil national. M. Decurtins que j'ai eu l'occasion d'entendre et d'admirer à plusieurs congrès catholiques d'Allemagne, entre autres à Fribourg, à Coblenz et à Mayence, est un vrai socialiste catholique. Il s'occupe des ouvriers avec un dévouement admirable et déploie une activité surprenante sur le terrain des études et des œuvres sociales. L'an passé, il a eu l'heureuse idée de publier, sous le titre d'*Études sociales catholiques*, quelques sermons de Mgr Ketteler. Malheureusement la traduction de ces discours, le format du volume et l'endroit où le livre a été publié (Bâle, imprimerie du *Volksblatt*) laissent beaucoup à désirer. Il faut le regretter, car il en est résulté évidemment que le volume n'a pas èu la diffusion qu'il méritait. Espérons que M. Decurtins songera à une seconde édition et qu'il tiendra compte alors des *desiderata* que nous venons de signaler.

personne, sa vie, ses œuvres et ses idées[1]. On risque ainsi de dépasser le but dans un sens ou dans un autre et de tomber dans de fâcheuses exagérations, ce qui est bien mal servir la gloire de Ketteler et bien mal défendre les théories dont il a pris le contre-pied.

Peut-être le moment est-il venu d'étudier de plus près cette grande figure et d'expliquer l'une par l'autre la vie et l'œuvre de l'évêque social par excellence.

1. Malheureusement la notice placée en tête du volume de Decurtins n'est guère arrivée au public. Outre cette notice, je signalerai un volume fort intéressant : *Le Pape, les Catholiques et la Question sociale,* par Léon Grégoire. Ce volume, où il est question de Ketteler, mérite d'être lu.

I

JEUNESSE DE KETTELER

Les catholiques allemands ont eu un réveil admirable en ce siècle. A examiner ce que la bureaucratie joséphiste avait fait du catholicisme il y a cent ans, on eût pu croire la vie religieuse tarie à jamais dans ce vieil arbre germanique dont les branches couvraient autrefois près de la moitié de l'Europe. Et soudain l'arbre a reverdi ! Une nouvelle poussée de sève est sortie des profondeurs mystérieuses du christianisme ; elle s'est mise à circuler dans le tronc mourant et a donné lieu à une efflorescence chrétienne que l'optimisme le plus hardi n'aurait osé rêver !

Toutes les races de la grande famille allemande ont contribué pour leur part à ce renouveau de la foi. Elles ont toutes fourni à l'Église soit des héros, soit des saints, des poètes ou des savants, des orateurs et des sociologues. Il en est une cependant qui semble avoir été particulièrement féconde en hommes éminents : j'ai nommé la race saxonne. L'Église d'Allemagne lui doit ses chefs politiques les plus illustres, Mallinckrodt, Windthorst, Waldeck, le roi des paysans westphaliens, et Schorlemer-Alst, cet autre roi des paysans qui est en train, hélas ! de perdre sa couronne ; ses économistes les plus remarquables, tels que l'abbé Hitze et le comte Galen ; ses plus grands poètes : Léopold de Stolberg, Annette Droste-Hulshof — un génie poétique qui, peut-être, n'a d'égal dans aucune littérature, — Weber, l'immortel auteur de *Dreizehnlinden*, Grimme, le poète lyrique du Sauerland ; ses plus nobles et ses plus vaillants évêques : Mgr Droste-Vischering, le martyr du premier Kulturkampf prussien, le cardinal Diepenbrock, le cardinal Melchers, enfin — *last no least* — le baron Emmanuel de Ketteler.

Ketteler est né le 25 décembre 1811, au cœur même de la Westphalie, en plein pays saxon, dans l'antique ville de Munster. Une atmosphère profondément chrétienne enveloppait son berceau. Munster était alors le centre religieux le plus vivant de la Prusse, et dans la famille Ketteler la foi et la charité constituaient les plus beaux fleurons de la couronne du blason. Élevé dans ce milieu par une mère qui était une sainte, Guillaume-Emmanuel devait grandir dans la crainte de Dieu. Malgré sa vivacité et l'impétuosité de son caractère, il fut d'une piété angélique dès le bas âge. Toute sa conduite s'en ressentait et il y avait sur le visage de l'enfant l'empreinte d'une gravité si précoce qu'un vieux chasseur de Harkotten ne l'appelait jamais que Mgr l'Évêque. Mais *Monseigneur l'Évêque* ne songeait guère à la mitre en ce temps-là. Comme ses amis, les cardinaux Diepenbrock et Melchers, il n'arriva au sacerdoce et à l'épiscopat qu'après avoir essayé de l'administration civile.

Lorsqu'il fut d'âge à commencer les études, on le

mit à l'école capitulaire de Munster, puis, à treize ans, il fut envoyé au collège des Jésuites, à Brieg, dans le Valais. Au sein de cette nature alpestre, il se plut infiniment, et les lettres qu'il écrivit de là à son frère Wilderich sont débordantes d'enthousiasme. Ces lettres sont intéressantes à plus d'un titre parce qu'elles nous dévoilent certains côtés peu connus de l'âme du futur évêque.

Guillaume était un élève plein d'entrain, — un vrai diable; — très intelligent, — presque toujours premier aux compositions; — avec cela un cœur d'une tendresse exquise. Il a rencontré au collège un jeune Alsacien, J.-B. Schlosser, pour lequel il a conçu une amitié très vive. Il en parle sans cesse à Wilderich, il voudrait que tout le monde connût son ami. Il lui prédit les plus hautes destinées; « ce sera un jour un grand saint, » écrit-il naïvement dans l'une de ses lettres. Touchante admiration de l'affection enfantine ! J.-B. Schlosser est mort simple notaire d'un village d'Alsace ; mais Ketteler a toujours conservé le même cœur aimant!

Il est vrai qu'il savait aussi se fâcher à l'occasion, fût-ce contre ses maîtres, et il avait le courage de le dire. « Je suis enchanté de mon séjour ici, écrit-il à Wilderich, un peu moins toutefois que l'an dernier, car nous avons un supérieur qui est horriblement grossier[1].

1. *Ungeheuer grob*, dit le texte allemand. On verra plus loin dans d'autres passages que le jeune Ketteler avait souvent le mot aussi violent que le caractère.

Alors même qu'on a à faire valoir les raisons les plus sérieuses, il vous saisit au collet et vous jette à la porte! » N'oublions pas que cette lettre hardie était remise au terrible supérieur et que le gamin avait à peine treize ans.

A dix-huit ans il avait achevé ses études classiques chez les Jésuites. Avec quel succès, c'est ce que révèlent ses nombreux ouvrages écrits dans un style aussi nerveux qu'élégant.

Pour se préparer à la carrière administrative, il alla faire son droit à l'Université de Göttingue.

L'étudiant allemand a toujours passé pour très querelleur. Ketteler le fut comme le meilleur des Prussiens. Ce jeune colosse avait une telle exubérance de vie et un tel besoin de se démener que l'Université de Göttingue ne connut point de *fils des Muses* plus bruyant que lui. Il était la terreur des propriétaires qui le logeaient et l'idole de tous les étudiants tapageurs. Naturellement il se battit en duel dès les premiers mois et s'il n'eut pas de duels fréquents dans la suite, c'est que le premier faillit lui coûter le nez. Cet accident le cloua sur le lit de douleurs pendant des semaines. Lorsqu'il fut en état de se lever, il se rendit à Berlin dans l'espoir d'y guérir plus vite. Suivant l'usage allemand, sa famille tint à ce qu'il fréquentât les cours de plusieurs Universités, et nous le trouvons successivement à Göttingue, à Berlin, à Heidelberg, et à Munich. Il fut partout le même, fougueux dans les exercices du corps, ardent au travail, également disposé à traverser à la nage le fleuve qui lui barrait le chemin ou les in-folio qui devaient le mener à ses diplômes.

En 1834 il fut nommé référendaire auprès du gouvernement de Munster. Le gentilhomme bureaucrate prenait son élan ; si rien n'entravait sa marche, il avait la chance de mourir préfet ou conseiller ministériel ! Belle perspective en vérité ! Heureusement Dieu luimême se mit au travers de sa route pour le pousser dans une autre direction.

C'était en 1838 : le gouvernement prussien fit arrêter l'archevêque de Cologne et l'interna dans la forteresse de Minden. Grand émoi dans le monde catholique! Indigné par ce coup de force, Ketteler donna sa démission. Il ne voulait pas, disait-il, servir un gouvernement capable d'une telle injustice. L'arrestation de Mgr Droste-Vischering fut le point de départ d'une véritable persécution. Le spectacle que présenta la Prusse secoua fortement l'âme droite et généreuse du jeune Ketteler, qui s'était retiré à Munich. Il suivit d'un œil attentif les *diaboliques infamies* qu'on commettait dans son pays. « Il faut avoir, écrit-il à sa sœur Sophie, un organe digestif bien solide pour ne pas mourir de rage à la vue de ces atrocités. Notre époque a le génie des inventions dans tous les domaines ; mais elle est surtout productive de viles polissonneries. Qu'on puisse servir aux hommes de telles bassesses, de telles déloyautés, de telles tromperies, au milieu de l'indifférence presque générale, sans qu'un cri d'indignation ne proteste de toutes parts contre ces ignominies, voilà ce qui prouve bien la perversité de notre temps. » Ces explosions de haines vigoureuses sont caractéristiques et elles sont fréquentes dans les lettres intimes qu'écrivait alors le référendaire en rupture. Elles devaient le conduire plus loin encore.

Le 9 juillet 1838 il écrit à son frère Wilderich : « Comme je ne veux pas servir un État qui me demande le sacrifice de ma conscience, il semble que le sacerdoce soit mon refuge tout indiqué. Mais que je suis loin d'une telle détermination! Pour me rendre digne de ce sublime ministère il faudrait des miracles plus grands que la résurrection d'un mort. » Ces miracles s'opéraient à son insu. L'idée de la vocation sacerdotale le poursuivait sous toutes les formes. « A la vue de toutes ces mesures tracassières, écrit-il à Wilderich, je trouve qu'on a envie de se faire prêtre rien que pour prendre une part plus active au conflit ecclésiastique. » Toujours la même obsession : être prêtre! Trois années durant il sera aux prises avec cette pensée, n'osant croire que Dieu l'appelât sur le Thabor. Lorsqu'en 1841 il s'en ouvrit à l'évêque d'Eichstätt, Mgr de Reisach, ce prélat trouva que la vocation du jeune Westphalien était bien mûrie, et le pas décisif fut résolu !

*
* *

Ketteler avait trente ans ! Ce n'est pas chose facile qu'un changement de vie aussi radical à cet âge. Il le sentait, et le 22 février 1841 il écrit à son frère : « La séparation du monde est une opération qui ne va pas sans douleur. » Et il ajoutait : « Mais je m'abandonne au divin médecin des âmes, qui a des baumes pour guérir toutes les souffrances. » De fait, le baume agit très rapidement sur son cœur, et un mois après il annonce à Wilderich qu'il est plus calme et qu'il met toute sa confiance en Dieu.

Mgr de Reisach lui offrit d'abord l'hospitalité dans son séminaire d'Eischtätt. Mais on dut bientôt renoncer à cette combinaison et finalement on se rejeta sur l'Université de Munich. Par une singulière coïncidence, Ketteler y arriva en même temps que son compatriote et collègue Paul Melchers, qui avait, lui aussi, quitté l'administration pour se faire prêtre. On sait qu'aujourd'hui Mgr Melchers est revêtu de la pourpre cardinalice.

A Munich, Ketteler se lia avec tout ce que la société catholique avait de plus distingué. L'Université jetait à cette époque un éclat incomparable. Le grand Görres y enseignait, et avec lui Döllinger, Möhler, Moy, Höfler, Reithmayr, Ringseis, Philipps, qui devint l'un des meilleurs amis de Ketteler. Ce milieu éminemment suggestif développa promptement les facultés maîtresses de l'ex-référendaire. Il mena de front les études les plus diverses et en même temps il s'initiait aux événements politiques dont les échos arrivaient lui de toutes parts.

Après avoir terminé à Munich son *triennium* théologique, il rentra dans sa ville natale, où il passa encore quelques mois au séminaire. Du témoignage de tous ses condisciples il y fut le plus exact, le plus fervent et le plus modeste des séminaristes. Par sa naissance, sa position, son âge, son talent, son vaste savoir il avait sur tous ses confrères une supériorité énorme. Personne n'eut jamais l'occasion de s'en apercevoir.

Il fut ordonné prêtre le 1er juin 1844, l'année du grand pèlerinage de Trèves. Quelques semaines auparavant, il avait assisté à son lit de mort la plus adorée et la plus tendre des mères. Elle avait suivi avec une joie ineffable les diverses phases de la vocation sacerdotale de son fils. La suprême ambition de sa vieillesse aurait été de le voir monter à l'autel. Dans ses desseins impénétrables, Dieu ne jugea pas à propos de lui accorder cette consolation, elle mourut à l'entrée de la Terre promise. Mais son souvenir lui survécut et présida en quelque sorte à la vie apostolique de Ketteler. Elle n'avait pas seulement donné la vie corporelle à ce fils bien-aimé, elle avait aussi pétri son âme. Elle y avait déposé cette piété profonde, cette charité inépuisable, ce renoncement absolu qui distinguait l'évêque de Mayence. Ketteler fut un prêtre selon le cœur de sa mère, c'est-à-dire un saint.

Ses vertus éclatèrent dès le premier poste qu'il occupa. L'évêque de Munster le nomma vicaire de la petite ville de Beckum. Là il trouva deux jeunes collègues avec lesquels il ne tarda pas à mener une vie absolument claustrale[1]. On se levait à *quatre heures du matin;* prière et méditation étaient faites en commun. Tous les revenus formaient une caisse unique et je n'ai pas besoin d'ajouter que c'était la caisse des pauvres. Ketteler se faisait tout à tous. Il était l'ami des enfants, le conseiller et le consolateur des familles en détresse, le soutien des pauvres et surtout la providence des malades. Il se donnait à ces derniers avec un dévouement infatigable, passant plus d'une fois la nuit à leur chevet. Il avait toutes les délicatesses et toutes les attentions d'une sœur de charité.

A Hopsten, où il fut nommé curé deux années plus tard, ce fut le même spectacle. Dans cette pauvre commune rurale, située sur les confins du Hanovre, le prêtre gentilhomme déploya tant de zèle qu'il la transforma complètement. Son éloquence simple et populaire émut les pécheurs les plus endurcis, et il en résulta que chaque samedi il fut obligé de passer de longues heures au confessionnal. Il amena à peu près tous ses paroissiens à faire une confession générale.

Après l'église, l'école! Il y fut très assidu, profitant du moindre prétexte pour se mettre en rapport avec les enfants. Quoique à Hopsten il y eut un instituteur très chrétien, il se garda bien de lui abandonner l'éducation morale et religieuse des petits écoliers. Il considérait la visite régulière et fréquente de l'école comme le premier de ses devoirs. « Il faut, disait-il, que pendant le premier

1. L'un d'eux, Brinckmann, devint évêque plus tard.

âge l'enfant apprenne à connaître et à aimer le prêtre, qu'il s'établisse un courant de sympathie de l'un à l'autre, que la bonté toute paternelle de l'un fasse naître une confiance absolue chez l'autre. » L'abbé de Ketteler conformait pleinement sa conduite à ces sages principes de pédagogie chrétienne. Aussi les enfants lui vouaient-ils un attachement inaltérable, et par les enfants il tenait d'autant mieux les parents.

Il était le confident de toutes les maisons. On le voyait aller fréquemment chez tous ses paroissiens, chez les pauvres plus que chez les paysans aisés. Il tâchait de s'initier à leurs affaires, même au petit budget du ménage, et quand il y avait des déficits il les comblait de sa bourse. En 1847, le pays fut éprouvé par une grande disette. L'abbé de Ketteler distribua à ses paroissiens tout son patrimoine, et une fois ses propres ressources épuisées, il s'adressa à sa parenté pour en obtenir de quoi secourir ses chers pauvres.

A la famine vint se joindre le typhus. Le curé de Hopsten exposa cent fois ses jours pour soulager les malades. Les ravages causés par ce fléau répandirent un tel effroi que des pauvres étaient littéralement abandonnés. Ketteler les soignait alors lui-même. Il courait de maison en maison, ensevelissant les morts, faisant le lit des malades, leur rendant les services les plus rebutants avec une abnégation tout à fait héroïque. C'était le bon Pasteur prêt à immoler sa vie pour le troupeau confié à sa garde.

En dépit de son humilité extrême, tant d'héroïsme

ne pouvait rester caché. Les habitants de Hopsten portaient au loin le bruit des vertus admirables de leur curé. On en parlait dans toute la région : les protestants ne tarissaient pas sur le compte de ce jeune seigneur, qui avait distribué sa fortune aux pauvres et se faisait le serviteur des malades.

Sur ces entrefaites arrivèrent les élections du parlement de Francfort. La circonscription de Tecklenbourg, bien qu'en majorité protestante, élut presque à l'unanimité le curé de Hopsten dont la sainteté rayonnait au loin d'un si vif éclat.

Une vie nouvelle commençait pour le baron Emmanuel de Ketteler.

II

L'ABBÉ DE KETTELER AU PARLEMENT DE FRANCFORT

Ketteler montait sur la scène politique à un moment solennel de l'histoire d'Allemagne. Le vent de la Révolution qui venait de renverser un trône à Paris soufflait sur l'Europe entière, secouant partout les vieux édifices monarchiques restaurés et replâtrés par le Congrès de Vienne. De ces édifices, le plus caduc était, sans conteste, la Confédération germanique. Aussi la tempête y fit irruption de toutes parts. A peine la chute de la monarchie de Juillet fut-elle connue en Allemagne, que l'effervescence révolutionnaire jusque-là contenue souleva, dans leurs profondeurs, les couches inférieures de la société. Le parti libéral arracha des concessions à la Diète de Francfort qui ne sut que capituler; on arbora les couleurs allemandes réputées séditieuses et on demanda à grands cris une représentation unique de tous les pays de race tudesque. Une poignée de professeurs, de journalistes, de savants, d'avocats, accourus des divers points de la Confédération, se réunit à Heidelberg pour délibérer sur les intérêts de la commune patrie. Individualités sans mandat et sans autorité, ces énergumènes avaient la prétention de refaire l'Allemagne à leur guise. Et, chose stupéfiante ! ils parvinrent à imposer leurs volontés. Dans leur programme rédigé le 5 mars 1848, ils réclamèrent un parlement allemand et un comité de sept membres fut chargé de la convocation d'une assemblée nationale. Au lieu de protester, la Diète qui devait sauvegarder les droits des princes entra dans les vues de ces meneurs. Elle invita tous les gouvernements à envoyer à Francfort des hommes de confiance qui auraient pour mission de former un *parlement préliminaire*. Cette assemblée des notables vota une loi électorale et les élections furent fixées au 1er mai.

On élut les futurs députés du parlement au milieu d'un désarroi épouvantable. Troubles, émeutes, effusion de sang, rien de ce qui précède les grandes crises politiques n'avait été épargné à l'Allemagne. Naturellement les élections s'en ressentirent et lorsque le fameux parlement se fut installé à l'église de Saint-Paul, l'infortuné prince Lichnowsky, qui devait tomber victime de la Révolution, ne put s'empêcher de dire : « Cela sent la canaille ici. »

Il avait raison. Toutefois, cette assemblée était loin d'être un ramassis de révolutionnaires de bas étage. Parmi les 600 députés se trouvait l'élite intellectuelle de l'Allemagne, et l'abbé de Ketteler siégea à côté de 40 autres membres du clergé. Il eut le plaisir d'y rencontrer les évêques de Munster et d'Ermeland, le prince-évêque de Breslau, Mgr Diepenbrock, l'abbé Dieringer, de l'Université de Bonn, le moine poète Beda Weber, Döllinger, le doyen Vogel, etc. Et au nombre des catholiques laïques on remarquait, outre le général de Radowitz, « le pape allemand » Reichensperger, qui commençait une brillante carrière politique, Philipps et Lassaulx, de l'Université de Munich, Clemens, de celle de Bonn, Gfrörer, de Fribourg, etc.

Ce n'est pas le lieu de raconter ici l'histoire du parlement de Francfort, de ses débats orageux et stériles, de ses intrigues et de ses embarras, des compétitions qui s'y firent jour, des jalousies qui mirent aux prises la monarchie et la démocratie, le Nord et le Sud, la Prusse et l'Autriche. A mesure que les mois s'écoulaient, le mot de Lichnowsky se vérifiait davantage. On s'encanaillait, et c'est au point que personne ne voulait de la couronne impériale que le parlement avait jetée dans l'arène. Le ministre d'Autriche, le baron de Prokesch traitait cette « couronne sortie de la fange révolutionnaire », de *Schweinekrone*, et le roi de Prusse, Guillaume IV, la refusait parce qu'il s'en dégageait, écrivait-il à son ami Bunsen, « une odeur de charogne ».

Pour les besoins de notre récit, il nous suffira de rappeler à grands traits le rôle que joua, au sein du parlement, le jeune député de Tecklenbourg.

Ketteler était arrivé à Francfort sans réputation établie, sans passé politique comme sans gloire littéraire. Ainsi que beaucoup de ses collègues de gauche et de droite, il était homme nouveau. Que serait-il, ce modeste curé de campagne venu du fond de la Westphalie? Quelle figure ferait-il sous les voûtes de Saint-Paul? Ses amis de Munich étaient eux-mêmes loin de le prévoir.

On ne tarda pas à être fixé sur ce point. L'orateur, l'homme politique se révéla par des discours qui le signalèrent à l'attention du parlement. Il prit une part très active à la discussion des *droits fondamentaux* et s'érigea en défenseur intrépide de la liberté de l'Église. Il déclara dans une lettre publique qu'il n'avait accepté son mandat que dans l'intérêt de la religion. Il y a trois grands principes qu'il avait surtout à cœur de faire triompher : la liberté des sociétés religieuses, — « pour toutes les confessions », — la liberté d'enseignement, et l'autonomie communale sur le terrain de l'école.

Il s'acquitta de sa mission avec un élan, une verve qui le placèrent du coup au premier rang des orateurs du parlement. Lorsque ce grand Westphalien à la forte carrure, à la voix retentissante, paraissait à la tribune, maniant la parole comme en d'autres temps il eût manié l'épée, frappant sans crainte, mais non sans discernement, prenant en mains la cause de la liberté pour battre les ennemis de l'Église sur leur propre terrain, inflexible et souple à la fois, véhément et pathétique, tout en déduisant avec une logique extrêmement serrée, on pouvait résister à la puissance de ses arguments, repousser ses conclusions, protester contre sa philosophie et contre ses doctrines politiques et sociales : on n'en subissait pas moins l'ascendant d'une si haute et si mâle éloquence. Ses amis étaient dans le ravissement et les adversaires éprouvaient quelque inquiétude à entendre ce noble, ce prêtre, parler du peuple et de la liberté avec des accents qu'ils ne trouvaient pas toujours eux-mêmes.

« Tant que la famille, s'écria un jour Ketteler, tant que la famille et la commune peuvent se suffire pour atteindre leur but naturel, on doit leur laisser leur libre autonomie. Par là, tout le monde, et non seulement les savants, mais le peuple entier, prend part au gouvernement. Le peuple conduit lui-même ses affaires; il fait une école pratique de politique dans l'administration communale où se reproduisent en petit les questions qui sont traitées en grand dans les parlements. C'est ainsi que le peuple acquiert la formation politique et la capacité qui donne à l'homme le sentiment de son indépendance[1]. »

Assurément ce langage était très nouveau sur les lèvres d'un hobereau prussien qui avait débuté par la bureaucratie. Les démocrates de carrière n'en revenaient pas. Ces prétendus champions de la liberté préparaient la voie à l'absolutisme, à la dictature d'en bas, tandis que Ketteler représentait les principes de la vraie démocratie. Il leur était pénible de faire une pareille constatation. Et aux députés de l'aristocratie

1. Emprunté à la traduction de Decurtius.

protestante il était pénible de voir l'un des leurs parler si haut du peuple, de ses droits, de son éducation politique. Les théories du curé de Hopsten sentaient un peu la canaille, on s'en défiait.

Ni les uns ni les autres ne se doutaient que l'abbé de Ketteler portait, pour ainsi dire, une révolution dans la tête et que ses discours sur l'école étaient le prélude d'un enseignement bien autrement radical. Il en était ainsi cependant et ses tendances démocratiques se manifestèrent dans une circonstance particulièrement émouvante.

A la suite de l'armistice de Malmoë, conclu avec le Danemark et ratifié par le parlement, une insurrection éclata à Francfort. Des barricades s'élevèrent dans les rues de la ville, et les Sociétés de gymnastique, dirigées par Struve, Hecker, Brentano, Miraloski, essayèrent de renverser le gouvernement de l'archiduc Jean. On eut facilement raison de l'émeute, mais cette sanglante échauffourée n'en coûta pas moins la vie à deux membres du parlement, au prince Lichnowsky et au général d'Auerwald, massacrés aux portes de la ville par des bandes révolutionnaires.

Ce fut une grande douleur et un grand effroi pour l'assemblée nationale. On fit de magnifiques funérailles aux deux nobles victimes, et on pria l'abbé de Ketteler de prononcer leur oraison funèbre. La tâche était délicate, car il s'agissait en même temps de faire entendre des paroles de conciliation et de concorde et de tirer de ces tristes événements les leçons qu'ils comportaient. Le jeune prêtre westphalien justifia la confiance que lui avaient témoignée ses collègues. Son discours fut éloquent, pathétique, avec des échappées superbes vers l'avenir et des avertissements sévères à l'adresse de la société contemporaine. Un grand crime venait d'être commis; où étaient les coupables? Quels étaient les véritables assassins des deux députés? « Sont-ce ceux, s'écria Ketteler, qui leur ont envoyé des balles dans la poitrine? Sont-ce ceux qui leur ont fendu le crâne avec la faulx? Non. Sur terre, les pensées engendrent les bonnes et les mauvaises actions. Et les pensées qui ont provoqué ces actes n'ont pas germé dans le cœur de notre peuple. Je connais aussi le peuple allemand. Je ne le connais pas, il est vrai, par les assemblées populaires, mais je le connais par sa vie. J'ai vécu au service du pauvre peuple, et plus j'ai appris à le connaître, plus j'ai appris à l'aimer. Je sais quelles nobles aptitudes notre peuple allemand a reçues de Dieu. Non, je le proclame encore une fois, ce n'est pas notre brave peuple qui a commis cet acte monstrueux. Les meurtriers, ce sont ces hommes qui devant le peuple méprisent, tournent en dérision, bafouent le Christ, le christianisme, l'Église. Ce sont ces hommes qui cherchent à arracher du cœur du peuple l'heureuse nouvelle de la rédemption de l'humanité; ce sont ces hommes qui, ne se bornant pas à admettre la révolution comme une triste nécessité dans certaines circonstances, vont jusqu'à l'élever à la hauteur d'un principe... Ce sont ces hommes qui ravissent la foi au peuple, la foi qui lui dit que l'homme a le devoir de se dominer, de dompter ses passions, de se soumettre aux lois supérieures de la morale et de la vertu, tandis qu'eux voudraient faire régner les passions et déchaîner de la sorte les tempêtes populaires. Les assassins, ce sont ces hommes qui veulent devenir eux-mêmes les idoles du peuple, afin qu'il tombe à leurs pieds et les adore[1]. »

L'impression produite par ces paroles véhémentes fut immense. Un grand nombre de députés se sentaient frappés en pleine poitrine. Volontiers ils se seraient lavé les mains en répétant l'hypocrite excuse de Pilate. Mais allant au fond des choses, Ketteler démasqua leurs habiletés et ne craignit pas de leur dire à tous, aux professeurs rationalistes et athées, aux journalistes sectaires, aux patrons égoïstes et sans principes, aux riches jouisseurs : « Les coupables, c'est vous ! Vous avez semé le vent de l'iniquité, nous venons de récolter la tempête. Ne vous en prenez pas au peuple qui vaut mieux que vous. S'il se livre à des violences c'est que vous l'avez perverti ; s'il oublie ses devoirs, c'est que vous l'avez égaré ; s'il ne respecte plus les lois humaines, c'est que vous avez arraché de son cœur le respect de la loi divine. » Avec une clairvoyance admirable et un courage magnifique, l'orateur avait mis le doigt sur la plaie que beaucoup eussent voulu cacher. Il chercha moins à provoquer l'indignation contre les émeutiers

1. Traduction de Decurtius.

que le remords de ceux dont l'imprudence avait armé leurs bras : Ketteler commençait son rôle de grand justicier.

* * *

Désormais il sera tout entier à ce rôle. Quinze jours après avoir prononcé cette mémorable oraison funèbre, il se rendit à Mayence, à la première assemblée générale des catholiques allemands.

On ne saurait assez le redire, ces grands congrès ont été la source où s'est retrempée la vie religieuse de l'Église d'Allemagne. Jamais on n'eût triomphé du *Kulturkampf* si la victoire n'avait été préparée par ces manœuvres d'automne qui ont formé une armée invincible et des chefs hors de pair. Aux vaillants chrétiens de 1848 revient donc en majeure partie l'honneur de la glorieuse résistance de ces dernières années. L'impulsion est partie d'eux.

Tel que nous le connaissons, Ketteler devait être de leur nombre, et, en effet, nous le rencontrons parmi les orateurs qui ont paru à la tribune du congrès. Il fut l'un des plus applaudis, ce qui n'est pas peu dire, puisque les catholiques réunis à Mayence eurent la joie d'entendre tour à tour les membres les plus distingués du parlement : Döllinger, qui était alors dans toute la force de l'âge et du talent, le chanoine Förster, l'un des prédicateurs les plus éloquents d'Allemagne, le bénédictin Beda Weber, l'illustre poète lyrique du Tyrol, le baron d'Andlaw et le docteur Buss, ces deux protagonistes du catholicisme badois, le conseiller intime Bally, de la Silésie, Hartung, de Cologne, l'abbé Ruland, de Berlin, le conseiller gouvernemental Osterrath, de Dantzig.

Dans ce tournoi oratoire, Ketteler se fit remarquer par ses belles envolées, par je ne sais quel souffle de jeunesse et d'espérance, et aussi par l'originalité et la profondeur de ses vues. Il avait choisi comme thème de son discours la *liberté de l'Église et la crise sociale.* Toujours la même préoccupation de voir derrière les questions politiques la grande question sociale qui s'imposait dès cette époque et qui aujourd'hui domine toute la vie matérielle et morale et lui imprime en quelque sorte son estampille. En vrai prophète qu'il était, Ketteler dénonçait le péril du socialisme qu'il voyait se dresser dans l'avenir, il indiquait les causes de ce mal profond et invitait ses amis à en chercher le remède. Il s'agissait bien de droits fondamentaux, de constitution de l'Empire, de réorganisation politique! Le peuple souffre, s'écriait-il, les masses prolétaires, de jour en jour plus nombreuses, font sonner haut leurs revendications. Comment les empêcher de se ruer sur la société dont elles se disent ou se croient les victimes? Par quels moyens prévenir ou refouler les rêves de liquidation sociale qui flottent en l'air? Aux yeux du curé de Hopsten ces problèmes étaient autrement actuels et poignants que la question de savoir si la couronne de Charlemagne écherrait à la Prusse ou à l'Autriche. Il les creusait avec la passion d'un apôtre et la pénétration d'un voyant. « La question ouvrière, disait-il plus tard, a une toute autre importance que les questions soi-disant politiques. A entendre les débats des Chambres et de la presse, on croirait que les questions politiques sont les plus graves de toutes celles qui touchent l'homme et qu'elles embrassent les intérêts les plus essentiels de l'humanité. C'est une illusion. Les questions politiques proprement dites n'ont d'intérêt réel que pour une petite portion du peuple, pour les ouvriers de la plume, pour tous ceux qui dominent à la tribune et dans la presse... »

A une époque où les hommes d'État écartaient d'un sourire méprisant la question sociale pour ne s'occuper que de politique, Ketteler ne cessait d'étudier les phénomènes économiques et les conséquences qui en découlent. « Il avait fort bien observé, dit son disciple Decurtins, que la machine, cet outil perfectionné, cette main renforcée et multipliée qui eût dû faciliter la tâche de l'ouvrier et lui donner le bien-être, était devenue l'instrument de son exploitation et de sa misère, et que par ce fait, la lutte pour la conquête du revenu sans travail avait été déchaînée dans toute sa cruauté. Mais tandis que dans les milieux catholiques on avait jusqu'alors considéré les doctrines de l'économie classique comme des lois de la nature, qu'on s'était construit pour le domaine de l'économie politique une théorie à part basée sur l'égoïsme, théorie qui plus que tout autre élément de l'époque moderne, portait l'empreinte du matérialisme, le curé de Hopsten, par une étude approfondie de saint Thomas, avait acquis la conviction de la fausseté et de l'immoralité des thèses fondamentales de l'économie politique moderne [1]. »

Tout rempli qu'il était de ces idées, Ketteler cherchait l'occasion de les exposer au grand jour. La Providence le servit à souhait. A Francfort, les discussions de l'assemblée sur les *droits fondamentaux* devenaient de plus en plus stériles. On pérorait à perte de vue, et « la farce parlementaire », comme disait Mallinckrodt, inspirait le dégoût aux esprits sérieux. Plusieurs députés rentrèrent dans leurs pays au cours de l'automne, et Ketteler fut l'un des plus empressés à dire adieu à l'église de Saint-Paul. Il se rendit à Mayence. L'évêque de cette ville, Mgr Kaiser, qui avait beaucoup admiré l'éloquence hardie du jeune Westphalien, le pria de donner à la cathédrale une série de conférences sur le sujet qui lui plairait davantage.

Ketteler accepta et, au mois de novembre, il prêcha à Mayence le cycle célèbre des discours sociaux qui firent époque en Allemagne. Ces discours sont au nombre de six et traitent les sujets suivants : *La doctrine catholique sur le droit de propriété*, *la liberté morale*, *la destinée de l'homme*, *la famille*, *l'autorité de l'Église*. L'orateur comme le sociologue eurent un succès prodigieux. Une heure et demie avant le sermon, raconte un témoin oculaire, la vaste nef du dôme était

1. Traduction de Decurtins.

remplie jusqu'à la dernière place. Catholiques et non catholiques, même des juifs en grand nombre se pressèrent au pied de la chaire, et chaque jour près de six mille auditeurs vinrent écouter le député du parlement de Francfort.

Et pourquoi cette affluence extraordinaire? Le talent oratoire de Ketteler suffit-il à expliquer un tel enthousiasme? Il est permis de croire que non. Sans doute son éloquence était singulièrement puissante, mais il attirait encore plus par les choses qu'il disait que par la manière dont il les disait. Les foules inquiètes se tournaient vers le novateur ou plutôt vers le restaurateur des grands principes chrétiens. Pendant de longues années on avait oublié la doctrine catholique concernant le droit de l'homme à l'existence, la dignité du travail, la propriété, le salaire. Avec tout son engouement pour la liberté, le XVIIIe siècle partageait les idées de Voltaire qui dans le peuple ne voyait que la canaille. Ketteler résolut de nager contre le flot et de remonter le courant.

« Ses deux sermons sur la propriété, dit Decurtins, sont une protestation énergique contre la conception matérialiste du droit de propriété tel que l'avait enseigné l'économie politique classique; ils constituent en même temps une apologie du droit de propriété circonscrit dans les limites de la morale, par opposition à la négation de tout droit de propriété, telle que la professe le communisme.

» Jusqu'à Ketteler, les catholiques s'étaient bornés

à suivre ces hommes de génie qui dans leur lutte avec la Révolution, identifiaient le droit historique de l'ancien régime avec l'Église et condamnaient d'emblée toute réforme sociale comme une entreprise révolutionnaire; ou bien l'on avait amalgamé tant bien que mal les utopies sociales avec le christianisme pour chercher à les rendre acceptables. Même un esprit de la force de Lamennais devait, faute d'une doctrine certaine, se perdre dans le tourbillon du mouvement révolutionnaire et finir comme prophète de l'anarchie.

» Le grand mérite de Ketteler, c'est d'avoir été le premier à introduire de nouveau dans l'économie politique moderne la conception catholique et d'avoir déployé dans le domaine de la science, comme dans celui de la vie pratique, le drapeau de la réforme sociale catholique. Dès le début, il se rendit parfaitement compte de l'opposition irréductible qui existait entre ses idées et les doctrines économiques dominantes; dans la solitude recueillie de sa cure de Hopsten, il s'était construit de toutes pièces un système fondé sur la morale sociale du christianisme longtemps avant que Lassalle n'eût fait sa bruyante apparition. »

Ce système est largement esquissé dans les sermons de Mayence. Ketteler le développera et le complétera à mesure que l'étude et l'expérience auront mûri ses idées. En lui s'incarnera tout le mouvement social catholique en Allemagne. Il groupera autour de lui toutes les bonnes volontés et sera peu à peu le chef d'une école dont l'influence ira grandissant d'année en année. Les plus illustres sociologues catholiques, en tête Manning, Gibbons, se réclameront de lui, et le pape social s'écriera, après avoir lu les sermons de Mayence : « Ketteler était mon grand précurseur ![1] »

Mais pour arriver à jouer ce rôle, il fallait à l'abbé Ketteler un autre théâtre qu'un obscur village de la Westphalie. Dieu y pourvut en l'appelant à de plus hautes destinées.

1. C'est à M. Decurtins que Léon XIII a fait ce magnifique éloge de Ketteler. Decurtins a rappelé le trait dans le discours qu'il a prononcé l'automne dernier au Congrès de Mayence.

III

KETTELER ÉVÊQUE DE MAYENCE

A la fin de son premier discours prononcé à Mayence, Ketteler s'était écrié : « Ah! puissions-nous revenir à cette belle vie de l'amour ! Puissions-nous nous soumettre le monde par la puissance de cet amour et le ramener à la croix dont il est éloigné ! Puisse la ville de saint Boniface, la vieille ville de Mayence nous éclairer sur cette route de la charité chrétienne agissante ! »

Le vœu de l'orateur fut exaucé. La ville de Mayence « éclaira la route de la charité chrétienne agissante », et ce fut Ketteler lui-même qui devint le flambeau dont se servit la Providence pour illuminer les nations.

Il était à peine rentré à Hopsten, que M. de Aulicke lui proposa, au nom du Ministère des cultes, la prévôté de Sainte-Hedwige, à Berlin. L'offre était alléchante. La prévôté de Sainte-Hedwige n'est pas seulement un poste d'honneur et de confiance ; elle est une dernière étape qui conduit sûrement à l'épiscopat. L'accepter, c'était donc mettre en quelque sorte le pied dans l'étrier. Les raisons qui eussent décidé tout autre à aller de l'avant, étaient précisément celles qui firent reculer Ketteler. D'un côté son cœur saignait, disait-il, à la pensée qu'il quitterait ses pauvres paysans de Hopsten ; de l'autre, les responsabilités inhérentes à une si haute charge l'effrayèrent outre mesure. Il refusa net et il fallut l'intervention de son évêque et celle du prince-évêque de Breslau pour vaincre ses résistances. Du moment que les autorités ecclésiastiques parlaient, il se soumit et il partit pour Berlin, résigné, sans être tout à fait rassuré. Le 8 juin 1849, il écrivit à son nouvel évêque, Mgr Diepenbrock, avec une modestie touchante : « Je ne puis vous apporter qu'une chose, la ferme volonté de vivre et de mourir dans la soumission à mes supérieurs. » Cet homme qui savait commander comme pas un avait la soumission candide d'un enfant.

Son esprit d'obéissance ne tarda pas à être soumis à une nouvelle épreuve, encore plus redoutable. On ne laissa pas au nouveau prévôt de Sainte-Hedwige le temps de prendre racine à Berlin. « Je vous en prie, lui écrivait le 2 mars 1850 l'archevêque de Munich, Mgr de Reisach, ne reculez pas si le Saint-Père fait appel à votre bonne volonté. »

« Pie IX va se décider prochainement, lui écrivait à son tour le prince-évêque de Breslau, et je crains que vous ne soyez obligé de prendre sur vous cette lourde croix. »

Cette croix n'était autre que la croix épiscopale.

Le 21 décembre, 1848, l'archevêque de Mayence, Mgr Kaiser, déjà brisé par la maladie, sortit une dernière fois de son palais. Il tenait à aller personnellement remercier l'abbé de Ketteler d'avoir prononcé dans sa cathédrale de si merveilleux discours.

Au retour de cette visite, une fièvre violente secoua le prélat malade et il mourut huit jours après. Il ne s'était pas douté qu'il avait fait ses adieux à son successeur !

Conformément aux lois canoniques, le chapitre de Mayence procéda, le 22 février 1849, à l'élection d'un nouvel évêque. La majorité, inspirée et soutenue par le gouvernement, choisit l'abbé Schmid, professeur à l'Université de Giessen. Schmid était imprégné de ce rationalisme hermésien qui était alors fort à la mode dans certaines Facultés de théologie. Il n'offrait pas les garanties d'orthodoxie nécessaires et, d'autre part, il n'avait aucune des qualités qui doivent orner un évêque. Le Pape cassa son élection et par une faveur spéciale, il permit au chapitre de Mayence de procéder à un nouveau choix.

La ville de Mayence était terriblement agitée par ce conflit et ces compétitions. Le gouvernement, qui avait appuyé de toutes ses forces la candidature Schmid, — les gouvernements allemands sont toujours pour les candidats moins dignes, parce qu'ils veulent, non pas des évêques, mais des instruments serviles, — usa de son influence pour peser sur la nouvelle élection. Cette fois, ses efforts échouèrent. Le chapitre présenta trois candidats au Pape : Ketteler, de Berlin ; Förster, de Breslau, et Œhler, de Rottenbourg. Pie IX ne devait pas hésiter. Avant de connaître la décision des chanoines de Mayence, il avait écrit au cardinal de Reisach : « Dans la personne de Ketteler, je voudrais donner aux Mayençais un évêque selon le cœur de

Dieu. Que de prières j'ai adressées au Ciel à cette intention ! »

Dieu écouta les prières de Pie IX. Sa Sainteté nomma Ketteler le 5 mars, le jour même où Elle reçut la liste de Mayence.

Tout le monde fut heureux de cet arrangement, excepté... le prévôt de Sainte-Hedwige. L'élévation à la dignité épiscopale lui inspira une véritable terreur, et s'il n'avait tenu qu'à lui, jamais il n'aurait accepté. Il s'adressa à ses amis les plus influents, au cardinal Diepenbrock, au cardinal de Reisach, au Pape lui-même, dans l'espoir que ce calice passerait devant lui. Ses lettres intimes de cette époque sont sincèrement désolées, et rien n'est émouvant comme les plaintes et les lamentations de ce jeune prêtre qui refuse l'épiscopat. Bien entendu, sa résistance fut vaine, et le 5 avril 1850 l'internonce de Munich, Mgr Sacconi, envoya au prévôt un billet qui tranchait la question. « Les sentiments, disait le prélat, que votre humilité vous a suggérés, vous rendent encore plus digne de l'épiscopat. Le Saint-Père est très bien informé sur votre compte, et lorsqu'il vous a choisi pour évêque de Mayence, il savait déjà que vous aviez les qualités nécessaires pour cette haute et très intéressante dignité. A l'heure qu'il est vous aurez appris, par Mgr le prince-évêque de Breslau, que *Sa Sainteté veut* que vous acceptiez l'épiscopat, et que vous devez reconnaître dans sa ferme volonté la volonté de Dieu. Je regarde donc votre acceptation comme un fait accompli. »

Toute opposition devenait impossible, et Ketteler prit la croix sur ses épaules. Il fut préconisé le 20 mai 1850, et le 16 juillet suivant, il fit son entrée solennelle à Mayence.

Le grand organisateur avait trouvé son véritable terrain. Pendant vingt-cinq ans on le verra à l'œuvre, renouvelant tout, transformant son vaste diocèse, le dotant de magnifiques institutions, et cela sans cesser d'être l'initiateur infatigable des études sociales, de suivre de près les agitations ouvrières. La « lumière » partira de Mayence pour se répandre sur le diocèse, sur l'Allemagne et dans une certaine mesure sur l'Europe entière. Ketteler sera désormais *l'évêque de Mayence* comme Mgr Dupanloup est *l'évêque d'Orléans*, et l'évêque de Mayence sera, avant tout, *l'évêque social.*

*
* *

Lorsque Ketteler arriva à Mayence, la ville de saint Boniface passait à juste titre pour la citadelle de l'orthodoxie catholique en Allemagne. Il n'en avait pas été de même au commencement du siècle. A cette époque, Mayence venait de traverser plusieurs révolutions qui n'avaient presque rien laissé subsister de son glorieux passé. L'effondrement du saint Empire romain avait entraîné celui des électorats ecclésiastiques de Trèves, Cologne et Mayence. Bonaparte s'était emparé de la plus grande partie de leurs territoires, et le reste, il l'avait abandonné aux princes séculiers dont la convoitise ne connaissait plus de bornes.

Seule, Mayence, conserva pour un temps l'ombre de son ancienne splendeur. Il fut décidé que le titre d'électeur, de chancelier de l'Empire, de primat d'Allemagne, resterait attaché au siège de Mayence, seulement ce siège lui-même fut transféré à Ratisbonne.

Le titulaire de Mayence était en ce moment un bel esprit sans théologie et sans foi, le prince de Dalberg, qui connaissait mieux Göthe que son clergé et qui était affilié à la franc-maçonnerie. Dalberg, qui avait le caractère si peu ecclésiastique, consentit à tous les changements, pourvu qu'on lui abandonnât une partie de sa principauté.

Un autre lambeau, — rive gauche du Rhin, — de l'ancien archevêché, avec Mayence pour capitale, devint un simple évêché et... un département français. Il fallait pourvoir à ce nouveau siège ainsi créé de toutes pièces. Le gouvernement de Paris choisit un prêtre alsacien, l'abbé Colmar, de Strasbourg, un martyr de la Terreur. Colmar, était sur le point d'être arrêté comme conspirateur. Grâce à l'intervention de Portalis, ce prétendu conspirateur fut nommé évêque de Mayence (1802).

Au point de vue religieux et ecclésiastique, un désordre effroyable régnait dans le nouveau diocèse. Tous les liens hiérarchiques avaient été brisés par la Révolution et, à la faveur de ces troubles, les théories fébroniennes et la bureaucratie joséphiste florissaient plus que jamais.

La tâche du futur évêque était extrêmement rude.

Colmar fut à la hauteur de sa situation. Prêtre pieux, zélé, savant, orateur distingué, — on relit encore ses sermons (sept volumes), — il sut peu à peu relever de ses ruines la portion de l'électorat que Dieu lui avait confiée. De 1802 à 1820, il transforma son église et déposa dans le sol les germes de rénovation qui s'épanouirent plus tard. Une Jérusalem nouvelle sortait du fond du désert, brillante de clartés!

Réformateur dans la haute acception du mot, Mgr Colmar avait compris que toute réforme sérieuse devait commencer par la base, c'est-à-dire par la jeunesse. En s'éloignant de Strasbourg, il avait emmené avec lui deux collaborateurs qui surent admirablement seconder ses efforts, l'abbé Humann, qui lui succéda sur le siège de Mayence, et l'abbé Liebermann, un théologien de grand mérite, dont le cours de dogme est resté classique.

Pendant la Terreur, l'Allemagne avait fourni à l'Alsace ses plus abominables sectaires, entre autres Dereser, Schwind et ce monstre qui s'appelait Euloge Schneider. L'Alsace rendit le bien pour le mal et envoya à Mayence trois saints qui étaient en même temps trois savants. Avec le concours des abbés Humann et Liebermann, Mgr Colmar organisa deux excellents séminaires qui donnèrent les meilleurs résultats. Pour s'en convaincre, il suffit de savoir que, dès les premières années, l'une de ses maisons donna à l'Église : Klee l'éminent théologien de l'Université de Bonn ; Geissel, archevêque de Cologne ; Weis, évêque de Spire, Raess, évêque de Strasbourg; l'autre, Mgr Moufang, le bras droit de Ketteler, et Mgr Heinrich, l'une des gloires du diocèse de Mayence. Par leurs vertus et leurs talents, ces vaillants Alsaciens, — Colmar, Humann, Liebermann, et plus tard Raess, — insufflèrent une âme nouvelle au catholicisme, et leur influence se prolongea jusque vers 1850.

Ketteler marcha sur les traces de ces pionniers et se montra le digne successeur de Mgr Colmar. Sa première et grande préoccupation fut également la formation d'un clergé pieux et instruit. Il avait étudié cette parole de Malachie : *Labia sacerdotis scientiam custodient,* et il voulut qu'elle devînt une réalité dans son diocèse. L'institut théologique créé par Colmar avait disparu avec la domination française, et la jeunesse cléricale étudiait aux Universités de Giessen, de Bonn, de Fribourg et de Munich. Or, dans la plupart de ces écoles, la théologie catholique avait subi l'influence des doctrines rationalistes de Kant, de Jakobi, de Fichte et surtout de Schelling, dont le mysticisme théosophique donna le vertige même à la raison puissante d'un Joseph Görres. Des novateurs surgirent sur divers points : Hermès, à Bonn, Gunther, à Vienne, Baader, à Munich, et Balzer, à Breslau. Un rationalisme latent enveloppait la jeunesse dès les bancs du collège et s'attachait à l'âme des théologiens comme une tunique de Nessus. Un homme de grand sens, un des meilleurs professeurs de l'Université de Munich, Windischmann, en convint dans une lettre fort curieuse qu'il écrivit à Mgr Ketteler au mois d'août 1851 : « Depuis que je suis professeur, dit-il, je constate chaque jour, avec la plus profonde douleur, que notre enseignement théologique souffre d'un chancre terrible, dissimulé par des individualités comme Klee et Möhler, mais absolument incurable. Notre enseignement théologique est, *en fait, hors de l'Église ;* de là il résulte que, peu à peu, nos meilleurs théologiens, et JE N'EXCEPTE MÊME PAS DÖLLINGER, sont animés d'un esprit qui peut nous conduire aux plus grands maux[1]. »

Ketteler avait, lui aussi, découvert ce chancre dont parlait son ami Windischmann, et peu confiant dans l'efficacité des palliatifs, il résolut de porter le fer à la racine même du mal. Il rappela à la vie l'institut théologique de Mayence qui existait encore *en droit.* Il dota son diocèse d'une Faculté de théologie capable de rivaliser avec celles de Bonn, de Munich, de Fribourg et de Wurzbourg. Avec une habileté rare, il sut, en peu de temps, réunir un corps enseignant qui valait celui de plus d'une Université. Moufang fut chargé du cours de *morale ;* Riffel, l'ancien professeur de Giessen, enseigna l'*histoire ;* Hirschel, l'*archéologie sacrée* et le *droit canon ;* Wagner, la *philosophie ;* Trageser, l'*herméneutique* et l'*exégèse ;* Heinrich, la *dogmatique.* Un peu plus tard, Haffner, l'évêque actuel de Mayence, occupa la chaire de théologie ; Brück, celle d'histoire ; Schneider, celle d'archéologie ; Holzammer et Hundhausen, celle d'exégèse.

1. Il faut remarquer que cette lettre est de 1851.

La plupart de ces savants, — je citerai Heinrich, Moufang, Brück, — sont connus bien au delà des frontières de l'Allemagne.

La réputation des professeurs comme le succès de leur enseignement prouvèrent que l'évêque ne s'était pas trompé dans ses choix. On accourait au séminaire de Mayence de tous les diocèses allemands, même de la Suisse et de l'Autriche. L'affluence fut telle qu'à deux reprises on fut obligé d'agrandir les bâtiments de l'Institut L'évêque put se féliciter de sa vaillante initiative, et l'historien protestant Böhmer disait avec raison que la réouverture de l'Institut théologique à elle seule assurerait à Ketteler une place honorable dans l'épiscopat allemand.

Le séminaire est le foyer de l'éducation sacerdotale. Là le cœur du futur prêtre se forme à la piété, sa volonté s'habitue à la discipline ecclésiastique et son intelligence se familiarise avec la science de Dieu. Pour cette triple formation, rien ne saurait remplacer le séminaire. Mais la sollicitude de l'Église ne se borne point à la période des études théologiques. L'âme du prêtre est une plante délicate qu'il faut cultiver avec soin et de bonne heure. Non pas que de notre temps il faille entièrement isoler la jeunesse cléricale, la soustraire à toutes les influences ambiantes, la préserver de tous les contacts de la vie. Ce système présente trop d'inconvénients pour qu'on soit tenté de le préconiser. Encore est-il indispensable d'assurer aux vocations un développement normal, de placer les jeunes clercs dans des milieux où ni leur foi ni leurs mœurs n'aient à craindre de surprise. Sans cette préparation éloignée il est difficile à l'Église de recruter et d'élever un clergé qui soit à la hauteur de sa mission sublime.

Ketteler, qui avait une notion si exacte des besoins de l'Église, ne devait rien abandonner au hasard sous ce rapport. En 1864 il fonda à Mayence un *convict* pour ses futurs séminaristes. Un convict n'est pas précisément un petit séminaire au sens français du mot : on pourrait plutôt le comparer à nos externats des lycées de Paris, dirigés par des prêtres, aux écoles Bossuet, Fénelon et Gerson. Les élèves des convicts suivent les cours d'un lycée ou d'un gymnase de l'État et, quand il s'agit d'un convict de théologiens, les cours de l'Université. Ce n'est pas l'idéal prévu et recommandé par le concile de Trente, mais à défaut de petit séminaire, le convict est une institution précieuse qui rend de grands services, et peut-être offre-t-il, au point de vue social, des avantages qu'on demanderait en vain aux séminaires proprement dits.

Mgr Ketteler ne crut pas qu'il fallût abandonner à lui-même et à ses fantaisies le jeune prêtre une fois sorti de l'Institut théologique. Il savait que le sel de la terre s'affadit rapidement. Son premier soin fut donc de veiller à ce que le clergé du diocèse cultivât la piété et la science, cette double sauvegarde du prêtre. Un des premiers actes de son administration fut d'inviter le clergé à suivre les exercices d'une retraite organisée à Mayence. Lorsque dans ses tournées pastorales il eut constaté qu'un certain nombre de ses curés étaient dépourvus de zèle et de piété, il exhala sa douleur dans une lettre véhémente où il flétrissait ce relâchement et rappelait les grandes obligations qu'impose le sacrement de l'Ordre.

La piété est utile à tout, dit saint Paul : il en est de même de la science. Si la piété empêche la science de se corrompre, celle-ci, à son tour, empêche qu'on ne néglige la piété. Ketteler exigea que son clergé fût studieux. Le 18 mars 1852 il rendit plus sévères les examens de juridiction, au mois de février 1854 il mit les paroisses au concours, et en avril 1856 il institua les conférences pastorales. Autant de mesures qui avaient pour but de maintenir, dans le clergé, l'amour et le culte de la science. Et afin de donner une sanction à ces divers règlements, l'évêque fit toujours dépendre l'avancement des connaissances et des capacités de chaque candidat. Il n'avait ni la superstition de l'âge très mûr ni la défiance de la jeunesse. Il trouvait qu'un prêtre capable et instruit, même s'il était jeune, devait être mis sur le chandelier de l'Église, plutôt qu'un autre dont le principal titre eût été son âge avancé. Quelques mécontents s'irritaient parfois de ce système, mais il avait l'avantage de faire du clergé mayençais le premier clergé d'Allemagne.

IV

Mgr KETTELER ET LES ADVERSAIRES DE L'ÉGLISE CATHOLIQUE

L'ignorance et le relâchement du clergé sont les ennemis intérieurs de l'Église. Les ennemis du dehors ne manquaient pas non plus au diocèse de Mayence et Ketteler les combattit avec une grande énergie.

En tête de ces ennemis se trouvait le *catholicisme allemand* fondé par Ronge, un prêtre apostat de la Silésie.

L'atmosphère de la Silésie semble être saturée de microbes schismatiques. A diverses reprises, en effet, l'unité catholique a été entamée ou menacée par des dissentiments qui ont éclaté dans cette province. Peut-être est-ce parce qu'on y souffre de ce mal particulier qui s'appelle la statolâtrie. Le Silésien met volontiers l'État au-dessus de tout, sans trop se préoccuper de l'Église.

Il y a quelques semaines, des dissidents — le baron de Huene, le comte Matuschka — ont failli ruiner le centre aux élections du Reichstag, en subordonnant tout à l'État.

Pendant le *Kulturkampf*, en 1873, une partie de l'aristocratie silésienne se déclara ouvertement pour les ministres persécuteurs contre l'épiscopat et le clergé persécutés. Le peuple catholique repoussait les lois de mai, parce que ces lois ne tendaient à rien moins qu'à la destruction de l'Église. Conduits par le duc de Ratibor, les hobereaux prussiens trouvaient plus commode de s'amuser dans leurs châteaux, de désapprouver les évêques et les centaines de prêtres qui souffraient et mouraient pour leur foi en prison et en exil.

Ces catholiques gouvernementaux subordonnaient tout à l'État.

Ainsi faisaient trente ou quarante ans plus tôt Ronge et ses partisans! Ronge, qui n'avait ni vocation, ni foi, ni mœurs, fut suspendu en 1841 pour son inconduite. Il se retira dans une famille protestante de Beuthen, et c'est de là qu'il lança, en 1844, son pamphlet célèbre contre l'exposition de la sainte Robe de Trèves. Les libéraux et les protestants exaltèrent à l'envi cet odieux apostat, et les plus illustres professeurs d'Université, les Gervinus, les Paulus, brûlèrent de l'encens à ses pieds. Le gouvernement de Berlin favorisait de tout son pouvoir les visées ambitieuses de Ronge. Ç'a toujours été la tactique de la Prusse de soutenir quiconque promettait ou essayait de démolir l'Église catholique. On espérait que le pamphlétaire silésien entraînerait dans sa défection un grand nombre de prêtres.

Ronge trouva des adeptes autour de lui. Pour s'expliquer la présence de ces mauvais prêtres, il faut se rappeler que la situation religieuse de la Silésie était lamentable. En 1836, le comte de Sedlnitzky devint prince-évêque de Breslau. Or, ce triste personnage était incrédule. En moins de trois ans il laissa le Gouvernement supprimer cent vingt-trois paroisses catholiques dont les églises furent cédées aux protestants. Finalement il passa lui-même au protestantisme.

Avec son collège apostolique de Silésiens défroqués, Ronge traversa l'Allemagne, particulièrement les régions protestantes et mixtes, recevant des ovations enthousiastes, fondant des paroisses, secondé partout par les autorités civiles. Il arriva jusqu'au Rhin et causa beaucoup de ravages dans les diocèses de Mayence et de Fribourg.

Mgr Kaiser avait vaillamment lutté contre cet intrus qui était un instrument entre les mains de tous les adversaires du catholicisme. Il ne réussit pas à extirper le mal, et ce ne fut pas trop de tout le zèle de son successeur pour avoir raison de la secte de Ronge.

Mgr de Ketteler marcha droit au but. Il adressa à ses diocésains une lettre véhémente contre le rongianisme, sans souci de l'orage qu'il était sûr de soulever. « On m'accusera d'intolérance, dit-il ; mais je ne puis m'empêcher de vous mettre en garde contre le *catholicisme allemand*, car c'est la négation même du christianisme. » Il revint sur la même question l'année suivante, en 1852, dans une lettre pastorale, et, cette fois, il fut encore plus catégorique. Il défendit l'Église contre quelques-unes des accusations que les partisans de Ronge avaient répandues dans la foule. « Lorsque l'Église, dit-il, exhorte le peuple à se soumettre aux autorités constituées, on s'écrie : Voyez comme elle flatte les princes, protège les abus, contribue à opprimer le peuple! Et si elle rappelle aux autorités leur devoir et proclame qu'il vaut mieux obéir à Dieu qu'aux hommes, l'esprit de mensonge de s'exclamer : Voyez comme l'Église est rebelle, ambitieuse! » Ketteler réfute victorieusement les radicaux et les faux conservateurs en exposant la vraie doctrine catholique sur la *liberté* et l'*autorité*.

*
* *

Le sujet, — c'est-à-dire la question du *libéralisme*, — lui parut si important que quelques années plus tard il lui consacra un travail spécial intitulé : *Liberté, autorité de l'Église : Considérations sur les grands problèmes de notre époque*. C'est le premier ouvrage étendu qu'il publia et l'un de ceux qui firent le plus de bruit. Il ne s'était pas dissimulé que le terrain sur lequel il s'avançait était semé d'écueils. « J'ai traité, écrivait-il le 20 février 1862 à la comtesse Ida Hahn-Hahn, quelques questions épineuses où l'erreur est facile ; mais je crois qu'il est nécessaire qu'on en parle et qu'on y porte la lumière. » Il éclaira les questions de *liberté* et d'*autorité* avec sa supériorité habituelle, revendiquant hautement pour son Église ces libertés qui, seules, nous permettent de soutenir avec avantage la lutte pour l'existence. Ici encore Léon XIII aurait pu dire que Ketteler était son précurseur. Dans un temps où ces idées étaient encore très suspectes, l'évêque de Mayence parlait déjà comme les grand prélats anglo-saxons, les Manning, les Gibbons, les Ireland, les Vaughan et le Pape qui est leur inspirateur. Il avait devancé son époque. Il prévoyait que sans la liberté l'Église serait fatalement esclave du fait de ses ministres ou asservie par la violence de ses ennemis. Il voulait la liberté pour les évêques et le clergé. «Toutes les libertés, écrivait-il à un collègue le 4 décembre 1865, que nous avons conquises jusqu'à présent ne nous serviront de rien, si l'Église n'est pas libre dans ses chefs. Je crois que les persécutions les plus sanglantes ont moins nui à l'Église que le servilisme courtisanesque des évêques. » Voilà pourquoi il demandait la liberté pour l'Église, et comme dans un pays protestant on ne pouvait la réclamer qu'en se plaçant sur le terrain des libertés publiques, il adopta hardiment ce terrain.

Le livre lumineux de Mgr Ketteler produisit une vive impression en Allemagne et au dehors. On chercha querelle au vaillant écrivain, même dans certains milieux catholiques. Il l'avait pressenti, mais il ne se laissa pas arrêter par des considérations de cette nature. Il s'agissait de défendre l'Église contre de puissants adversaires, de fermer la bouche à la calomnie, de rectifier des opinions erronées ; il n'hésita pas. Ce fut une tactique des plus heureuses, car, en présence de ces déclarations franches et loyales d'un évêque catholique, les libéraux protestants se trouvaient singulièrement embarrassés. Ils ne désarmaient pas sans doute, du moins leurs armes étaient émoussées. On ne pouvait plus attaquer l'Église en lui reprochant de donner un soufflet à la civilisation. Le livre de Mgr Ketteler avait été un acte libérateur et une apologie de premier ordre.

*
* *

Ronge et les libéraux sectaires s'en prenaient ouvertement à l'Église et à ses institutions. Ces ennemis qui combattaient visière levée n'étaient pas les plus dangereux. Bien plus redoutable était la franc-maçonnerie, parce qu'elle attaquait dans l'ombre, portait ses coups à la dérobée et s'efforçait de s'insinuer jusque parmi les catholiques eux-mêmes. Ketteler pouvait d'autant moins négliger les frères Trois-Points qu'ils le visaient personnellement. On lui en voulait à cause de son attitude ferme et sage qui déjouait toutes leurs manœuvres.

A propos d'un article calomnieux que leur principal organe, la *Bauhutte*, de Leipzig, avait publié contre lui, il eut avec Findel, le rédacteur de ce journal, une correspondance fort intéressante. Findel envoya à l'évêque quelques numéros de la *Bauhutte* qu'il accompagna de ces mots : « Je serais très heureux si, dans la lecture de notre journal, vous puisiez la conviction que la franc-maçonnerie observe la plus stricte neutralité pour tout ce qui est religion et politique, sans rendre toutefois ses affiliés indifférents à leurs devoirs religieux et civils. Si, en dépit de cette neutralité, quelques maçons manifestent des tendances antireligieuses, la franc-maçonnerie n'y est pour rien. La faute en est uniquement à notre époque, et peut-être les Églises y ont-elles contribué en s'identifiant peu à peu avec les partis politiques réactionnaires. Dans la question du duel, notre point de vue est absolument celui de l'Église et de la religion. Je vous donne ces détails non pas pour vous empêcher de nous attaquer si vous le jugez nécessaire, mais pour que vous ne nous fassiez pas de reproches injustes. Nous avons eu de tout temps de bons catholiques parmi nous. »

Cette lettre était d'une habileté incontestable. Ketteler répondit avec raison : « Je ne doute pas que cette manière de voir ne soit partagée par tel ou tel maçon, mais je ne crois pas qu'elle soit absolument fondée. Il se peut qu'en ce moment aucune de vos doctrines ne contredise directement l'enseignement des confessions chrétiennes : mais, à mon sens, l'esprit qui anime toute la franc-maçonnerie moderne et qui fait son essence même conduit logiquement à la négation de toute révélation surnaturelle et est, par conséquent, diamétralement opposé à toute confession chrétienne. »

Findel, toujours très courtois, se défendit de son mieux et déclara que s'il en était ainsi beaucoup de protestants, surtout en Angleterre, quitteraient immédiatement les loges.

Ketteler étudia les faits, les livres, les œuvres maçonniques, et se convainquit de plus en plus que l'antagonisme était profond, absolu, entre le christianisme et la franc-maçonnerie. Il exposa le résultat de ses études dans une brochure retentissante intitulée : *Un Chrétien croyant peut-il être franc-maçon ?* En quelques pages vibrantes d'émotion, il montra pour quels motifs un catholique ne pouvait être maçon. La *Bauhutte* lui avait reproché d'avoir attaqué les loges devant les gens de la basse classe, et elle avait ajouté qu'elle ne tenait nullement « à la société des bateliers, des journaliers, et des paysans ». L'évêque releva magnifiquement ces paroles outrageantes. « Nous ne saurions dire, s'écria-t-il, combien ce langage nous a blessé et révolté. Pour nous, nous reconnaissons avec joie et allégresse que nous faisons autant de cas d'un batelier, d'un journalier, d'un paysan que d'un prince ou d'un roi. Nous plaçons la dignité humaine au-dessus de toutes les diversités de rang et de caste et nous plaignons quiconque estime le riche industriel plus que le pauvre paysan. »

L'événement ne tarda pas à justifier les doutes et les craintes de Ketteler. L'influence des loges ne fut pas moins efficace en Allemagne lors du *Kulturkampf* que ne l'avait été celle du carbonarisme en Italie. Il est avéré que Bluntschli, le général en chef de l'armée maçonnique, a déchaîné la persécution religieuse dans toute l'Allemagne. Les lois de mai ont été en quelque sorte élaborées dans les loges avant d'être portées au Reichstag. Dès l'époque où Findel représentait les maçons comme les plus inoffensifs des philanthropes, ils avaient décrété et organisé la guerre contre les

Noirs. J'ai raconté ailleurs avec quelle violence et quelle perfidie ils l'ont menée[1].

Ketteler avait donc vu juste; sa brochure dénonçait un péril réel, l'ennemi était là. La franc-maçonnerie régnait dans les chancelleries, trônait dans les Ministères, régentait les Universités et partout elle poursuivait l'Église catholique. Vaincre Rome était son ambition la plus tenace. L'évêque de Mayence soutint ses assauts avec autant de courage que d'intelligence, et jamais pasteur n'a mis plus de zèle à défendre son troupeau contre les loups ravisseurs.

1. Voyez mes deux volumes : *Catholiques allemands* et le *Réveil d'un peuple*. (Paris, chez P. Lethielleux.)

V

KETTELER ET LA QUESTION SOCIALE

Au milieu de ses luttes avec les francs-maçons, les radicaux, les partisans de Ronge, Ketteler ne perdait pas de vue les grands problèmes qu'il avait soulevés en 1848 dans ses discours de Mayence. On l'a surnommé l'*évêque des ouvriers*, et ce titre de gloire lui restera. Pendant tout son épiscopat la question sociale a été l'objet de ses constantes préoccupations. Il l'a traitée de main de maître dans des livres et des discours dont quelques-uns ont été une date. Il s'est intéressé personnellement au sort des ouvriers partout où il les rencontrait, toujours prêt à répondre à leurs difficultés, à prendre leur défense, à susciter d'admirables dévouements. Enfin, il a fondé dans son diocèse une foule d'institutions dont presque toutes avaient pour but le bien-être matériel ou moral des ouvriers.

C'est en 1864 qu'il s'est posé carrément en évêque social par son livre : *La Question ouvrière et le Christianisme*. A n'en pas douter, c'était un acte d'une portée très grande. Ketteler le sentait, et dans sa préface il répondit d'avance à ceux qui lui refuseraient le droit d'émettre une opinion. En disant son mot sur la situation des ouvriers il exerçait un droit et remplissait un devoir. « Je n'ai pas seulement le droit, dit-il, j'ai encore le devoir de suivre avec un vif intérêt ces affaires du monde ouvrier, de me former une opinion là-dessus et de l'exprimer publiquement selon les circonstances. Ma charge épiscopale ne m'exclut pas de cette mission. Elle me fait plutôt un devoir tout spécial de m'occuper de ces choses. Lorsque j'ai reçu la consécration épiscopale, l'Église, avant de me donner l'onction et la juridiction, m'a posé entre autres les questions suivantes : Veux-tu être charitable et miséricordieux envers les pauvres, les étrangers et tous les malheureux, au nom de Notre-Seigneur? Et j'ai répondu : Je le veux. Selon les paroles du divin Sauveur : « De même que mon Père m'a envoyé, je vous envoie, » l'évêque est un représentant du Christ, et c'est pourquoi l'Église demande au futur évêque s'il a, en tant que successeur de Jésus-Christ, l'amour de son divin Maître pour les classes besogneuses de l'humanité. Comment pourrais-je donc, après cette promesse solennelle, rester indifférent en face d'un problème qui touche aux besoins les plus essentiels d'une classe si nombreuse d'hommes? La question ouvrière me regarde, moi évêque, d'aussi près que le bien de tous ceux de mes chers diocésains qui appartiennent à la classe ouvrière; bien plus, me plaçant au-dessus de ces étroites frontières, j'ai le droit de m'intéresser à la question ouvrière autant qu'au bien de tous les ouvriers qui me sont unis par la charité du Christ[1]. »

1. Traduction de Decurtins.

Nobles et fières paroles qui assignent à l'évêque et au prêtre leur vraie place dans la lutte formidable des intérêts contradictoires à laquelle nous assistons! La place de l'évêque est au fort de la mêlée; c'est là qu'il doit s'élancer, tenant d'une main le drapeau du christianisme et bénissant de l'autre la foule des malheureux, des blessés, des désespérés. Le temps n'est plus où il peut attendre les fidèles au fond du sanctuaire. Il faut qu'il aille à la multitude comme autrefois le Christ, qu'il prêche la paix, la concorde, la résignation aux déshérités de la fortune et qu'il rappelle leurs obligations aux riches, qui sont les aumôniers de Dieu.

Ainsi l'entendait Ketteler, et la *Question ouvrière et le Christianisme* a été en quelque sorte la lettre de créance par laquelle il s'accréditait lui-même auprès du peuple comme évêque social.

Le petit livre venait à son heure. En ce temps-là les socialistes déployaient sur toute la ligne une activité fiévreuse pour attirer les ouvriers, et Lassalle, l'infatigable agitateur, venait de fonder à Leipzig l'*Association générale des travailleurs allemands*. La question avait été posée déjà en 1848, lorsque Engels et Marx publièrent leur manifeste communiste, qui est la grande charte du socialisme scientifique. Mais malgré ce manifeste et malgré le *Capital* de Marx, l'action socialiste demeura très restreinte. Il fallut le génie organisateur de Lassalle pour mettre le monde ouvrier en branle. En 1862 celui-ci lança sa fameuse *Réponse* qui était le programme du futur parti, et aussitôt il commença son odyssée à travers l'Allemagne, courant de Leipzig à Cologne, de Hambourg à Mayence, prêchant partout la bonne nouvelle de la rédemption socialiste.

Mgr de Ketteler, qui comprenait le danger de cet apostolat révolutionnaire et qui voyait les foules entraînées par Lassalle, résolut de frapper un grand coup et d'opposer au manifeste socialiste un manifeste catholique en publiant sa *Question ouvrière*. Dans ce livre, qui met en lumière l'importance et l'étendue de la question sociale, l'évêque expose les conditions d'existence du monde ouvrier avec un relief incomparable. Au troisième chapitre nous trouvons un tableau saisissant des misères que recouvre le vernis de notre civilisation contemporaine. « Il n'y a pas à se faire illusion, dit il en terminant, l'existence matérielle de presque toute la classe ouvrière, par conséquent de la plupart des hommes, ainsi que l'existence de leurs familles et le problème du pain quotidien nécessaire pour le père, la mère et les enfants sont abandonnés aux fluctuations de l'offre et de la demande. Je ne sais rien de plus déplorable que ce fait. Quelles impressions ne doit-il pas provoquer chez ces malheureux qui sont soumis chaque jour aux hasards du marché, eux, avec tout ce dont ils ont besoin et tout ce qu'ils aiment? C'est là le marché aux esclaves de notre vieille Europe libérale, taillé sur le patron de la franc-maçonnerie et du libéralisme philanthropique, éclairé, antichrétien. »

Et à quelles causes attribuer cette situation cruelle et périlleuse? Ketteler en énumère deux principales :

la liberté industrielle, illimitée, qui a détruit les anciennes corporations professionnelles, et la prépotence du capitalisme, qui réduit chaque jour le nombre des ouvriers indépendants et augmente l'armée du prolétariat.

Socialistes et libéraux incroyants ont imaginé des solutions de la question sociale; mais l'insuffisance de leurs remèdes saute aux yeux. La liberté d'industrie dont on se targue est elle-même impuissante à améliorer le sort des ouvriers. « Si l'on m'objecte, dit Ketteler, que l'ouvrier de fabrique travaille de son plein gré, je répondrai que ce plein gré est un leurre... Voici comment se passent les choses. L'ouvrier pauvre habite le lieu qui l'a vu naître, à proximité de l'entreprise qui le nourrit. On lui dira qu'il est libre de s'établir partout où bon lui semble. Mais comment veut-on qu'il aille expérimenter sa liberté avec femme et enfants? Il ne peut pas un seul jour se passer de salaire sans souffrir de la faim. Comment donc voyagerait-il des semaines durant, privé de salaire et obligé de s'entretenir lui et les siens, et tout cela sans même avoir la certitude de trouver du travail? Mais cet homme ira au-devant de la misère... Qu'on préconise tant qu'on voudra la liberté d'industrie, pour l'ouvrier en question — et c'est pour ainsi dire le cas normal, — il n'existe ni liberté d'industrie ni liberté d'établissement; s'il ne veut pas succomber à la faim, il est rivé avec toute sa famille à telle localité, à telle entreprise déterminée. L'obligation où il se trouve de demander du

:avail à tel ou tel patron est pour lui aussi absolue, ussi impérative qu'elle pourrait l'être pour un esclave ue l'on contraint de travailler, le fouet à la main, et vec la menace de le mettre aux fers. »

L'esclavage pousse à la révolte, et la révolte organisée 'appelle aujourd'hui le socialisme. Y a-t-il encore noyen d'arrêter la marée montante du socialisme? Comment? Ketteler déclare que, seule, l'Église catho-ique est capable de résoudre la question et il signale es remèdes dont elle dispose à cet effet.

D'abord il y a la charité active qui se dévoue aux ouvriers malades, infirmes, vieux, délaissés, la charité qui centuple l'aumône matérielle en y ajoutant l'au-nône du cœur. Puis viennent les enseignements eligieux sur la dignité humaine, l'immortalité de 'âme, les compensations au delà de la tombe, la vie pauvre et laborieuse du Fils de l'Homme. L'Église a urtout l'idéal de la famille chrétienne. « La famille chrétienne, dit Ketteler, assure à l'ouvrier, pour pro-éger son existence, la meilleure et la plus naturelle les associations, celle que Dieu a fondée et sans aquelle toutes les autres, de quelque nom qu'on les aptise, n'ont pour lui aucune valeur. Elle préserve 'ouvrier des suites du libertinage dès avant sa nais-ance, dans la vie des parents, puis durant sa jeunesse t tout le cours de son existence...; elle augmente son pauvre salaire par l'amour et l'économie scrupuleuse d'une bonne femme chrétienne. Je n'hésite pas à affirmer que la famille chrétienne, c'est-à-dire le mariage chrétien fondé sur la doctrine et les grâces d l'Église catholique, a déjà par elle-même infinimen plus d'importance pour la solution de la questio ouvrière que tous les projets du parti libéral et radical.

A ces remèdes de nature morale et religieuse, Kettele ajoute l'expansion des groupements sociaux et l développement des associations productives prônée par Lassalle. Mais il va de soi qu'il n'entendait pas ce dernières associations dans le même sens que le che du socialisme. « Il veut, dit Decurtins, composer d dons volontaires les capitaux indispensables à la fon dation de ces sociétés. De même que le christianism a brisé par la force qui était en lui l'esclavage d monde antique, de même l'évêque de Mayence espèr qu'aujourd'hui encore cette force divine fera ses preuve et qu'il s'élèvera des hommes qui réaliseront l'idée de associations productives sur le terrain du christianism pour le bien de la classe ouvrière. »

L'ouvrage de Mgr Ketteler fit rapidement le tour d l'Allemagne. Amis et adversaires le lurent avec l même intérêt. Lassalle signala son apparition dans un grande réunion tenue à Barmen et parla de l'évêqu avec une respectueuse admiration. Le Dr Mischler professeur d'économie nationale à Prague, écrivit Ketteler une lettre enthousiaste pour le remercie d'avoir écrit ce livre. Le comité de la grande *Asso ciation des artisans allemands — Handwerkerbund* — envoya une adresse de félicitations et de remerciemen et proclama que « tout protestant sérieux devait s'atta cher de cœur aux principes exprimés dans la *Question ouvrière et le Christianisme* ».

Ketteler devint si bien l'évêque des ouvriers, que ceux-ci mirent toute leur confiance en lui. Ils le consultaient dans leurs difficultés et lui adressaient des lettres sur les sujets les plus divers. Au mois de mai 1866, trois ouvriers lassalliens de Mulheim lui demandèrent s'ils pouvaient, comme catholiques, faire partie de l'*Arbeiterverein* fondé par Lassalle. L'évêque leur répondit par une longue lettre dans laquelle il exposa les idées et les tendances du mouvement socialiste. Tout en rendant justice à Lassalle et en reconnaissant le fondé de beaucoup de ses critiques, il condamna énergiquement l'esprit général de son œuvre qui est l'esprit antichrétien.

« Aussi longtemps, dit-il à la fin de cette intéressante consultation, que les chefs du parti ne reviennent pas aux sources du christianisme, les ouvriers catholiques devront se détourner de cette œuvre, et je ne puis que les mettre en garde contre ces faux amis qui prétendent les secourir sans le Christ; ils ne peuvent qu'être trompés. »

*
* *

Dans une de ses tournées pastorales, Ketteler eut l'occasion de réunir un grand nombre d'ouvriers au pèlerinage de Notre-Dame des Champs, près d'Offenbach. Il profita de cette circonstance pour leur adresser un discours capital sur le *Mouvement ouvrier et ses rapports avec la religion et la morale.* Dans le volume *La Question ouvrière* que nous avons analysé tout à l'heure, il avait surtout traité la question des principes. Ici il quitte les sommets de la spéculation pour descendre sur le terrain des réformes pratiques et expose les justes revendications des ouvriers.

« Qu'y a-t-il de justifié dans ces agitations de la classe ouvrière en Europe et au delà de l'Océan? Et en quoi sont-elles injustes et dangereuses? Jusqu'à quel point puis-je y prendre part comme chrétien, comme catholique, sans blesser ma religion et ma conscience? Jusqu'à quel point suis-je obligé de m'en abstenir? De quel péril dois-je me préserver? »

Telles sont les questions que l'évêque se proposait d'étudier devant son auditoire d'ouvriers. Il examina successivement les revendications ouvrières et leurs rapports avec la morale et la religion.

La première de ces revendications est une *augmentation de salaire* correspondant à la véritable valeur du travail. Mais qu'on ne s'y trompe pas, cette augmentation est vaine et insuffisante si l'ouvrier n'obéit pas aux principes de la morale chrétienne. En effet, l'élévation du salaire a ses limites. « La limite naturelle du salaire, dit l'évêque, est tracée par le rendement de l'industrie dans laquelle vous travaillez..., et ce serait pour vous très funeste si vous ne vous rendiez pas un compte exact de la situation, et si vous vous imaginiez que des promesses dépassant la mesure suffisent pour rendre possible une augmentation exa gérée du salaire. » Il faut avant tout que l'ouvrier soit sobre, économe; son bien-être sera proportionné, non pas au taux du salaire qu'il réclame, mais au degré auquel il pratiquera ces deux vertus. Et comment pratiquera-t-il ces vertus, s'il n'est chrétien? La religion est encore nécessaire à l'ouvrier afin que ses revendications soient raisonnables. « Il est de la plus haute importance, ajoute l'évêque, que ces exigences ne franchissent pas les justes bornes et que les ouvriers ne se laissent pas exploiter pour des buts tout autres. *Ce n'est pas la lutte entre le patron et l'ouvrier qui doit être l'objectif; il faut tendre, au contraire, à établir entre eux une paix équitable...* Pour que la classe ouvrière évite les écueils de l'égoïsme qu'elle réprouve chez les capitalistes, il faut qu'elle soit remplie d'un grand sens moral, qu'elle soit chrétienne et religieuse. La puissance de l'argent sans la religion est un mal. Mais ce n'est pas un mal moindre que la puissance ouvrière sans religion. Toutes deux conduisent à l'abîme. »

On a quelquefois traité Ketteler d'agitateur socialiste. Singulier socialiste que celui qui adresse aux ouvriers un pareil langage!

La seconde revendication de l'ouvrier, c'est la *diminution des heures de travail*. Légitime en bien des cas, elle est utile à condition que l'ouvrier emploie le temps gagné à remplir dans la famille ses devoirs de père ou de fils. Autrement le remède serait pire que le mal et « cette victoire ne servirait qu'à ruiner l'ouvrier plus promptement dans son corps et dans son âme et à dissiper plus sûrement son gain. »

Une troisième revendication des ouvriers a trait au *repos dominical*. Rien de plus juste et de plus heureux, supposé que la religion sanctifie le jour de repos. Sinon, l'ouvrier en abuse pour ruiner le bien-être, la paix et la santé de sa famille. « Ce qu'on appelle le *lundi bleu*, dit Ketteler, n'est autre chose qu'un jour de repos passé sans religion, et cette coutume a porté les blessures les plus profondes au bien moral et au bien matériel des ouvriers... Un jour de repos passé à l'auberge, consacré à l'ivrognerie, à l'impudicité, au vagabondage nocturne, détruit la santé, la fortune, la famille de l'ouvrier, et ne lui apporte que des malédictions. »

L'interdiction du travail pour les enfants astreints à la fréquentation de l'école est la quatrième revendication de la classe ouvrière. « Le travail de l'enfant dans les usines, s'écrie l'orateur, est une cruauté monstrueuse de notre temps, une cruauté commise par l'esprit du siècle et l'égoïsme des parents. Je le tiens pour un assassinat à petit feu du corps et de l'âme de l'enfant. On sacrifie la santé de ce petit être, sa moralité, les joies de son enfance, et on le condamne à accroître les bénéfices de l'entreprise et à gagner souvent aux parents le pain que ceux-ci, dans le dérèglement de leur vie, ne sont pas à même de lui fournir. »

Ketteler n'est pas moins opposé au *travail des femmes*, et surtout à celui des *mères de famille*. Il cite, à ce propos, l'une des plus belles pages que Jules Simon ait consacrée à cette question dans son *Ouvrière*. Il rappelle ces paroles de Michelet : « L'ouvrière, mot impie, sordide, qu'aucune langue n'eût jamais, qu'aucun temps n'aurait compris avant cet âge de fer et qui balancerait à lui seul tous les prétendus progrès ! »

Et ce n'est pas simplement l'ouvrière mariée qui devrait être éloignée de l'usine. Ketteler élève également la voix en faveur de la jeune fille, dont la moralité a besoin d'être sauvegardée. Il tire de son cœur des accents émus pour parler de la jeune ouvrière, de ses vertus, de ses qualités, des dangers qu'elle court à la fabrique. Que le père, la mère, le frère veillent sur elle, car la jeune fille, c'est le bonheur de demain.

En terminant, Ketteler adressa à ses chers ouvriers une exhortation véhémente dans laquelle il ne les épargnait guère. « Gardez-vous, leur dit-il, — je ne fais que résumer ce magnifique développement oratoire, — gardez-vous de tous ceux qui se raillent de la religion ; gardez-vous des pensées mauvaises et impures, des conversations et des chansons trop libres ; gardez-vous, jeunes ouvriers et ouvrières, des liaisons précoces ; gardez-vous tous de l'intempérance, de l'ivrognerie, fuyez les maisons où l'on dépouille l'ouvrier de son salaire... »

« Ce discours que je viens de vous adresser est l'expression de mon affection la plus ardente pour vous et de ma plus chaleureuse sympathie pour vos intérêts. Vous voyez que, même catholiques, vous pouvez vous associer aux efforts et aux mouvements de la classe ouvrière dans leur ensemble, sans violer les principes de votre religion. Mais vous voyez en même temps que ces efforts seraient vains et stériles si la religion et la morale n'en formaient pas la base! »

L'évêque social avait dressé, avec une mesure et une précision remarquables, la somme des revendications légitimes que pouvaient faire valoir les ouvriers. Aujourd'hui, que la plupart de ces réformes sont réalisées et que les idées exprimées par Ketteler nous sont devenues familières, le sermon de *Liebfrauen-Haide* nous frappe moins. En 1869, c'était plus ou moins une nouveauté qui excita vivement la curiosité publique. Les critiques ne manquèrent pas à l'évêque de Mayence, pas plus que les éloges. Ketteler, qui avait longuement médité son sujet, poursuivit vaillamment sa route, suscitant partout de bonnes volontés dans toutes les classes de la société.

Au mois de septembre 1869, il porta la question ouvrière à la conférence des évêques allemands réunis à Fulda. Dans un rapport très important, il soumit à ses collègues les quatre points suivants : La question sociale existe-t-elle en Allemagne? L'Église peut-elle et doit-elle aider? Quels sont les remèdes dont elle dispose? Comment peut-elle contribuer à une diffusion de plus en plus grande des institutions ouvrières?

Par les évêques, Ketteler atteignait le clergé tout

entier. De toutes parts, les jeunes ecclésiastiques s'empressèrent d'entrer en contact avec les ouvriers, de les grouper dans des associations, de multiplier les œuvres de bienfaisance. En même temps, ils étudièrent la question sociale au point de vue théorique et les ouvrages de Ketteler devinrent les livres de chevet d'un grand nombre d'entre eux. Sous l'impulsion du vaillant évêque, des hommes de cœur et de talent fondèrent les *Christich-sociale Blätter* où les grands problèmes sociaux étaient exposés avec autant de science que de sincérité. C'était un guide précieux pour le clergé, comme le sera plus tard l'*Arbeitewohl* de l'abbé Hitze ou le *Correspondenzblatt* de l'abbé Oberdörfer. Grâce à cette revue et grâce à la littérature sociale qui se développaient parallèlement, les prêtres catholiques d'Allemagne étaient bien au courant des questions ouvrières et pouvaient entrer en lice contre les meneurs socialistes. Au jour des grandes luttes électorales ils surent quel langage tenir au peuple et le peuple fut pour eux.

Au congrès catholique de 1871, Ketteler s'adressa de nouveau directement au peuple par son discours magistral sur le *libéralisme*, le *socialisme* et le *christianisme*.

L'année qui précéda sa mort en 1876, il résuma une dernière fois sa pensée en publiant son fameux *Projet d'un programme politique*. Ce livre, « *Les Catholiques dans l'Empire allemand*, » est comme le testament politique et social de l'évêque de Mayence. Dans le chapitre intitulé : *Question ouvrière*, il a repris, éclairci et complété les idées qu'il avait émises à *Liebfrauen-Haide*.

L'État, dit-il en substance, n'a pas le droit de se désintéresser quand il s'agit des classes ouvrières. La théorie du *laissez aller* a fait banqueroute ; elle a conduit la société au bord d'un gouffre. Vis-à-vis des ouvriers, l'État a une double mission : il doit les aider à se réorganiser en associations corporatives et les protéger eux et leurs familles contre toute exploitation inique. Ce qui fait la faiblesse et le malheur de l'ouvrier, c'est son isolement. Abandonné à ses seules forces, il est le jouet de toutes les fluctuations économiques, de tous les caprices de ceux des patrons qui sont sans cœur et sans conscience. Sa liberté est un trompe-l'œil, puisqu'il n'a que le choix ou de se soumettre ou d'être sans pain. Seule l'association est capable de modifier de telles conditions, et il appartient à l'État de rendre possibles les associations ouvrières.

Et en attendant que, par la puissance des organisations, les ouvriers puissent se soustraire à ce fâcheux despotisme, l'État doit en outre protéger leur vie, leur santé, leur famille. Ketteler demande à l'État : la prohibition du travail pour tous les enfants qui n'ont pas atteint la quatorzième année ; la prohibition du travail des femmes mariées dans les fabriques et les ateliers industriels ; la prohibition du travail dans les usines le dimanche et les jours de fête : la fixation d'une journée normale de dix heures pour tous les ouvriers ; la création d'inspecteurs chargés de contrôler l'application des lois ouvrières.

A la fois catégorique et modéré dans ses revendications, ce programme est devenu le programme même du Centre et, à force d'énergie et de persévérance, Windthorst et ses amis ont réussi à le faire triompher au Reichstag.

VI

KETTELER EST-IL SOCIALISTE ?

Le programme social de Ketteler lui a valu l'excès d'honneur d'être appelé tour à tour socialiste d'État et socialiste chrétien. Jusqu'à quel point ce reproche ou du moins cette appréciation est-elle fondée? Ici il faut évidemment établir des distinctions et expliquer le mot *socialisme*, pour ne pas s'exposer à de regrettables méprises. Dans les études sociales de Ketteler il faut séparer deux choses : la critique du système économique manchestérien et les revendications ouvrières.

La critique de Ketteler est dure, parfois même trop dure, semble-t-il. Que les anathèmes lancés aux capitalistes allemands soient souvent mérités, c'est possible, probable même, je l'admets. Mais encore y a-t-il de nobles et nombreuses exceptions, et, en généralisant la critique, on risque de confondre les innocents avec les coupables. Cela est absolument injuste.

C'est, de plus, très dangereux. Pas n'est besoin d'attiser les colères ouvrières par des diatribes contre le capitalisme. L'incendie socialiste se développe de lui-même : y verser de l'huile est une besogne qui ne saurait convenir à des conservateurs. Car il ne faut pas se le dissimuler, l'ouvrier, qui est terriblement logique et simpliste, ne distingue plus entre le capital juif et le capital chrétien, entre le capital vivant et le capital mort, entre le capital industriel et le capital agricole. Il s'en prend à tous ceux qui possèdent, et j'ai entendu moi-même de braves ouvriers catholiques qui, nourris d'une certaine littérature catholico-socialiste, demandaient avec le plus grand calme la dépossession des riches. On a le droit de s'élever contre les abus du capitalisme, et pour un évêque ou un prêtre ce peut même être un devoir dans certaines circonstances. Mais on a tort d'appuyer quand on s'adresse directement l'ouvrier. A ce point de vue Mgr Ketteler, et en tout cas quelques-uns de ses prétendus disciples auraient agi sagement en s'imposant une plus grande réserve.

Est-ce à dire que l'évêque de Mayence ait mérité le nom de socialiste? Le soutenir ce serait une exagération évidente. La critique est quelque chose d'essentiellement négatif. Or le socialisme est négatif sans doute, mais il est en même temps tout ce qu'il y a de plus positif. On peut critiquer avec véhémence les conditions économiques de la société sans pour cela se ranger parmi les disciples de Lassalle. Il suffit d'être *moraliste* : c'était le cas de Ketteler. La preuve, c'est qu'il n'a pas simplement critiqué les patrons; nous avons vu qu'il a été très sévère pour les ouvriers, il leur a dit des vérités désagréables, ne les épargnant pas plus que les capitalistes.

Si Ketteler n'est pas socialiste du chef de ses critiques, il ne l'est pas davantage dans la partie positive de son programme. Il demande l'intervention de l'État pour établir une législation protectrice des ouvriers : est-ce là du socialisme ? Mais l'évêque dit lui-même dans son *Projet* que l'État doit intervenir, « du moins aussi longtemps que les ouvriers ne peuvent pas s'aider eux-mêmes par leur propre organisation ». Dans ces limites, cette intervention est légitime. Il n'est pas un chrétien qui n'admette que le repos dominical ne soit très désirable. Sans doute il vaudrait mieux que les patrons et les ouvriers s'accordassent pour s'abstenir librement du travail le dimanche. Mais s'ils ne le font pas ? Les principes de justice et de liberté exigent-ils dans ce cas qu'on prolonge le spectacle attristant que présentent, le dimanche, les rues et les chantiers de Paris ou les campagnes dans quelques provinces ? Qui oserait soutenir cette opinion monstrueuse ? Voilà donc qui justifie une intervention de l'État exercée au détriment d'une certaine liberté de travail. Il en est de même de l'interdiction du travail des femmes et des enfants, du travail de nuit, etc., et de toutes les lois protectrices qui sont entrées dans la plupart des codes européens.

On a répondu à cela qu'admettre cette intervention c'est ouvrir les portes au socialisme. L'objection est-elle sérieuse ? Autant dire qu'en demandant à l'État d'imposer le repos du dimanche on est amené à réclamer la suppression de la propriété individuelle.

Ketteler n'est donc pas non plus socialiste par le fait d'avoir appuyé les revendications ouvrières, ou bien s'il l'est, c'est qu'alors le nombre des socialistes est innombrable et qu'il s'en rencontre même dans les rangs des économistes libéraux les plus qualifiés[1].

L'évêque de Mayence a constaté que de grandes misères s'étalaient autour de lui dans le monde ouvrier. Il a vu en même temps que les meneurs révolutionnaires exploitaient cet état de choses en faveur de leurs théories et que des réformes étaient absolument urgentes. Ces réformes, l'initiative privée ou bien l'État pouvaient les réaliser en partie. Malheureusement l'initiative privée est lente, se heurte à mille difficultés et ne réussit que partiellement. Était-il possible de leurrer les ouvriers par la perspective d'améliorations qui ne se seraient peut-être jamais réalisées ? Ketteler ne le pensait pas et il demanda à l'État ce que le régime de la liberté illimitée était impuissant à donner.

Mais par instinct, par goût, par principe, l'évêque de Mayence était partisan de la liberté. Déjà au parlement de Francfort il a défendu les libertés civiles et communales contre le despotisme centralisateur. « Si le despotisme devait triompher sur le sol de l'Alle-

1. On a dit que Ketteler s'est montré socialiste d'État en demandant que l'État subventionne les associations productives. Or, dans sa *Question ouvrière* il déclare qu'il voudrait voir les capitaux fournis par les dons *volontaires*, et il conclut ainsi : « La religion chrétienne est si riche en moyens que, si Dieu le veut, il ne sera pas difficile de diriger le cœur des chrétiens vers ce domaine et de rassembler peu à peu les capitaux les plus considérables pour créer ces associations productives. »

magne, écrivait-il à ses électeurs, je déplorerais amèrement l'évolution de notre temps ; mais je n'ai pas cette crainte. J'attends au contraire le réveil de l'ancien idéal germanique, de l'État libre avec l'autonomie la plus étendue. J'ai la ferme confiance que sous l'égide de la liberté nous verrons s'établir l'empire de la vérité et c'est pourquoi je salue avec la joie la plus vive la chute et la mort de l'absolutisme. (*Polizestaat.*) »

Toute sa vie, Ketteler a parlé de la liberté avec ce noble enthousiasme et du despotisme avec cette haine énergique. Dans ce même volume qui énumère les revendications des ouvriers, il y a un chapitre qui porte ce titre significatif : *Liberté et absolutisme.* L'absolutisme, dit-il, est par essence, l'abus que fait l'État moderne de son pouvoir aux dépens de la liberté individuelle et de la liberté d'association. A ce régime il oppose les libertés qui permettent à l'homme de développer pleinement son individualité, à savoir « la liberté de la famille et de l'éducation, la liberté d'enseignement, la liberté communale, en général la liberté de toutes les associations au milieu desquelles l'homme vit et est obligé de vivre pour donner satisfaction à ses besoins intellectuels et matériels. » Et il ajoute : « Nous devons défendre de toutes nos forces et dans tous les domaines de la vie publique et privée la liberté individuelle et la liberté d'association. Nous devons les défendre contre le joug ignominieux dont le despotisme libéral nous menace, nous et notre patrie... La haine du despotisme et de l'absolutisme et l'amour de la liberté personnelle constituent le meilleur héritage de la race germanique. En repoussant l'un et en nous attachant à l'autre, nous préserverons notre patrie du plus grand danger. Car rien ne corrompt autant un peuple que l'absolutisme sous quelque forme qu'il se présente. »

Les divers passages que nous venons de citer montrent assez que Ketteler n'était pas ce que l'on pense d'ordinaire, un partisan fanatique de l'immixtion de l'État dans les affaires privées. Il était libéral au vrai sens du mot, il demandait que l'État respectât la liberté individuelle toutes les fois que cette liberté ne contrariait pas des intérêts supérieurs. Il se défiait de l'État despotique, absolu, et le *Kulturkampf* allait lui prouver que nulle part cette défense n'était aussi justifiée qu'en Prusse.

VII

KETTELER ET LE KULTURKAMPF

Prussien jusqu'aux moelles, Ketteler avait fondé les plus hautes espérances sur la Prusse. Il le reconnaît lui-même avec mélancolie dans une brochure[1] qu'il publia au moment où parurent les premières lois du *Kulturkampf*. « Nous espérions, dit-il, que les institutions prussiennes apporteraient à notre patrie la véritable paix entre l'Église et l'État. Ce rêve caressé pendant un quart de siècle, il faut y renoncer... Il faut jeter par-dessus bord toutes nos espérances. Notre faute a été de croire à l'inviolabilité de la constitution et des droits qu'elle nous garantissait, de nous imaginer qu'en Prusse la justice serait plus forte que la puissance des préjugés et les passions des partis. Nous nous sommes trompés, mais nous n'avons pas à rougir de notre erreur ! »

Ketteler s'était trompé, comme Mallinckrodt, comme tant d'autres. Il aurait pourtant dû se souvenir de ce qui lui était arrivé en 1854. A cette époque, il fut chargé de négocier la paix religieuse dans le grand-duché de Bade, et c'est la Prusse qui le fit échouer.

1. Die preussischen Gesetzentwürfe über die Stellung der Kirche zum Staat.

En effet, la cour de Carlsruhe était sur le point de céder, lorsque survint un plénipotentiaire de Berlin qui provoqua la rupture des négociations. Ce diplomate, qui avait si bien réussi à fomenter la persécution religieuse à Carlsruhe, avait nom Bismarck. Pouvait-on espérer que ses sentiments à l'égard des catholiques se seraient modifiés ! Il fallait bien de la candeur pour le croire.

Ketteler aurait également dû se rappeler que la Prusse gouvernementale est protestante et que de tout temps on y a été enclin à persécuter l'Église catholique. Le jeune référendaire de Munster semble avoir été plus clairvoyant sous ce rapport que l'évêque de Mayence. « Les nouvelles, écrit-il à sa sœur Sophie le 5 juillet 1839, les nouvelles que tu me donnes au sujet du Kronprinz (Frédéric-Guillaume) m'ont causé une grande joie. Malheureusement sa race a suivi dans l'histoire une voie qui n'a jamais été favorable à notre cause catholique, et l'esprit et les tendances des parents se transmettent facilement à leurs enfants, même quand ceux-ci ont de bonnes qualités. » On ne saurait mieux dire. Trente ans plus tard la création de l'Empire évangélique confirmait une fois de plus les craintes du jeune Ketteler.

Ce fut pour le grand évêque une constatation extrêmement douloureuse. Il avait été plein de confiance, même après la guerre fratricide de 1866. La Prusse lui semblait destinée à assurer en Allemagne le maintien et la consolidation de la paix religieuse. Il n'était pas loin de lui attribuer une mission quasi providentielle, et quand éclata la guerre franco-allemande, il sonna pour ainsi dire la charge dans un mandement qui avait toutes les allures d'un ordre de jour militaire.

L'illusion ne fut pas de longue durée. A peine les premières victoires furent-elles remportées, qu'on vit luire au ciel politique les premiers éclairs du *Kulturkampf*. Les feuilles libérales d'Allemagne insinuèrent à plusieurs reprises que l'ennemi du dedans serait attaqué à son tour, et qu'avec la défaite de la France avait commencé la défaite du catholicisme. Ces présages sinistres inquiétèrent l'évêque patriote, et le 1er octobre 1870 il écrivit au comte de Bismarck, qui se trouvait alors à Versailles, pour lui parler de la situation des catholiques dans l'Allemagne nouvelle. « Les événements de la campagne de France, dit-il, sont présentés assez souvent comme le triomphe du protestantisme sur le catholicisme », et il s'élève contre cette exploitation odieuse des victoires allemandes. Il conjure le ministre de donner à l'Empire des assises profondément religieuses et de garantir à l'Église catholique les libertés indispensables à son développement. A cette condition seulement on pouvait jouir de la paix religieuse, et « sans cette paix, dit-il en finissant, l'avenir de l'Allemagne ne saurait être assuré. »

Les raisons que Mgr Ketteler exposait à M. de Bismarck étaient excellentes, mais le siège des adversaires de l'Église était fait; ils voulaient à toute force anéantir l'ultramontanisme, et les catholiques allemands se trouvaient à la veille de la grande épreuve.

Ce furent d'abord les excitations d'en bas fomentées par toute la presse. « A Berlin, écrivait Ketteler le 26 octobre 1871 dans une réponse publique à la *Norddeutsche*, à Berlin les enfants insultent le prêtre catholique quand il traverse la rue, et la plupart des journaux encouragent ces excès... Les vrais catholiques sont outragés, diffamés, sans que les autorités ou l'opinion trouve à y redire. » Le *réveil de la conscience évangélique*, dont parlait un jour Bismarck, se traduisait ainsi par une odieuse levée de boucliers contre les catholiques.

L'évêque de Mayence ne tarda pas à s'apercevoir que ces haines de la populace n'avaient été que le signe avant-coureur d'une persécution systématique. Après les insultes vinrent les lois destructives, les confiscations, l'exil, la prison. Le jeune Empire essayait ses forces contre une partie de la nation qui avait contribué à le fonder.

L'injustice était criante; mais il eût été absolument enfantin et dangereux de se livrer à des lamentations stériles. Avant tout, il s'agissait de se défendre, d'organiser la résistance à la Chambre et dans le pays. La lutte serait inégale, sans doute, puisque les catholiques avaient contre eux les princes, le chancelier de fer, les ministres, la majorité du parlement et toute la bureaucratie. Du moins ne fallait-il pas se laisser égorger sans élever la voix. « Quoique momentanément, écrivait Ketteler le 24 octobre 1874, la résistance soit sans espoir de succès, il faut tenir bon quand même. » Et il fut l'un des premiers sur la brèche.

Il se présenta aux élections du Reichstag, qui eurent lieu en 1871, et fut élu député par la quatorzième circonscription du grand-duché de Bade. Arrivé à Berlin il déploya une activité extraordinaire. Naturellement il fit partie du Centre qui fut alors rappelé à la vie, et il défendit les intérêts catholiques avec une ardeur toute juvénile soit du haut de la tribune, soit à la *Germania*, soit dans ses mandements ou des brochures retentissantes. Le *Kulturkampf* ne connut point de lutteur plus intrépide que lui.

Rien ne l'embarrassait. En 1876, le gouvernement prussien l'assigna devant le tribunal supérieur de Munster pour un article paru dans le *Westphälische Merkur*. Son neveu, le comte de Galen, qui le tint au courant de l'affaire, lui écrivit qu'il était question de l'arrêter s'il se présentait. Ce n'était pas une vaine menace, car des centaines de prêtres, et à peu près tous les évêques prussiens étaient en prison, et son ami Paul Melchers, l'archevêque de Cologne, *tressait de la paille* depuis dix mois, au milieu des voleurs et des assassins.

On ne plaisantait pas dans le royaume de la crainte de Dieu et des bonnes mœurs!

Le vieil évêque répondit à son neveu ces simples mots : « Je me mettrai en route mardi prochain pour mon cher pays. » Les cachots de Bismarck ne l'intimidaient pas!

Son âge, ses occupations, la fatigue ne lui permirent pas de conserver son mandat de député. Il se retira de la politique, sans quitter le champ de bataille, prêt à toutes les éventualités.

Le *Kulturkampf* faisait toujours rage. Ketteler voulut encore revoir avant de mourir le grand Pape qui, en 1850, l'avait appelé sur le siège de Mayence. Il l'aimait d'une profonde tendresse. Au concile du Vatican il se trouvait, il est vrai, non pas parmi les adversaires de l'infaillibilité, tels que Döllinger et Schulte, mais parmi les évêques de la minorité. C'étai son droit comme Père de l'Église, et Pie IX ne lui en garda nullement rancune. Ketteler fut du reste le premier à se soumettre aux décisions du concile, et la veille même de la dernière séance il fit parvenir au Pape une lettre filiale dans laquelle il manifestait hautement son esprit de soumission. Pie IX fut ravi de cette attitude et, dès lors, les relations entre le Souverain-Pontife et l'évêque de Mayence étaient devenues de plus en plus cordiales. On comprend donc que celui-ci ait éprouvé le besoin de revoir Rome et de se jeter aux pieds du Père commun des fidèles.

Il partit en 1877 pour ce voyage *ad limina,* qui fut le dernier de sa vie. Que s'est-il passé dans cette entrevue suprême entre ces deux grandes âmes qui allaient quitter la terre[1]? Ketteler n'eut pas la consolation de le raconter à ses chers diocésains. A son

1. Pie IX mourut quelques semaines après Mgr de Ketteler.

retour de Rome, une fièvre maligne l'obligea à s'arrêter chez les capucins de Bruchhausen, en Bavière La mort vint le surprendre dans ce coin obscur de l'Allemagne. Il expira doucement sur la couchette d'un religieux, dans une cellule où tout respirait le dénuement et la pauvreté. Sa mort fut celle d'un saint. Il avait vécu comme un moine ; la Providence lui ménagea la grâce de mourir dans les bras d'un fils de saint François. Digne couronnement d'une vie si admirablement austère !

VIII

CARACTÈRE DE L'ÉVÊQUE DE MAYENCE

Austère, l'évêque de Mayence l'était par tempérament autant que par principe. Dans une de ses lettres il se nomme lui-même « un sombre Allemand du Nord » ; et, de fait, les plaines un peu tristes de la Westphalie avaient mis dans sa nature quelque chose de leur mélancolique gravité. A voir les portraits qu'on a de lui, on dirait que jamais sourire n'a effleuré ce masque effroyablement sévère. Son front ridé semble receler des orages dans ses plis. Ses lèvres se pincent avec effort comme pour empêcher la leçon ou la réprimande de s'échapper de la bouche. Ses yeux... oh! ces yeux qui étincellent sous leurs profondes arcades sourcilières, combien ils étaient terribles! Un jour, un prêtre du diocèse est mandé au palais épiscopal pour répondre de je ne sais quelle irrégularité. On l'introduit dans le cabinet de l'évêque : celui-ci se retourne pour fixer le visiteur et aussitôt le malheureux s'effondre aux pieds de son juge comme une masse inerte. « Mon Dieu, mon Dieu, s'écrie le prélat, je n'ai fait que le REGARDER UN PEU et le voilà qui s'évanouit! » Un de ses regards suffisait pour intimider, troubler, terrasser en quelque sorte ceux qui s'approchaient de sa personne[1].

1. Un vieux prêtre du diocèse de Mayence me raconta que

C'est qu'on sentait derrière ces yeux un caractère d'une force indomptable, une volonté de fer qui ne connaissait pas la résistance, une fougue impétueuse devant laquelle tout devait plier. Pendant la jeunesse de Ketteler, cette énergie allait parfois jusqu'à la violence. Au château de Harkotten, les serviteurs, — qui l'adoraient, du reste, — avaient une peur extrême du jeune maître, et quand la baronne de Ketteler voulait les stimuler, elle n'avait qu'à leur lancer cette menace : « Je le dirai à Guillaume ! » Guillaume n'avait pas douze ans, mais il savait déjà commander comme un général. Au collège de Brieg le petit Westphalien était continuellement à se chamailler avec ses camarades, et surtout avec les Français. En 1869, l'évêque de Mayence recevait d'un de ses condisciples, — un Savoisien, — une lettre qui rappelait ses prouesses d'autrefois. « Depuis longtemps, y est-il dit, votre nom est arrivé jusque dans mon petit pays, mais j'avais de la peine à croire que le *bouillant* élève de Brieg fût devenu un si fervent ministre du Seigneur. »

L'étudiant de Göttingue était plus bouillant encore que l'élève de Brieg. On connaît son fameux duel : mais ce que l'on ignore peut-être c'est que, pour guérir, il a eu l'énergie de rester couché immobile sur le ventre au delà de six semaines. Il est vrai qu'il sut se rattraper dans la suite. A Heidelberg, il démolit, à la

Mgr Moufang pâlissait et tremblait chaque fois qu'il avait à adresser un discours à l'evêque en sa qualité de supérieur du grand séminaire.

lettre, l'appartement qu'il habitait. Lorsqu'il le quitta, le propriétaire jura, mais un peu tard, que jamais il ne recevrait plus d'étudiant chez lui.

L'onction sacerdotale calma et transforma ces impétuosités juvéniles, sans néanmoins réussir à les dompter tout à fait. Le lion avait de singuliers réveils et, quoiqu'il fût devenu d'une patience admirable, l'évêque de Mayence ne pouvait pas se défendre toujours de certaines vivacités. Tout le monde avait accès au palais épiscopal. On raconte qu'une fois un paysan alla trouver l'évêque pour l'entretenir d'un sujet de médiocre importance — c'était peut-être un maire qui se plaignait de son curé. — Ketteler l'écouta avec bienveillance, répondit à toutes ses questions, entra dans toutes ses vues. Enhardi par des procédés si condescendants, le paysan traîna la conversation en longueur et se permit sans doute des observations intempestives. Bien mal lui en prit. L'évêque, excédé, l'empoigna de ses mains nerveuses et le jeta tranquillement au bas de l'escalier.

En dépit de ces brusqueries Ketteler était d'une tendresse délicieuse. Le paysan congédié avec cette précipitation excessive, était resté au bas de l'escalier. — Eh bien, qu'attendez-vous, lui cria l'évêque? — J'ai oublié mon bonnet, hasarda timidement le pauvre diable. — Ketteler s'empressa de le lui apporter, avec une bonhomie charmante. Ce trait est caractéristique; l'évêque a toujours rapporté le bonnet à ceux qu'il avait eu à malmener.

Il avait un cœur d'or tout rempli des sentiments les plus affectueux. Dans les lettres qu'il a adressées à sa famille, ce qui frappe le plus c'est la tendresse qui s'y manifeste. Quand il écrit à sa *petite mère chérie*, il a des câlineries de jeune fille. C'est avec une affection non moins profonde qu'il parle à ses frères, à sa sœur Sophie, à sa belle-sœur Paula de Merveld, et surtout à ses petits-neveux et nièces. Il trouve à chaque instant de ces mots doux et caressants, de ces tendresses spontanées, qui révèlent une âme naturellement et foncièrement bonne. « En ce monde je ne connais rien de plus pénible, écrit-il à Wilderich, que les séparations, et je ne pardonnerai jamais à celui qui les a inventées. » S'il était fort comme le diamant, il était, lui aussi, tendre comme une mère.

Que la grâce vienne se greffer sur de telles natures, et leur bonté devient de la charité héroïque. Nous avons vu ce qu'était le vicaire de Beckum et le curé de Hopsten. Partout il s'est dévoué aux pauvres, aux malades, aux délaissés, avec une abnégation et une générosité sans limite. A Mayence, Ketteler demeura ce qu'il avait été ailleurs, le bon pasteur donnant sa vie pour ses brebis. La première visite qu'il fit dans sa ville épiscopale fut pour les hôpitaux. Il les parcourut tous dès le surlendemain de sa consécration, allant d'un lit à l'autre et adressant des paroles de consolation à chaque malade.

Les œuvres charitables n'étaient encore ni très prospères ni très répandues à Mayence. Ketteler les multiplia. En 1854, il fit venir les Franciscaines d'Aix-la-Chapelle qui soignent à domicile les malades pauvres et les personnes abandonnées, et ces religieuses, secondées par lui, devinrent la Providence des quartiers populaires. Parmi les ouvriers et les pauvres, il y a des catégories qui ont besoin d'une assistance spéciale. Ketteler fonda en 1856 un grand orphelinat pour les petites filles et en 1864 un autre pour les garçons. Dans ses rapports continuels avec le monde ouvrier, il avait remarqué que la classe des femmes de service : bonnes, cuisinières, servantes, femmes de chambre, etc., était exposée à de nombreuses misères matérielles et morales. Il s'occupa de leur sort avec la charité la plus intense. Sous son inspiration, la comtesse Ida Hahn-Hahn — un écrivain célèbre qu'il avait converti à Berlin, — fonda une maison du Bon-Pasteur pour les femmes tombées. Deux ans après, il ouvrit, pour les femmes sans ouvrage, une *Hospitalité du travail* où elles trouvaient, outre le logement et la nourriture, un petit salaire de 18 kreuzers par jour. En 1865, il adjoignit à cette œuvre l'*Association de Notre-Dame de Bon-Secours*, qui se chargeait de leur venir en aide et de leur chercher des places.

Inutile d'ajouter que la sollicitude de l'évêque pour les *ouvriers* ne fut ni moins industrieuse ni moins paternelle. Pour eux, il fonda un *Gesellenverein* (en 1851) — l'un des premiers qui existât — des cercles ouvriers, des caisses de secours, des caisses d'épargne, des sociétés construisant des maisons ouvrières à bon marché, bref, toute l'organisation qui a servi de type aux institutions ouvrières de l'Allemagne catholique.

Les œuvres n'empêchaient pas la charité personnelle, tout au contraire. Tous les ans, à Pâques, l'évêque invitait à sa table quinze pauvres vieillards, et il se faisait un plaisir de les servir lui-même. Il invitait de même, le dimanche de Quasimodo, les orphelins qui avaient fait leur première communion. C'étaient les vraies fêtes de la charité! Mais les fêtes sont rares dans la vie et Ketteler était à ses pauvres tous les jours. Lui, le grand seigneur, le prince de l'Église, il montait à leurs mansardes, s'aventurait dans leurs bouges, distribuant partout l'aumône matérielle et spirituelle, et rehaussant, par d'affectueuses paroles, le prix de la pièce d'argent qu'il laissait à la famille visitée.

Et chaque samedi il était à son confessionnal, acceptant d'être le directeur de la dernière femme du peuple. Il lui arrivait fréquemment d'être enchaîné, au tribunal de la pénitence depuis deux heures de l'après-midi jusqu'à minuit. Il est vrai que pour retrouver ce temps donné aux pauvres il se levait à quatre heures et quelquefois à trois heures du matin, de façon à ne jamais négliger ses affaires administratives.

Ketteler s'était donné tout entier aux pauvres! Pendant les vingt-sept années de son épiscopat, son temps, sa bourse, son intelligence, tout leur appartenait. « En vérité, avait-il dit, dans l'un de ses premiers mandements, je ne cherche rien pour ma personne au milieu de vous. Tout ce que je posséderai à ma mort vous reviendra à vous et à vos pauvres. » Sa charité le dispensa de combiner de longues dispositions testamentaires. Il mourut sans rien laisser, ou plutôt il s'arrangea de façon à pouvoir encore remplir le plus sacré et le plus important des devoirs de charité, celui qui regarde les domestiques. Il avait été le meilleur des patrons, — il avait gardé son domestique dix-huit ans, sa cuisinière, dix-neuf, une bonne, vingt-deux, — il voulut le rester jusqu'au bout en laissant à ses serviteurs un souvenir de gratitude. Et ce qui valait mieux encore qu'une somme d'argent, ce sont ces touchantes paroles de l'évêque : « Dieu seul, dit-il dans son testament, pourra récompenser comme ils le méritent mes fidèles serviteurs, qui m'ont donné leur dévouement durant tant d'années. Pour moi, je n'ai malheureusement pas de quoi le faire ! »

CONCLUSION

« Je voudrais être sous-préfet, s'écriait un jour le jeune baron de Ketteler, parce que c'est une position où l'on peut faire beaucoup de bien au peuple! » Tout l'homme se trouve dans ces quelques mots ! Faire du bien au peuple était le rêve de sa jeunesse : l'évêque l'a réalisé d'une manière merveilleuse.

Dans les pages qui précèdent, j'ai essayé de dire comment il l'a réalisé, mais je sens combien je suis resté au-dessous de ma tâche. Trop heureux si, à travers cette étude, le lecteur a entrevu quel grand et noble caractère était l'évêque de Mayence!

Le nom de Ketteler restera intimement lié à l'histoire sociale de la seconde moitié du XIXe siècle. Il a été l'inspirateur et le promoteur de ce qui s'est accompli de vraiment fécond sur le terrain de la réforme sociale. Il a aperçu les grandes difficultés à une époque où personne ne voulait les voir. Il a annoncé les récents événements d'Allemagne en disant, dès 1866, que, si l'on n'y veillait, la Révolution prendrait sa revanche sur Königgrätz.

En même temps qu'il dénonçait le mal, il déployait une activité infatigable pour le combattre. Il étudiait pratiquement la question sociale au milieu des pauvres et des ouvriers, et il la résolvait de même par sa bonté et son inépuisable charité, par le feu sacré qu'il allumait dans le cœur de milliers d'hommes prêts à se dévouer aux classes ouvrières, par la persistance avec laquelle il ramenait l'attention publique sur la lutte implacable entre le capital et le travail.

Comme le péril devenait de plus en plus pressant, il eût voulu trouver un souverain capable de concevoir un programme social qui répondît aux besoins de notre temps et résolu à le mettre sérieusement en pratique. Ne le voyant surgir nulle part, il tourna plus que jamais ses regards vers l'Église et la Papauté, et le 18 juillet 1872, en plein triomphe germanique, il écrivit à son vieil ami Philipps, l'illustre professeur de Vienne, ces paroles prophétiques : « Je n'espère plus que Dieu nous aide en nous donnant un prince chrétien. Par contre, j'ai la conviction invincible qu'un temps viendra où Dieu enverra au monde un Pape qui saura réveiller dans l'Église toutes les forces divines. Rien n'est plus profondément ancré dans mon esprit que cette idée que de grandes et admirables choses seront réalisées par ce Pape. » Ne dirait-on pas que Ketteler a vu la *lumière dans le ciel, lumen in cœlo*, et que Dieu s'est plu à révéler à l'évêque social le règne glorieux du Pape social ?

II

ORGANISATION D'UN CONGRÈS

ORGANISATION D'UN CONGRÈS

LE CONGRÈS CATHOLIQUE DE MAYENCE

Au congrès de Coblenz, Windthorst a trouvé un mot aussi juste que pittoresque pour désigner l'assemblée générale des catholiques allemands. Il l'a appelée « nos grandes manœuvres d'automne ». Au mois de septembre dernier[1], les chefs du Centre ont de nouveau dirigé ces *manœuvres* avec un succès et un éclat incomparables. Les troupes catholiques avaient été convoquées à Mayence, la ville dorée. Par sa position géographique comme par son passé historique, la *Moguntia aurea* du moyen âge se prêtait admirablement à cette manifestation religieuse. N'est-ce pas Mayence qui a été, au VIIIe siècle, le principal foyer religieux des pays germaniques? N'est-ce pas à Mayence que saint Boniface, l'apôtre de l'Allemagne, a établi sa tente et fondé le premier siège épiscopal? Depuis lors Mayence a toujours joué un rôle prépondérant dans l'histoire religieuse du Saint-Empire.

1. 1892.

De notre temps, c'est de Mayence aussi, comme nous l'avons vu plus haut, qu'est partie l'étincelle électrique qui a rallumé partout le flambeau de la foi et rendu le mouvement et la vie au catholicisme allemand. En 1848, environ 200 catholiques, parmi lesquels 23 membres du Parlement de Francfort, se réunirent dans l'une des salles du palais électoral de Mayence pour discuter les intérêts religieux et politiques de leur patrie. On tenait la première assemblée générale des catholiques allemands. La trente-neuvième a siégé il y a un an dans l'antique cité rhénane[1], et cette fois plus de 6,000 personnes y ont pris part. L'œuvre commencée il y a quarante-quatre ans est devenue une institution, « le Parlement du peuple catholique ».

On peut dire sans exagération que toute l'Allemagne avait les yeux fixés sur le congrès de Mayence. Ces « grandes manœuvres », toujours intéressantes, avaient à l'heure actuelle une importance toute particulière. Les adversaires du Centre ont tellement répété que, Windthorst disparu, l'organisation catholique s'écroulerait, qu'on était curieux de savoir ce qui en était advenu quinze mois après la mort de la Petite-Excellence. D'autre part, l'année écoulée avait apporté aux catholiques de si hautes espérances suivies de si cruelles déceptions, que les libéraux se promettaient d'être témoins de leur prostration et de leur colère. Que

1. Depuis que ces lignes ont été écrites le 40e congrès a siégé à Wurzbourg et il a eu pour le moins autant d'éclat que celui de Mayence.

seraient le Centre et le congrès sans Windthorst? Quelle serait l'attitude du Centre et du congrès à la suite de l'échec sur le terrain scolaire? Autant de questions qu'on se posait dans les milieux hostiles à l'Église catholique. Cette curiosité, doublée d'arrière-pensées perfides, se trahissait dans toute la presse libérale, et elle n'a pas peu contribué à faire du congrès un événement politique de premier ordre.

C'était, en effet, un événement considérable que cette assemblée catholique qu'a abritée Mayence, du 29 août au 1er septembre! Voilà bien des années que j'assiste régulièrement à ces superbes assises de l'Allemagne catholique. J'ai vu des réunions splendides à Trèves, à Fribourg, à Bochum, à Coblenz; je ne crois pas exagérer en affirmant que le congrès de Mayence a été non moins beau que les précédents. En vérité, on ne s'apercevait guère de l'absence de la Perle de Meppen, et si son nom n'avait été si souvent prononcé avec enthousiasme, on n'aurait pas eu l'occasion de s'en souvenir. Jamais on n'a été plus éloquent. Les vétérans du Centre se sont surpassés eux-mêmes, et de nouveaux orateurs ont surgi qui portent déjà fièrement le drapeau de l'Église Ballestrem, Schorlemer-Alst, Lieber, Porsch, Schädler, Siben, Wacker, etc., ont tenu la foule immense des congressistes sous le charme de leur parole. Et parmi les hommes nouveaux, je citerai l'avocat Schmitt[1], de Mayence, et surtout l'avocat

1. Au récent congrès de Wurzbourg l'avocat Schmitt a été l'un des orateurs les plus applaudis. Je ne m'étais pas trompé

Trimborn, de Cologne, qui figurent dignement à côté de leurs aînés.

De tels hommes devaient traiter avec compétence les graves problèmes qui sont du ressort des assemblées générales. De fait la critique la plus difficile pouvait être satisfaite de la manière dont les questions ont été exposées et discutées.

Le congrès de Mayence a donc magnifiquement fourni sa carrière. L'armée catholique a manœuvré à la perfection, grâce à la discipline des soldats et au génie militaire des chefs. Elle est plus forte, mieux exercée, plus résolue, plus unie que jamais. On avait compté sur un relâchement ou un affaiblissement. Le congrès de Mayence a montré combien les espérances libérales ont été déçues[1].

Les mauvais prophètes s'en aperçoivent aujourd'hui, et ceux qui sont sincères l'avouent sans détour. La *Norddeutsche* reconnaît que l'union des catholiques a éclaté au grand jour et qu'il est dérisoire de parler d'une scission du Centre. « Au lieu de prédire chaque matin la débandade des troupes catholiques, dit-elle, les libéraux feraient mieux de prendre exemple sur le

dans mes pronostics ; désormais le nom de Schmitt figurera parmi les officiers les plus brillants de l'état-major catholique.

1. A la suite des dissentiments qui ont éclaté dans le Centre, à propos de la loi militaire, on a de nouveau annoncé la dislocation prochaine du parti catholique et la ruine du Centre. Les élections dont il sera question à la fin de ce volume et le congrès de Wurzbourg ont déjoué une seconde fois tous les calculs. Le Centre est plus uni et plus fort que jamais.

Centre et de maintenir la même concorde dans leur propre camp. » D'autres feuilles tiennent un langage analogue. La plupart essayent de couvrir leur retraite par des attaques mensongères. Incapables de vaincre le Centre, ils se vengent de lui en le dénigrant et en le calomniant. Mais ces perfidies mêmes sont un hommage rendu aux catholiques et au congrès de Mayence. On craint, on déteste les « grandes manœuvres d'automne », on ne peut plus les passer sous silence, et cela est déjà une victoire.

On les ignore si peu, qu'il n'y a peut-être pas une feuille allemande qui n'ait consacré au moins un article au congrès. Les libéraux les plus fanatiques y avaient envoyé des reporters. Un grand nombre de journaux analysaient les discours les plus marquants : la *Kreuzzeitung* de Berlin a reproduit intégralement ceux de Mgr Haffner et du baron de Schorlemer-Alst. Le prince de Bismarck et le choléra n'attiraient pas l'attention au même degré que la réunion de ces ultramontains dont les libéraux annonçaient la fin prochaine il y a dix ans. Ce succès extraordinaire qui a ému l'Allemagne ne saurait laisser indifférent le lecteur français. Il y a là une leçon salutaire pour les ennemis de l'Église et un puissant encouragement pour les catholiques. Si, à force d'énergie, de volonté, une minorité a pu acquérir une telle influence dans un pays protestant, à quelles victoires ne doit pas aspirer un peuple catholique comme la France ?

I

L'ORGANISATION DES CONGRÈS CATHOLIQUES

§ 1er. — *L'assemblée des catholiques est générale.*

Avant d'analyser les travaux du congrès de Mayence, il ne sera peut-être pas inutile de dire un mot de la nature, du but, de l'organisation, du fonctionnement de ces grandes manœuvres d'automne. On en comprendra mieux la portée, l'influence et le retentissement extraordinaires. En étudiant la vie intime de ce puissant organisme des assemblées générales, on trouvera moins étranges les succès énormes que les catholiques allemands ont remportés sur le terrain de la politique religieuse, économique et sociale. On s'expliquera l'intérêt qui s'est attaché au congrès de cette année, l'attention que lui a prêtée la presse de toute couleur; on ne sera pas étonné que le chancelier d'aujourd'hui et le chancelier d'hier en aient fait parler dans les journaux qui sont à leur dévotion.

Le congrès que tiennent chaque année les catholiques allemands est, dans toute la force du terme, une assemblée générale. L'Allemagne est, par excellence, le pays des associations. « Jetez trois Allemands dans une île déserte, disait Henri Heine, et vous pouvez être sûr qu'ils fonderont immédiatement une société. » Cette tendance est aussi marquée chez les catholiques que chez les protestants; les uns comme les autres ont couvert l'Allemagne d'un vaste réseau d'associations de tout genre. Par le fait même les catholiques ont très souvent l'occasion de se réunir, de délibérer ensemble sur leurs multiples intérêts.

Au cours d'une année, on compterait des milliers de ces réunions dans les diverses régions de l'Empire. Ces nombreux centres de vie politique et religieuse sont une grande force pour le parti. Il y a là autant de foyers lumineux dont le rayonnement enveloppe toute la population catholique et l'empêche de s'étioler. Mais ces foyers dispersés acquièrent surtout une puissance prodigieuse lorsqu'ils sont, pour ainsi dire, ramassés en un seul phare dont l'embrasement atteint jusqu'aux horizons les plus lointains. Ce phare, c'est l'assemblée générale des catholiques allemands. Elle est la synthèse de toutes les associations et de toutes les réunions. Les cercles ouvriers, les *Gesellenvereine*, les *Bauernvereine*, les corporations d'étudiants, le *Canisiusverein*, les conférences de Saint-Vincent de Paul, l'*Arbeiterwohl*, le *Volksverein*, quels que soient leur destination et leur nom, ces œuvres politiques, économiques et sociales prennent toutes part à l'assemblée générale. Aucune n'est exclue, nulle ne se tient volontairement à l'écart. Il n'y a point de chapelle privée où l'on rende un culte spécial à quelque divinité jalouse. On trouve sans doute partout Paul et Apollon. Mais en Allemagne, Paul et Apollon entraînent tout le monde vers le centre d'unité qui est le Christ. Un des orateurs les plus spirituels disait à Mayence : « Chacun est tenté d'avoir l'église devant sa maison. » Heureusement l'esprit de discipline fait que les catholiques allemands résistent à cette tentation. Ils apparaissent tous à l'assemblée générale ; l'aristocratie et le peuple, les féodaux et les ouvriers se réunissent dans un même sentiment de fraternité. On y voit siéger à côté du prince de Löwenstein, du prince d'Isembourg, du baron de Schorlemer-Alst, d'humbles artisans, de frustes paysans ; à côté de Mgr Haffner de modestes vicaires de village, et tous y jouissent de la sainte liberté des enfants de Dieu. L'assemblée est vraiment générale au sens rigoureux du mot.

§ 2. — *L'assemblée des catholiques est universelle.*

Depuis quelques années elle prend aussi, de plus en plus, la forme d'une manifestation catholique, c'est-à-dire *universelle*. Ce caractère d'universalité a été même l'un des traits distinctifs du congrès de Mayence. La réunion, il est vrai, était avant tout destinée aux Allemands ; les congressistes et les orateurs étaient presque tous de nationalité allemande ; les questions qui ont été discutées étaient, au premier chef, des questions allemandes. Mais l'importance de ces grandes assises catholiques est devenue telle, qu'on y accourt de tous les points de l'Europe et que le Nouveau Monde lui-même y est représenté.

A Mayence, l'élément international apparaissait d'abord à la table de la presse. Quand je dis la table, j'emploie une figure de rhétorique, car les rédacteurs occupaient plus de dix tables au pied de la tribune.

Ce fait seul montre la différence radicale qui existe entre les congrès allemands et nos assemblées catholiques de Paris. De l'aveu de tout le monde, MM. Chesnelong et Keller sont d'admirables orateurs. Pourtant l'immense majorité de la presse ignore jusqu'à l'époque même à laquelle ils haranguent leur poignée de fidèles dans la salle exiguë du boulevard Saint-Germain. En Allemagne, plus de cent journaux avaient envoyé leurs reporters au congrès de Mayence, et j'avais en face de moi des rédacteurs de la *Kölnische Zeitung* et de la *Frankfurter Zeitung*, les deux plus grandes feuilles libérales de l'Empire. Au milieu de ces journalistes indigènes, il y avait les représentants de cinq ou six journaux français, — je citerai le *Monde*, l'*Univers*, le *Moniteur universel;* — de quelques autrichiens, entre autres du *Tiroler Volksblatt* et de la *Brixener Chronik;* — d'un irlandais, *The Irish Catolic* de Dublin; — d'un américain, la *Staats-Zeitung* de New-York; — d'un hollandais, *De Tied* d'Amsterdam; — d'un italien, le *Moniteur de Rome*.

Et ce qui était le plus frappant encore, on a entendu des orateurs appartenant aux pays les plus divers. Un évêque anglais, Mgr Patterson, de Londres, a apporté au congrès les félicitations et les vœux des catholiques de la Grande-Bretagne. Le conseiller national Decurtins, l'illustre sociologue suisse, a exalté en termes magnifiques les mérites et le génie de Mgr Ketteler, l'un des fondateurs de la science sociale. Le professeur Bossy, de l'Université de Fribourg (en Suisse), a remercié l'Allemagne de l'intérêt qu'elle a porté à la jeune Université. « L'Allemagne, a-t-il dit en substance, nous a envoyé un bon nombre de nos élèves et la plupart de nos professeurs, nous lui en avons une vive reconnaissance. » C'est à propos des Universités catholiques aussi, qu'un orateur français a pris la parole. On n'a pas ménagé les applaudissements à Mgr Kernaëret, d'Angers ; c'était la première fois qu'un orateur français s'adressait en *français* à un congrès catholique allemand. Le P. Odilon Wolff, abbé bénédictin d'Emaüs (près de Prague), a consacré un discours très brillant à l'art chrétien dont il est le promoteur zélé. L'abbé Müller, directeur du grand séminaire de Vienne, a raconté les succès merveilleux des missions religieuses prêchées en Autriche. Je pourrais encore nommer Mgr Jansen, de Hollande, un habitué des congrès catholiques ; le professeur Schnurer, de Fribourg ; Mgr Schröder et le docteur Pohle de l'Université catholique de Washington.

§ 3. — *L'assemblée générale des catholiques est le sacrement de l'unité.*

Mais d'où qu'ils vinssent, les congressistes étrangers se trouvaient à Mayence pour voir les catholiques allemands, pour s'instruire à leur école, s'initier à leur tactique, se réchauffer à leur enthousiasme. Ils étaient les spectateurs d'une manifestation grandiose qui avait pour but de faire constater, de fortifier, de cimenter l'unité du Centre. Là est, en effet, l'un des côtés les plus curieux et les plus utiles des assemblées générales. Elles sont en quelque sorte le sacrement de l'unité politique. On sait combien cette unité fait le désespoir des adversaires du catholicisme et peut-être celui du gouvernement lui-même. Aussi des efforts herculéens ont été faits pour rompre le faisceau et saper à la base la tour inexpugnable construite par Windthorst! Toutes ces tentatives ont été infructueuses; toutes ces armes se sont émoussées contre le roc du Centre.

Dans ces derniers temps, on a de nouveau beaucoup parlé de la dislocation du parti catholique. Quand on désire vivement une chose, on croit facilement à sa réalisation prochaine. Les socialistes, les libéraux, les conservateurs même, — sans parler des ministres, —, auraient tout intérêt à ce que le Centre fût désorganisé. Ils espèrent qu'à force d'annoncer la débâcle, ils finiront par la provoquer : c'est le sens de nombreux articles parus cette année dans la presse allemande.

Le congrès de Mayence a déjoué cruellement ces calculs machiavéliques! L'unité du Centre y a rayonné d'un éclat merveilleux. Dès le début, un jeune et brillant orateur, l'avocat Schmitt, de Mayence, a relevé les calomnies libérales et posé nettement la question : « Nos ennemis, dit-il, parlent volontiers de la dislocation du Centre et de la prétendue opposition qui s'y manifesterait entre les députés du Nord et ceux du Sud, entre les éléments aristocratiques et les éléments bourgeois, entre les démocrates et les conservateurs. Que ceux qui se repaissent de telles chimères viennent assister à nos réunions, et ils verront régner la concorde la plus absolue. Nous pouvons différer d'opinions sur des points secondaires; dans toutes les questions essentielles nous marchons ensemble, travaillant à la plus grande gloire de Dieu et au salut de la patrie, poursuivant sans trêve la liberté de notre Église et la liberté de notre peuple. »

Les applaudissements qui ont couvert ces paroles chaleureuses étaient de bon augure, et il était visible que l'unité et la concorde triomphaient. L'entente promettait d'être parfaite entre les catholiques allemands de toute race et de toute caste.

Elle l'a été : « Le *Kulturkampf* a uni les Silésiens et les Rhénans, disait Ballestrem, le premier soir, en saluant les Mayençais, au nom de ses frères de Silésie; ensemble ils ont combattu dans les sables de la Marche le grand combat pour la liberté de l'Église catholique, et ils resteront unis jusqu'à ce que nous soyons sortis pleinement victorieux de cette lutte. »

Et le comte de Buol-Berenberg, montant ensuite à la tribune, affirmait à son tour l'unité du Nord et du Sud : « Les catholiques badois, a-t-il dit, sont unis de cœur au congrès de Mayence. Chez nous, où le libéralisme nous permet à peine de respirer, se fortifie chaque jour cette conviction que seule une union étroite nous conduira au but. Notre devise est : Chacun pour tous et tous pour chacun. »

Les délégués des différentes provinces de l'Empire ont ainsi proclamé successivement du haut de la tribune que les catholiques ont un cœur et une âme et que les semeurs de zizanie ont perdu leur temps et leur peine. A chacune de ces déclarations un enthousiasme indescriptible soulevait les 6,000 personnes qui remplissaient l'immense salle. L'assistance montrait par là que l'unité du Centre existe et que le peuple catholique en est aussi heureux que fier.

Le même spectacle s'est présenté à chaque séance du congrès et jusqu'au sein des commissions. Partout des démentis cruels ont été infligés à ceux qui avaient escompté la dislocation du Centre.

Et ce n'étaient pas simplement des paroles en l'air, des affirmations mal fondées. Il suffisait de jeter un coup d'œil sur l'estrade où étaient réunis les orateurs et les chefs du parti pour voir que toutes les nuances politiques et toutes les classes y étaient représentées.

Tous les Achilles étaient au conseil de guerre; personne n'avait manqué à l'appel. Ceux qu'on nous a dépeints quelquefois comme des boudeurs et des mécontents siégeaient à côté des plus fougueux lutteurs.

Pendant les cinq jours qu'a duré le congrès, pas une note discordante ne s'est fait entendre, et, à la séance de clôture, le comte Ballestrem pouvait hardiment résumer toutes les affirmations précédentes, en prononçant ces paroles remarquables : « Je voudrais encore, en terminant, dire un mot d'une légende qui a surtout cours en été, de la légende de notre désunion, de l'aile conservatrice et de l'aile démocratique du Centre. Si par démocrate on entend un homme qui défend les droits que la Constitution accorde au peuple, tous les députés du Centre sont des démocrates, et si l'on est conservateur pour vouloir conserver et compléter ce qui est bien, nous sommes tous conservateurs. Voilà la situation! L'histoire de l'aile démocratique et de l'aile aristocratique est une sotte invention des feuilles libérales. Ces mêmes feuilles représentent mon ami Lieber comme un démocrate modèle, de même aussi mon ami Gröber. Vous venez d'entendre ces deux hommes. Vous avez également entendu le baron Schorlemer-Alst et moi, qui appartenons, dit-on, à l'aile aristocratique. Avez-vous remarqué une différence de langage? Le Centre est uni; s'il l'a jamais été, il l'est à présent. Il est uni dans l'amour, la vénération, l'obéissance qu'il a voués au Saint-Père ; il est uni dans sa fidélité et son attachement à l'empereur et à l'Empire, au prince et à la patrie. Il est uni aussi dans les questions politiques. Tel ou tel peut être d'un avis différent sur un point spécial, cela n'est pas un malheur. Nous sommes unis dans toutes les grandes questions. Cette unité a toujours existé dans le Centre à un degré plus élevé que ne le supposaient les malins libéraux; et si aujourd'hui nous la possédons plus que jamais nous le devons aux prières de Windthorst. Nous sommes unis, et à l'avenir nous continuerons comme par le passé à combattre en rangs serrés sous notre vieux drapeau : « Pour la vérité, la liberté et le droit ! » Et Porsch ajoutait : « Il y a de nombreuses années que je lutte aux côtés de mon compatriote et collègue Ballestrem, et jamais il n'y a eu l'ombre de conflit entre nous. »

En constatant ainsi la parfaite union du Centre, le congrès de Mayence a contribué à rendre cette entente plus solide et plus durable. Les orateurs par leurs discours, la foule par ses acclamations, ont pour ainsi dire tracé la voie aux hommes politiques et refoulé toute velléité séparatiste qui pourrait se produire ! Ces avertissements ne sont jamais inutiles quand il s'agit d'associations humaines. Le Centre, lui-même, a quelquefois à lutter contre le démon du schisme et on en avait fait la triste expérience à Mayence même. Lors des dernières élections du Reichstag, la rivalité de deux hommes de grande valeur, de M. Racke et de M. Wasserburg, avait valu au Centre la perte d'un siège. La leçon de l'union n'était donc pas déplacée, et un orateur très spirituel, Falk III, un vétéran du parti catholique, a profité du congrès pour recommander la sagesse à ses jeunes amis. Dans une allocution pleine d'humour, il a répété trois fois ces mots : *Soyons unis !* en s'adressant par un geste familier à toute la salle. La malice fut soulignée par des bravos chaleureux, et MM. Racke et Wasserburg se le tiendront pour dit. Ils oublieront leur malentendus, et aux prochaines élections ils évinceront le candidat socialiste, en allant aux urnes la main dans la main[1].

Le congrès aura exercé une influence décisive sur le parti catholique à Mayence, et le principe de l'unité aura triomphé une fois de plus. Comment ne triompherait-il pas, ce principe, lorsque, à chaque congrès, on rappelle les morts illustres qui ont créé le Centre et combattu si vaillamment pour la religion? Ballestrem a dit que les prières de Windthorst garantissaient l'union à ses amis restés sur terre. Un autre orateur, le doyen Hammer, a fait revivre, dans une invocation splendide, tous les chefs du Centre, les *Ketteler*, les *Mallinckrodt*, les *Windthorst*, les *Moufang*, les *Heinrich;* et après chaque strophe de son hymne enthousiaste, il ajoutait : « Mais leur cœur est avec nous. » C'est, en effet, le cœur de ces grands chrétiens qui assure la concorde au Centre, et voilà pourquoi l'assemblée générale les glorifie chaque année, travaillant ainsi à cimenter l'unité des catholiques.

1. Depuis que ces lignes ont été écrites il s'est produit en Allemagne certains faits qui paraissent démentir ce que j'affirme. On verra dans le dernier chapitre qu'il n'en est rien. Il y a eu de nouveau des tentatives de schisme; mais elles ont échoué. Le Centre a dû écarter quelques rares députés. Mais le gros de l'armée catholique est resté ce qu'il a toujours été.

§ 4. — *L'assemblée générale des catholiques fait le dénombrement des forces religieuses et sociales.*

Le congrès annuel a une autre mission à remplir : il fait le dénombrement de l'armée catholique. « Que le congrès siège à Mayence ou à Berlin, disait le comte Ballestrem, le but qu'il poursuit est le même. Nos assemblées sont une sorte de revue de tous les soldats décidés à lutter pour la liberté de l'Église et la revendication de nos droits. J'espère que le congrès de Mayence poursuivra ce même but, qui est depuis vingt ans l'objet de nos constants efforts. »

Avant comme après le combat, les revues sont nécessaires à une armée. Il faut savoir où l'on en est pour être capable de proportionner l'effort à l'obstacle qu'on rencontrera. L'assemblée générale des catholiques allemands est une sorte de revue de l'armée catholique. Quel est le nombre et la valeur des troupes? A quel état-major sont-elles confiées? Le congrès le révèle tous les ans. Les troupes, ce sont les congressistes pris individuellement, ce sont surtout les œuvres. La revue passée à Mayence a donné les résultats les plus consolants. La *Stadthalle*, le local le plus vaste de l'Allemagne, était bondée à toutes les séances. Pas une place n'était restée libre, et des centaines d'auditeurs ont dû rester debout. De même les œuvres étaient plus nombreuses que jamais. Toutes les œuvres prennent part au congrès, et généralement elles tiennent leur assemblée annuelle tandis qu'il est réuni.

Ainsi l'*Arbeiterwohl*, le *Canisiusverein*, le *Lehrlingsverein*, en un mot, toutes les associations catholiques profitent de l'assemblée générale pour tenir leurs congrès particuliers.

Rien de plus ingénieux, de plus fécond que cette organisation. De la sorte, tous les hommes d'œuvres se rencontrent, apprennent à se connaître, et de leur contact naissent très souvent de nouvelles créations. En même temps, les œuvres sont connues et appréciées par ceux qui se tenaient en dehors du mouvement, et elles gagnent facilement des adeptes. Que de catholiques sortent du congrès enflammés pour telle ou telle œuvre dont ils ignoraient même l'existence! Il a fallu la revue pour les mettre au courant. La revue crée aussi de nouvelles œuvres. C'est ainsi que j'ai vu naître au congrès de Bochum l'association des instituteurs catholiques, qui est déjà florissante et qui sera, dans un avenir peu éloigné, l'une des plus grandes forces de l'Église. A Mayence, le *Volksverein*, dont il sera question plus loin, a tenu sa première réunion annuelle, et cette séance a été l'une des plus brillantes du congrès.

On a constaté que toutes les œuvres avaient réalisé des progrès considérables : l'armée catholique n'a jamais été aussi nombreuse et aussi puissante.

Elle a des chefs dignes d'elle. L'état-major du Centre a été cruellement éprouvé dans ces dernières années : « Nos rangs se sont éclaircis, s'est écrié mélancoliquement le comte Ballestrem. Nous avons perdu des hommes comme Ketteler, Moufang, Heinrich, qui ont été, sous tous les rapports, nos vrais modèles. Mais je suis persuadé que sur les bords du Rhin, — cette vieille route de calotins, — *Pfaffengasse*, — de tels hommes auront toujours des successeurs. »

L'orateur avait raison, et pour s'en convaincre, il n'y avait qu'à regarder et à écouter. Malgré la disparition de Windthorst, du baron de Frankenstein, de l'abbé Mosler, de l'abbé Schulte, etc., le Centre possède encore une pléiade d'orateurs éminents, de savants jurisconsultes, qui sont tous des hommes d'État. Sous ce rapport, aucun pays catholique ne saurait rivaliser avec l'Allemagne. Le congrès de Mayence a été l'occasion d'un tournoi oratoire comme on en aura vu rarement. Non seulement dans les séances plénières, mais dans les réunions des œuvres, dans les commissions, aux fêtes du soir, partout on a pu entendre de beaux discours, des improvisations charmantes où, sous les formes les plus humoristiques et les plus enjouées, on disait parfois de dures vérités aux congressistes.

Quel défilé superbe que celui des orateurs que nous avons vus passer à la tribune du congrès!

Voici d'abord Mgr Haffner, l'évêque de Mayence, le disciple et le collaborateur de l'éminent Ketteler. Le vaillant prélat a assisté à presque toutes les séances et a pris plusieurs fois la parole. Son premier discours, très applaudi, a soulevé un *tolle* formidable parmi les libéraux allemands, parce qu'il a développé avec une haute compétence ce thème : « Pardonner, mais ne pas oublier. » Jamais, s'est-il écrié, il n'y a eu en Europe un peuple qui ait été maltraité aussi ignominieusement que les catholiques allemands sous les lois du *Kulturkampf*. Nos soldats, rentrés de la campagne de France, durent constater que le succès remporté, le sang versé, étaient exploités contre leurs droits les plus sacrés, contre leur liberté religieuse. Ceci est le passé. « Messieurs, pardonnons tout, mais n'oublions rien. Il est bon de ne pas oublier de pareilles époques, car elles pourraient revenir peut-être au siècle prochain. »

Lorsque, dans un pays, les évêques parlent avec cette énergie, la religion n'a rien à redouter, elle est sûre de vaincre. Autour de Mgr Haffner était groupé tout l'état-major du Centre; des officiers de tout grade et de tout âge, dont les uns sont déjà couverts de lauriers, dont les autres n'attendent qu'une circonstance favorable pour se signaler. Parmi ceux dont les noms sont connus au delà des frontières d'Allemagne, citons au hasard Porsch, le président du congrès, un *debater* de grand talent et un tacticien de l'école de Windthorst; Lieber, l'éloquent agitateur qui vient de remuer l'Allemagne catholique dans plus de cent réunions, un tribun dont la puissance oratoire rappelle les noms les plus retentissants de ce siècle; le baron de Schorlemer-Alst, le roi des paysans westphaliens, qui frappe d'estoc et de taille comme s'il était encore à la tête de son régiment; le comte Ballestrem, le président du Centre à qui tous ses collègues assignent le rôle de la Petite-Excellence, un soldat aussi, mais qui, sans mépriser les charges, lutte plutôt à la façon de Moltke; l'abbé Schädler, le petit aumônier de lycée qui, par sa parole tour à tour pathétique et amusante est devenu rapidement le favori, j'allais dire l'idole des congrès catholiques; le docteur Siben, le compatriote de Schädler, qui n'est pas encore député, mais qui le sera bientôt, car son éloquence l'a rendu populaire dans toute l'Allemagne; le député Charles Bachem, qui, sans avoir l'envergure de son cousin Julius Bachem, sait fortement empoigner son auditoire; l'abbé Schmitz, le curé de Crefeld, qui a quelquefois le tort de vouloir trop longtemps charmer; M. Brandts, l'éminent industriel de München-Gladbach, l'apôtre infatigable de la question sociale, qui appuie ses discours sur de magnifiques institutions ouvrières; l'abbé Hitze, l'inspirateur et l'ami de M. Brandts, dont les initiatives fécondes ont été plus utiles aux populations ouvrières que toutes les lois du chancelier de fer; Falk III, le gai Mayençais, qui a été boucher et qui a retenu de son métier l'art de frapper toujours la bête au bon endroit; le docteur Lingens, qui a été, comme Falk III, un ouvrier de la première heure, ayant, comme celui-ci, assisté à la première assemblée générale des catholiques en 1848; enfin, l'abbé Wacker, le lion de Zähringen, le fléau du libéralisme, l'homme le plus choyé et le plus détesté du grand-duché de Bade.

Ces officiers éprouvés qui semblent grandir d'un congrès à l'autre ne restent pas seuls sur la brèche. Chaque année, on voit surgir quelque talent nouveau, ou jeune, ou ignoré jusqu'alors, et rien n'est intéressant comme de suivre le développement progressif de ces recrues du Centre. La revue de Mayence n'a pas été moins consolante sur ce point que celles de Fribourg, de Bochum, de Coblentz, de Dantzig.

Il y a quelques années, j'assistais à la réunion annuelle de la *Görresgesellschaft*, qui se tenait à Cologne. Le soir, on se reposait des séances fatigantes de la journée en se réunissant au Casino catholique pour commencer l'une de ces beuveries charmantes, où les discours et les chants font oublier ce que l'absorption de la bière a de trop brutal. Je me trouvais placé auprès de M. Bachem, le vieil éditeur de Cologne, le père du jeune député de Crefeld[1]. On causait de journaux, quand tout à coup le président de la soirée prit la parole. J'entendis une voix nasillarde, souverainement désagréable, et une prononciation si défectueuse que je ne compris pas dix mots de sa harangue, endiablée à ce qu'il paraît. Je regardai d'où venait cette avalanche de sons. La voix sortait d'une barbe d'ébène, au-dessus de laquelle étincelaient deux yeux d'un noir de jais. L'orateur était tout jeune. Qu'est ceci, demandai-je à mon voisin, dont le regard brillait de joie? « C'est mon cher Trimborn, mon favori, » répliqua-

1. M. Bachem est mort dans le courant de cette année.

t-il. Et comme je m'étonnais de son enthousiasme, M. Bachem, ajouta : « Vous m'en donnerez des nouvelles : attendez! » Au congrès de Mayence, l'avocat Trimborn a parlé d'une façon merveilleuse. La prédiction de M. Bachem s'est réalisée, son favori est un des orateurs les plus vigoureux de l'Allemagne catholique, et il est certainement appelé à jouer un grand rôle. En dépit de son jeune âge, il est déjà vice-président du *Volksverein*, cette association puissante qui compte plus de 150,000 membres. Avec son ami Lieber, il enthousiasme, depuis deux ans, les populations catholiques dans des réunions qui comptent jusqu'à 10,000 auditeurs.

En quelques années, M. Trimborn a parcouru un chemin immense. Il a dû lutter contre des difficultés plus grandes que celles qui menacèrent de paralyser Démosthène, et il les a admirablement surmontées. A force de dompter sa nature ingrate, il l'a assouplie au point de rendre sa voix méconnaissable. L'assemblée générale des catholiques l'a applaudi à outrance, c'est assez dire qu'il a su charmer et captiver. Il est partout populaire, les ouvriers l'adorent, il sera député demain, et l'état-major du centre possédera un brillant officier de plus.

Trimborn n'a pas été le seul *vir novus* du congrès. L'avocat Schmitt, l'un des vice-présidents du comité local de Mayence, a prouvé, par son discours, que les orateurs poussent rapidement dans la *Pfaffengasse*. Enfin, un jeune prêtre bavarois, que je n'avais encore rencontré nulle part, l'abbé Winterstein, de Würtzbourg, s'est révélé brillant orateur à la commission de la question sociale et à la réunion du *Männerverein.*

C'est la première fois qu'il paraît à l'assemblée générale des catholiques. Je ne serais pas étonné si désormais il y figurait régulièrement à côté de l'abbé Schädler et de l'abbé Hitze. Il m'est apparu comme l'un des types les plus réussis du *schneidige Kaplan.* Il faut retenir son nom et se souvenir de sa figure.

La conclusion qui découle de ce dénombrement, c'est que l'armée catholique est dans des conditions excellentes : il ne lui manque rien. Elle est unie, bien exercée, bien commandée. La revue de Mayence a montré qu'elle sera invincible au moment de l'attaque.

Je ne crains pas d'ajouter que ce résultat est dû en grande partie aux assemblées générales des catholiques. Sans ces manifestations imposantes, le Centre ne serait pas aujourd'hui ce qu'il est, la tour inexpugnable, comme disait Windthorst, ou, suivant l'expression du *Temps*, « l'axe indispensable d'une majorité parlementaire ». Les assemblées générales ont été le levier avec lequel l'Allemagne catholique a été soulevée. Elles ont amené les troupes au Centre, révélé et formé ses chefs. Cela est si vrai, que partout où le congrès passe, les pays se transforment. On y sent sourdre une vie nouvelle.

§ 5. — *Le roulement de l'assemblée générale des catholiques.*

Pour procurer ce bienfait à tout l'Empire, on transporte le congrès successivement d'une extrémité de l'Allemagne à l'autre. On va du Nord au Sud et de l'Est à l'Ouest, évitant de se réunir deux années de suite, dans la même région. Ainsi, dans ces dernières années, le congrès a siégé tour à tour à Trèves, à Fribourg, à Bochum (Westphalie), à Coblenz, à Dantzig et enfin à Mayence. Inutile d'insister sur les avantages de ce roulement, ils sautent aux yeux.

Les assemblées générales comptent deux sortes d'auditeurs, l'élément flottant et l'élément consolidé. Les uns se retrouvent partout. Ce sont les hommes politiques en renom, les comités directeurs des œuvres, les délégués d'associations, les catholiques riches et influents qui n'ont pas à compter avec leur budget. Évidemment ceux-là sont le petit nombre. La masse des congressistes, ce sont les gens du pays, prêtres, instituteurs, avocats, commerçants, rentiers, paysans, ouvriers, artisans, ce sont des catholiques qui n'ont qu'un petit voyage à faire pour arriver à la ville où se tient le congrès. Et pour dire le vrai, ce sont ceux-là qu'on veut atteindre, ce sont eux que visent les discours, sur eux qu'on veut agir. Voilà pourquoi le congrès se déplace sans cesse. Il s'agit de tenir en haleine toute la population catholique, et, par conséquent, il faut aller à elle dans la mesure du possible.

Le lieu est chaque fois désigné dans une commission du congrès précédent. Les villes qui tiennent à avoir le congrès font des propositions qu'on discute dans la commission d'abord, à la séance plénière ensuite. Si l'on parvient à s'entendre, la ville est définitivement fixée. Dans le cas contraire, la décision est remise au commissaire général des congrès catholiques. Cette haute et délicate fonction est confiée au prince de Löwenstein. Son Altesse Sérénissime est depuis plus de vingt ans la cheville ouvrière des assemblées générales. Par sa haute situation, par son noble caractère, par son prestige énorme, le prince de Löwenstein est certainement l'homme le plus à même de résoudre les problèmes épineux qui s'imposent au commissaire général. D'un dévouement sans limites, il ne recule devant aucune peine ni aucune démarche, et comme il est très influent, il obtient tout ce qu'il veut.

On remarquera que les catholiques allemands ont la consolation d'avoir à chaque poste l'homme le plus capable de le remplir. Ils ont les orateurs, les organisateurs, les officiers batailleurs et les stratégistes, les diplomates et les jurisconsultes, et on est presque tenté de dire qu'ils les ont à discrétion.

Une fois la ville désignée, il s'y constitue aussitôt un comité local chargé de tous les préparatifs du congrès. Ce n'est pas une tâche facile que celle qui incombe à ce comité. Trouver une salle assez vaste pour contenir six à huit mille spectateurs, la créer si elle n'existe pas, préparer le logement des congressistes, choisir des locaux pour les commissions et les associations, songer aux fêtes du soir, aux offices religieux, lancer les invitations, etc., autant de casse-tête pour les organisateurs du congrès. Et ce qui doit les préoccuper par-dessus tout, c'est le choix des orateurs et celui des sujets à traiter. Il est nécessaire de trouver des hommes qui aient l'oreille du public, qui sachent empoigner l'auditoire, et, en même temps, il faut leur imposer ou leur suggérer des thèmes qui offrent un intérêt d'actualité. A ce peuple qui vit au milieu des luttes sociales et politiques il ne s'agit pas de servir des dissertations d'archéologie, d'histoire et de philosophie. Hannibal est à leur porte, ils veulent qu'on leur parle d'Hannibal. Or Hannibal, c'est le socialisme, c'est l'athéisme théorique et pratique sous toutes ses formes, c'est tout ce qui fait palpiter les cœurs chrétiens, tout ce qui tient les intelligences en éveil. S'il est permis au bon Homère de sommeiller, cette licence ne saurait être accordée aux orateurs d'un congrès populaire. Soyez pathétiques, si vous pouvez, soyez plaisants, gouailleurs même, si vous voulez, mais ne soyez pas ennuyeux, intéressez la foule, et pour l'intéresser, parlez-lui des choses qui la touchent de près. Tels sont les principes que doit suivre le comité local en désignant les orateurs du congrès.

Je reconnais volontiers qu'à tous les congrès que j'ai vus de près, on a toujours eu la main très heureuse sous ce rapport. Partout l'ensemble des orateurs était très satisfaisant et les sujets toujours très bien choisis. Le comité de Mayence a été particulièrement bien inspiré. J'ai déjà nommé la plupart des orateurs qui ont paru aux grandes séances. Les sujets qu'ils ont développés répondent à toutes les exigences du moment. La chaleur avec laquelle on les a applaudis, les attaques dont ils ont été ensuite l'objet de la part des journaux hostiles, en sont la meilleure preuve.

Ce serait un travail fastidieux de résumer par ordre les trente ou quarante discours qui ont été prononcés au congrès de Mayence. Je ne l'essayerai point, me contentant de grouper autour de quelques idées maîtresses le principal de ce qui a été dit, soit aux séances plénières, soit dans les commissions. On verra que le congrès a soulevé tous les grands problèmes qui intéressent davantage le peuple catholique d'Allemagne, et il les a résolus conformément à l'antique devise du moyen âge qui brillait dans une auréole de feu au-dessus de l'estrade où siégeait l'état-major du parti catholique : *Solutio omnium quæstionum Christus.*

II

LES TRAVAUX DU CONGRÈS DE MAYENCE

§ 1. — *La question scolaire.*

La question scolaire est de toutes la plus actuelle et la plus brûlante, celle qui a le plus vivement passionné les esprits en Allemagne. On se rappelle la lutte de géants que les catholiques et les conservateurs protestants ont soutenue, dans le courant de cette année, sur le terrain de l'école primaire. J'ai raconté ailleurs[1] les phases et les péripéties de cette campagne mémorable. Ce n'étaient pas seulement deux groupes politiques qui étaient aux prises l'un avec l'autre. Deux philosophies, deux civilisations, deux mondes s'entrechoquaient dans un heurt formidable. Comme le disait le chancelier de Caprivi, il s'agissait de savoir lequel des deux principes l'emporterait, le christianisme ou l'athéisme. Pardessus l'école confessionnelle, les libéraux voulaient atteindre le christianisme lui-même. En dernière analyse, leur idéal n'est autre que l'école sans Dieu, que nous voyons fleurir en France. Pour de tels hommes, le projet de loi du comte Zedlitz était une monstruosité

1. Voir mon volume : *Le Réveil d'un Peuple* (chez Lethielleux, Paris).

qu'il fallait refouler à tout prix. Leurs intrigues, hélas! n'ont que trop bien réussi. Le ministre des cultes est tombé et avec lui la loi scolaire. Les catholiques étaient vaincus et aussi les protestants qui restent attachés au christianisme.

Tous ces faits ont été rappelés au congrès de Mayence, dans un discours remarquable du docteur Siben, de Deidesheim. Siben a insisté sur la nécessité de l'école confessionnelle, qui seule peut procurer aux enfants la véritable éducation. Ainsi que tous les orateurs du Centre, il a revendiqué pour le clergé une influence sérieuse sur l'école et spécialement sur l'enseignement religieux.

Détail qui mérite d'être relevé : les nombreux instituteurs catholiques présents au congrès se sont exprimés dans le même sens. A la réunion solennelle de l'*Association des instituteurs catholiques de l'Empire allemand*, l'école chrétienne a été hautement réclamée. Le président de cette jeune et belle œuvre, le directeur Bruck, de Bochum, n'ayant pu assister au congrès, a envoyé à ses collègues ce télégramme significatif : « Courage et en avant dans la lutte pour l'école chrétienne. Dieu nous donnera la force et nous aidera à réaliser ce noble idéal. » L'instituteur Thömmes, de Wisbaden, a adressé à ses confrères une harangue dont je détache quelques passages : « Nous avons le désir, s'est-il écrié, de prendre fait et cause pour l'école chrétienne et déclarer hautement que l'Église a un droit sur l'école et que ce droit est historique et divin. » Et plus loin : « Les libéraux voudraient chasser l'enseignement religieux de l'école et le remplacer par une morale indépendante, nous leur répondons : La religion doit rester le centre vivifiant de nos écoles! » Et il conclut en disant : « Maîtres catholiques, unissez-vous, secouez l'ignominie, entrez tous dans notre association qui est spécialement une arme défensive. Nous ne cherchons pas le combat, mais nous ne le craignons pas non plus! » Un autre instituteur, M. Höhler, de Niederseltz, a repris le même thème : « On nous dit : Les curés, à la porte de l'école! — Et pourquoi le curé, qui est lui-même éducateur et instituteur, s'entendrait-il moins aux choses pédagogiques qu'un autre qui, par hasard, ne porte pas de robe noire? Sans autorité, l'instituteur ne peut rien, et les prêtres sont une puissante autorité qui relie la terre au ciel; eux seuls peuvent nous consoler à l'heure suprême, et nous leur devons respect, amour et obéissance. »

Ces milliers d'instituteurs allemands qui font partie de l'association tiennent tous le même langage et demandent tous l'école chrétienne. C'est qu'ils comprennent que, suivant le mot de Mgr Knecht, sans solution chrétienne de la question scolaire, il n'y a point de solution de la question sociale. Les législateurs auront beau doter le monde ouvrier de lois protectrices de toutes sortes, si l'école n'élève pas des générations chrétiennes, l'ouvrier sera un révolté prêt à se ruer sur ceux qui possèdent. Bebel a, un jour, établi nettement la corrélation qui existe entre le socialisme et l'enseignement rationaliste et athée. Il a proclamé sans détour que les socialistes n'étaient que les fils intellectuels des Universités allemandes. Cela est vrai, et pour combattre efficacement la révolution, il faudrait, par conséquent, ramener le christianisme non seulement à l'école primaire, mais dans les gymnases et dans les universités.

C'est ce que l'abbé Schädler a fait ressortir dans son discours sur les gymnases. Si l'école primaire laisse plus ou moins à désirer en Allemagne, la situation morale des écoles secondaires est lamentable. L'abbé Schädler a rappelé le fait de ce gymnase de Giessen, dont plus de cent élèves eurent à comparaître à la barre du tribunal pour vol. L'orateur révéla d'autres prouesses non moins édifiantes. Et d'où ce dévergondage? Les gymnases sont le plus souvent des écoles de paganisme. La religion y est enseignée sans doute, mais simplement comme matière d'examen, elle n'est plus le sel qui vivifie la terre. De là ces générations qui étonnent les parents par leur précoce perversité.

Ce que le gymnase a commencé, les Universités l'achèvent. Elles semblent avoir pour mission de déraciner la foi dans les âmes. En dépeignant cette situation navrante, l'abbé Schädler a poussé ce cri d'alarme : « Il nous faut un enseignement secondaire confessionnel. Nous voulons des gymnases chrétiens, s'est-il écrié, et pourquoi ne pas le dire, nous ne reculons pas devant les gymnases de Jésuites. » Hélas! ce vœu n'est pas sur le point d'être exaucé. L'enseignement secondaire est et restera aux mains des rationalistes. Le socialisme a encore de beaux jours en Allemagne et peut-être le moment de la liquidation sociale approcherait-il rapidement, si l'Empire n'était protégé par ce rempart puissant qui est la population conservatrice des 18 millions de catholiques.

§ 2. — *La question sociale.*

Dans son grand discours final, le comte Ballestrem a déclaré qu'une assemblée générale des catholiques allemands ne saurait siéger sans s'occuper, dans une large mesure, de la question sociale et de ses emphytéotes, les socialistes. D'abord c'est la question vitale de notre temps, celle qui met en cause l'avenir même de la société. Ensuite les catholiques allemands ont le droit de la considérer un peu comme leur question. Ils l'ont posée, étudiée, à une époque où les économistes libéraux en soupçonnaient à peine l'existence.

Le congrès de Mayence a fait la part très grande à la question sociale et au socialisme. Aux séances plénières du soir, deux des discours les plus importants, celui du baron de Schorlemer-Alst et celui de Decurtins, leur ont été consacrés exclusivement. En outre, d'autres orateurs, comme Porsch et le comte Ballestrem, y sont revenus à leur tour, montrant par là combien ces graves problèmes leur tenaient à cœur. La même préoccupation s'est fait jour à la grande réunion du

Volksverein, et la commission de la question sociale fut la plus suivie et la plus mouvementée de tout le congrès.

Le baron de Schorlemer-Alst avait choisi pour sujet de son discours le socialisme. C'est un thème si rebattu qu'il est difficile de trouver du nouveau. Mais l'orateur a rappelé ce mot très juste de Windthorst : « Pas n'est besoin de dire toujours du nouveau; il faut répéter très souvent les choses vraies. » D'après le baron de Schorlemer-Alst, le socialisme se présente aujourd'hui avec ce double caractère bien accentué : il affiche carrément l'athéisme, et il s'en prend à tout l'ordre social, au trône et à l'autel, à l'État et à la famille. Si, par tactique, les démocrates affectent quelquefois de ne vouloir qu'une transformation pacifique, ils se contredisent eux-mêmes. Leur déclaration de Wyden est assez catégorique, et, récemment, Liebknecht lui-même nous a parlé, dans une heure d'oubli, du socialisme révolutionnaire. Du reste, le voudraient-ils qu'ils ne le pourraient, car derrière les vieux se tiennent déjà les jeunes, derrière les jeunes les anarchistes; les uns poussent les autres à l'action... Comment parer au danger? Les libéraux mettent leur confiance dans l'armée. Triste aveuglement! Le socialisme ne pénétrera-t-il pas également dans l'armée? « Personne n'estime plus que moi notre magnifique armée, mais avec cette *ultima ratio regum* on ne résoudra pas la question sociale. »

Et qu'on ne dise pas que l'État socialiste est une

chimère irréalisable. Est-ce que ce caractère chimérique du socialisme empêchera les catastrophes d'arriver? Puis, l'orateur ayant montré le lien étroit qui rattache le socialisme athée à l'athéisme rationaliste de la bourgeoisie, de la classe soi-disant instruite, il conclut ainsi : « Les vrais remèdes, ce sont la religion et l'organisation. Le ministre des cultes, M. de Bosse, a dit que la religion était l'unique salut. Puisqu'il en es ainsi, nous réclamons la liberté de l'Église, l'indépendance territoriale du Pape, qui est la garantie de cette liberté; nous réclamons l'école et l'éducation confessionnelle; en général, nous voulons que toute la législation repose sur la loi de Dieu, ce qui se résume en ce mot : l'État christiano-germanique.

» Ce qui nous sauvera ensuite, c'est l'organisation basée sur le christianisme, l'organisation telle que nous la possédons pour nos artisans, nos paysans, nos ouvriers, pour la science et la presse. Nous tous, nous devons nous grouper et nous organiser contre la révolution. Chacun a sa place marquée dans cette lutte. Les vieillards, les femmes et les enfants ont la plus belle de toutes, car ils prient pour nous. Et le Seigneur nous apparaîtra réellement, et il nous conduira au port. Encore un peu de temps et le Christ reviendra. Que son saint nom soit à jamais béni! »

Ce discours magnifique acquiert une valeur toute particulière quand on sait que l'orateur est le roi des paysans westphaliens, qu'il est le créateur et le président d'une association de trente mille paysans, qui le considèrent comme leur providence. Personne n'était plus autorisé que le baron de Schorlemer-Alst à parler de la question sociale.

Le comte Ballestrem a parlé non pas des théories et des visées du socialisme, mais de son attitude pendant l'année dernière. « Les socialistes se sont tenus absolument cois, dit l'orateur ; mais je ne suis jamais plus inquiet que lorsqu'ils font le mort. Ils sont très prudents, et ils ne se lancent pas dans des dépenses inutiles quand d'autres font leurs affaires.

» Or, d'autres partis ont très généreusement travaillé pour eux. Les libéraux ont fait les affaires des démocrates par leur campagne contre l'école chrétienne. Puis, qui aurait jamais cru que le père de la loi d'exception contre les socialistes traverserait un jour l'Allemagne en commis-voyageur de tous les mécontents ; qui aurait pensé que le prince de Bismarck irait de ville en ville, dressant ses tréteaux sur toutes les places, pour y vendre en détail les secrets de sa science politique ? La situation est on ne peut plus critique. Si un homme de l'importance de Bismarck se met à la tête de tous les mécontents et les pousse à des manifestations antimonarchiques, on ne sait ce qui peut en résulter. Car les mécontents sont très nombreux ; trouvent-ils un chef aussi habile et aussi décidé que l'ex-chancelier, leur multitude devient un vrai danger. N'est-ce pas un triomphe pour la démocratie sociale ? Elle n'avait aucun motif de faire de l'agitation ; Bismarck s'en chargeait. »

Si le grand boudeur du *Sachsenwald* a parcouru l'Allemagne en commis-voyageur du socialisme, les chefs catholiques, et à leur tête Lieber et Trimborn, ont été, suivant le mot de Ballestrem, « les anges qui sont allés partout faire de la propagande pour le christianisme et la monarchie ». Lieber et Trimborn, ces deux vaillants missionnaires, ont parcouru les villes et les campagnes, convoquant des réunions en tous lieux, évangélisant en quelques mois plusieurs centaines de mille ouvriers et paysans. Ils ont rendu compte de leur apostolat antisocialiste dans deux superbes discours.

Lieber, dont il faudrait reproduire toutes les paroles, a fait un exposé saisissant de l'activité des démocrates, de leur doctrine monstrueuse, du danger qu'ils font courir à la société, de la nécessité absolue qu'il y a à les combattre, au risque d'y laisser la vie. En finissant, il a raconté l'histoire du premier régiment des dragons de la garde qui, à la bataille de Vionville, a couru à une mort certaine pour sauver le roi. « Et ce qui a été possible pour un roi de Prusse, s'écria-t-il, devrait l'être mille fois davantage pour le roi des rois, dont le nom est écrit au-dessus de nos têtes. Quand il s'agira de sauver la société humaine de la destruction par le socialisme, le *Volksverein* prendra dans cette charge meurtrière la place du premier régiment de la garde. Nous marcherons au combat, étendard déployé contre étendard; d'un côté, le drapeau rouge de la Révolution ; de l'autre, non seulement le drapeau de la patrie, mais encore celui qui porte au centre une croix et sur la croix cette inscription : Le Christ règne, le Christ vainc, le Christ est et reste *empereur*. »

Lieber, Trimborn, Schorlemer-Alst, l'abbé Hitze, Brandts, tous ces champions de la question sociale, ne font que marcher sur les traces de ces illustres Mayençais, les Ketteler, les Moufang, les Heinrich, qui ont ouvert la voie, il y a tantôt quarante ans. Lassalle, Engel, n'avaient pas encore parlé de la question sociale, que déjà le grand évêque de Mayence attirait l'attention des catholiques sur ces redoutables problèmes de demain. Il a été un vrai précurseur, un voyant, un prophète. Prêtre et évêque, il a été en outre un apôtre, il a formé des disciples, et c'est à lui que remonte cette école catholique dont les œuvres occuperont une page si glorieuse dans l'histoire économique et sociale de ce siècle. Son souvenir devait être ravivé au congrès de Mayence. Decurtins, un de ses admirateurs, s'en est chargé, et il a tracé de l'évêque social un portrait que l'auditoire a vivement applaudi.

Certes, l'Église catholique n'a pas à rougir quand elle s'adresse au peuple. Ses fils ont fait plus pour les classes ouvrières que tous les autres partis ensemble. Ketteler a imprimé aux études sociales une impulsion vigoureuse et à sa suite une légion de prêtres et de laïques se sont mis à l'œuvre, et ont creusé leur sillon. En Allemagne surtout, les Moufang, les Kolping, les Hitze, les Dasbach, les Liesen, etc., pour ne parler que du clergé, ont pris en main la cause de l'ouvrier avec une spontanéité, une générosité, un succès qui ont embarrassé les meneurs socialistes.

Aujourd'hui les traditions de Mgr Ketteler sont plus que jamais en honneur. On a constaté, à la revue du congrès de Mayence, que nulle part on ne s'intéresse autant à la question sociale, nulle part on ne s'occupe autant des œuvres ouvrières que parmi les hommes du Centre et le clergé catholique.

§ 3. — *La question des ordres religieux.*

Ceci tuera cela! Les catholiques allemands sont persuadés que la digue la plus puissante contre le socialisme, ce sont les ordres religieux. La question des ordres religieux est une de celles qui figurent au programme de toutes les assemblées générales. Nulle autre revendication n'excite chez les congressistes un aussi vif enthousiasme que le retour des moines.

Le *Kulturkampf* avait exilé d'Allemagne toutes les congrégations. Le tour des Jésuites et des ordres affiliés était venu d'abord. Une loi du Reichstag bannit de tout l'Empire la Compagnie de Jésus, les Pères du Saint-Esprit, les Lazaristes, les Rédemptoristes et les dames du Sacré-Cœur.

Le libéralisme ne s'arrêta point en si bon chemin, et un peu plus tard la Prusse chassa tous les religieux et presque toutes les religieuses. D'autres pays de la Confédération, le duché de Bade entre autres, imitèrent son exemple. L'Allemagne était sauvée... et le socialisme s'empressa d'occuper la place laissée libre par le départ des religieux.

La Prusse vint bientôt à résipiscence. Elle ouvrit de nouveau les portes à la plupart des ordres exilés par les lois de mai. C'est ce qu'un orateur du congrès de Mayence a reconnu, en disant : « La situation est *tolérable* en Prusse. » Il n'en est pas de même en Wurtemberg, dans le grand-duché de Bade et en Hesse. Le député Gröber a parlé de l'attitude de ces divers pays à l'égard des religieux. Il l'a fait d'une façon fort spirituelle, avec le sel et l'humour qui caractérisent souvent les Allemands du Sud. Son discours a eu beaucoup de succès, parce qu'il a su l'agrémenter d'anecdotes piquantes faisant toucher du doigt la stupidité de l'administration badoise.

« Il y a quelque temps, dit-il, une procession bavaroise, conduite par un capucin vivant, fit irruption dans le duché de Bade. L'administration fut longtemps perplexe; elle ne savait quel parti prendre en face de ce capucin. Finalement, on lui permit de prêcher et même d'entendre les confessions, mais seulement les confessions des Bavarois. Il ne devait à aucun prix absoudre les Badois. Grâce à cette sage prévoyance du gouvernement, les Badois durent garder leurs péchés. Il faut le reconnaître, les hommes d'État badois sont logiques, logiques jusqu'à l'absurde et au ridicule. »

Autre fait : « Un jeune religieux désirait célébrer sa première messe à Triberg, son pays natal. Le gouvernement y consentit, mais à condition qu'il ne dirait qu'une messe basse; si le jeune prêtre avait chanté, l'État aurait couru les plus grands dangers. »

Après avoir fustigé ces rigueurs odieuses avec sa verve habituelle, Gröber a insisté sur la solidarité qui existe entre les ordres religieux et les catholiques. « Les catholiques, s'écria-t-il, ne se laissent pas séparer de leurs religieux. Quiconque attaque les Ordres attaque l'Église, et qui attaque l'Église, s'en prend à chacun de nous, à sa conscience et à son cœur. Nous voulons nos religieux!... Eh quoi! on permet aux associations les plus subversives d'exister, et seuls les religieux qui défendent la société sont exclus du droit commun!... On nous insinue : Surtout pas trop de piété! On trouve la piété dangereuse pour l'État. Dissipez votre fortune dans la débauche, on vous y autorise; essayez de la consacrer à des œuvres pies, et le gouvernement s'y oppose. Voilà la liberté badoise! Il est temps que cette injustice disparaisse, c'est notre droit de posséder des Ordres, nous les réclamons. Dans cette lutte que nous soutenons pour les religieux, nous avons confiance en Dieu et en notre droit. Nous avons confiance en cette parole que notre empereur prononça dans un bon moment : « Malgré tout, le droit doit rester le droit. »

De tous les religieux, les Jésuites sont les plus populaires en Allemagne, et ils restent toujours exilés. Aussi les assemblées générales des catholiques demandent-elles énergiquement leur retour.

A Mayence, les Jésuites ont trouvé dans le député

Lieber un avocat digne de leur cause. Lieber est, sans contredit, le plus grand orateur du Centre. Je le trouve bien supérieur à Windthorst lui-même. Il a de son maître la rigueur des déductions, l'habileté du diplomate, l'ironie tour à tour amère ou humoristique, la correction et l'ampleur de la phrase improvisée, mais il a, en outre, une action oratoire merveilleuse. Sa voix, d'une puissance, d'une sonorité, d'une souplesse extraordinaires, rencontre à chaque instant de ces intonations qui vous donnent la chair de poule. Ajoutez à cela un geste varié, pathétique, sachant détailler les moindres nuances de la pensée, deux yeux d'une vivacité extrême dans lesquels l'indignation, l'ironie, la joie, passent comme des éclairs; une physionomie mobile où se réfléchissent les moindres émotions de l'âme, et vous comprendrez l'impression profonde que Lieber doit produire sur un auditoire. Son apparition à la tribune provoque dans l'assistance un véritable délire, Windthorst n'a pas connu de plus bruyantes acclamations.

Le plaidoyer que Lieber a prononcé en faveur des Jésuites est un pur chef-d'œuvre. Il aurait converti les gens les plus prévenus, les moins favorables à la Compagnie. Je n'ose résumer ce discours, j'aurais peur de l'affaiblir. Ce n'était pas précisément une défense des Jésuites. Lieber disait avec raison qu'il craindrait d'offenser l'Église en entreprenant ce travail. Ce qu'il voulait faire ressortir, c'est l'inconséquence et l'iniquité de la loi d'exil. Il voulait surtout rendre compte au congrès de la conduite récente du Centre dans l'affaire de la motion Windthorst.

On se rappelle les faits. Durant la discussion du projet de loi scolaire, le chancelier, désirant à tout prix sauver l'école, essaya d'amadouer les libéraux en leur jetant un os jésuitique à ronger. Il déclara, à la grande stupéfaction des catholiques, que le Conseil fédéral ne donnerait jamais son assentiment à un projet de loi ayant pour objet le rappel des Jésuites. Qu'allait faire le Centre? S'obstiner à laisser la motion Windthorst à l'ordre du jour de la Chambre, n'était-ce pas désunir la majorité conservatrice et rendre inévitable l'échec de la loi scolaire? N'était-ce pas aussi préparer le rétablissement de l'ancien cartel de Bismarck? Les députés catholiques ne pouvaient assumer la responsabilité de telles conséquences, et le comte Ballestrem déclara au nom de ses collègues que, tout en réservant le fond de la question, le Centre retirait la motion demandant l'abrogation de la loi d'exil des Jésuites! Hélas! la faiblesse du chancelier, comme la condescendance du Centre, furent inutiles. Les libéraux continuèrent leurs saturnales, et la loi scolaire ne fut pas votée.

Lieber a raconté ces faits au congrès et, pour couper court à tous les bavardages libéraux, il les a fait suivre de ces importantes déclarations : « 1° Le Centre présentera de nouveau la motion Windthorst sous le nom de motion Ballestrem; 2° il ne la retirera plus jamais de l'ordre du jour en faveur d'une autre loi ou en considération d'une situation politique; 3° le Centre saura toujours défendre les Jésuites contre n'importe quelles calomnies. »

On juge de l'effet produit par ce langage énergique. Il est douteux que le chancelier de Caprivi l'ait trouvé de son goût et que les libéraux en aient éprouvé une grande joie.

Lieber a continué ensuite avec non moins de force : « Nous réclamons la suppression de la loi d'exil, non point parce qu'on a accordé la liberté aux socialistes, — il n'y a rien de commun entre nos religieux et les révolutionnaires, — mais nous la demandons comme notre bon droit... Nous espérons que le chancelier de l'Empire se convertira à nos idées ; l'expérience qu'il a faite sur le terrain de l'école et le voyage de noce de Bismarck à Vienne y contribueront pour leur part. Nous demandons aussi le retour des Jésuites dans l'intérêt même de notre patrie ; car nous sommes convaincus que les temps sont si mauvais, qu'au milieu de l'effondrement universel, on tendra la main à quiconque pourra servir de soutien et de refuge. Il est incontestable qu'une seule chose sera capable de sauver la société, c'est l'activité apostolique de nos missionnaires qui ébranlent et transforment les masses... Oui, nous n'aurons de cesse que la loi contre les Jésuites ne soit abrogée. Si elle ne l'est pas, nous n'irons pas pour cela soumettre nos sentiments monarchiques à une revision, seulement nous élèverons la voix jusqu'à ce que nous soyons arrivés à notre but. Et si le printemps tarde encore davantage, si l'hiver qui pèse sur nos

Jésuites se prolonge longtemps encore, nous, catholiques allemands, nous ne nous lasserons de répéter : Et le printemps viendra quand même. »

En descendant de la tribune, Lieber a été l'objet d'une ovation indescriptible, et il l'avait méritée. Son discours a été le clou du congrès. Il a parlé avec une telle netteté et une telle indépendance que la cause des Jésuites a fait certainement un pas sérieux. Non pas que je croie leur retour prochain. Mais le gouvernement aura pu se convaincre que le peuple catholique tient à ses Jésuites, et le jour viendra où il sera obligé de les accorder au Centre en échange de quelque grand service. En mourant, Windthorst a laissé la motion relative aux Jésuites en héritage à ses amis politiques. Le comte Ballestrem s'est constitué l'exécuteur testamentaire des dernières volontés de la Petite-Excellence. Dans son discours final du congrès de Mayence il l'a affirmé lui-même et il tiendra parole. Sans nul doute le printemps viendra pour les Jésuites d'Allemagne.

§ 4. — *La question des missions.*

Tous les orateurs du congrès ont été unanimes à proclamer que sans religion il n'y a point de solution de la question sociale. Il est donc naturel que les assemblées générales des catholiques aient le souci des intérêts religieux de la foule. « Il faut conserver ou rendre la religion au peuple, » disait le vieil empereur Guillaume. C'est ce que l'Église s'efforce de faire, et plusieurs des discours de Mayence ont attesté la fécondité de son apostolat. On a parlé des missions lointaines et des missions prêchées en Allemagne.

Le P. Horne, supérieur de la mission de l'Afrique orientale, a entretenu le congrès des missions africaines, de l'esclavagisme, des misères matérielles et morales du continent noir. On l'a écouté d'une oreille assez attentive, mais je manquerais à la vérité si je disais qu'il a transporté l'assistance. Évidemment le sujet était trop étranger aux questions ordinaires traitées dans les assemblées générales. On attendait d'autres discours. Rien de plus palpitant que l'histoire des nègres, mais combien les catholiques allemands sont plus sensibles à ce que font et projettent les vandales du socialisme et les maures libéraux de Berlin!

Si l'on ne s'est pas passionné pour les nègres de l'Afrique allemande, — pas même à la suite d'un très médiocre discours d'un Père blanc,— l'on a, par contre, suivi avec la plus scrupuleuse attention le récit de la misère religieuse des catholiques de Berlin. Le député Bachem a parlé de ce qu'on appelle la *Kirchennoth*, — la détresse spirituelle de la capitale. Cette question est à l'ordre du jour depuis plusieurs années, et il ne se passe guère de semaine sans que la presse catholique ne pousse le cri d'alarme. Avec raison, Berlin est, en effet, le talon d'Achille du catholicisme allemand. Autant la situation est satisfaisante dans le reste de l'Empire, autant elle est lamentable sur les bords de la Sprée.

La population catholique de Berlin est aujourd'hui de 135,000 habitants ; elle se développe chaque année dans une proportion énorme. De 1885 à 1890 elle a augmenté de 35 pour 100, et dans les faubourgs mêmes de 76 pour 100. Malheureusement le nombre des églises n'a pas augmenté dans la même mesure. Pour ces 135,000 catholiques, Berlin ne possède encore que deux églises et une dizaine de chapelles plus ou moins exiguës. Et de même que les églises manquent, il y a pénurie de prêtres ; dans les nouvelles paroisses il n'y a que deux prêtres par 20,000 habitants. Ces chiffres se passent de commentaire.

Le résultat est que le catholicisme subit des pertes considérables à Berlin. Sur les 54,000 catholiques mariés, il y en a 26,000 qui vivent en mariage mixte. 85 pour 100 des enfants issus de ces mariages passent au protestantisme. Dans les écoles de Berlin, il devrait se trouver 6,500 enfants catholiques de plus qu'il y en a en réalité.

Le mal est donc immense, il exige d'énergiques et de prompts remèdes. « A l'œuvre, s'écria M. Bachem, dans l'intérêt de la religion, il vaudrait mieux élever des églises à Berlin que d'élever le dôme de Cologne. »

Les catholiques allemands ne sont pas restés indifférents au cri de détresse venu de Berlin. Le président du *Bonifatiusverein*, Mgr Nacke, donne quelques détails consolants. « La *Kölnische Volkszeitung* a ouvert une souscription, et dans l'espace d'une année elle a recueilli plus de 100,000 francs, d'autres journaux catholiques en ont recueilli environ 50,000. Ce sont des pierres d'attente. On est en train de construire de grandes églises à Berlin. Grâce à la générosité des fidèles, on espère pouvoir pousser activement les travaux. Que les catholiques du reste de l'Allemagne ouvrent leur cœur et leur bourse. »

M. de Savigny estime qu'il faudrait 15 à 20 millions pour doter Berlin du nombre d'églises voulues, et il propose de nommer un comité central chargé de réunir ces fonds. La proposition de M. de Savigny a été adoptée par le congrès de Mayence et tout porte à croire que ce comité trouvera de l'écho dans le pays. Berlin aura des églises, et la population catholique de cette ville pourra être évangélisée. Le jour où l'on prêchera des missions dans vingt églises de la capitale, le catholicisme n'aura plus à déplorer que des pertes insignifiantes.

Le chanoine Müller, de Vienne, l'a prouvé dans un discours excellent sur les missions populaires. Moufang disait un jour : « L'Autriche n'est pas Vienne, l'Autriche vaut mieux que Vienne. » Moufang, s'écria l'abbé Müller, ne parlerait plus de la sorte aujourd'hui. Vienne se métamorphose; il s'y est formé un courant catholique qui va grandissant chaque année. Ce mouvement est l'œuvre de deux grandes missions auxquelles on a vu participer 14,000 hommes. Les missions réveillent et fortifient les sentiments religieux et sont une des meilleures garanties de l'ordre politique et social.

Les revirements signalés par l'abbé Müller ont été constatés dans tous les centres ouvriers où l'on a prêché des missions. Les missions sont le premier antidote de la propagande socialiste. N'est-il pas étrange que dans ces conditions l'Allemagne s'obstine à repousser les plus habiles missionnaires de l'Église catholique? Mais les congrès catholiques parleront si haut et si ferme, qu'on finira bien par s'en émouvoir à Berlin.

§ 5. — *La question de la presse.*

La presse est l'*instrumentum regni* le plus puissant du parti catholique en Allemagne. Par ses centaines de journaux populaires, le Centre a formé l'opinion publique et préparé lentement le terrain sur lequel il a pu vaincre ses adversaires. Sans ces alliés intrépides, sans le petit vicaire journaliste, — le *Hetz Kaplan*, — la diplomatie et l'éloquence de Windthorst auraient risqué d'échouer. C'est parce que les catholiques allemands ont multiplié, soutenu, propagé leurs journaux, qu'ils ont eu raison de la prépotence libérale, de la coalition des conservateurs et des libéraux, et finalement du chancelier de fer.

Mais on se tromperait si l'on s'imaginait que cet organisme redoutable a été créé tout d'une pièce, que cette arme a été forgée en un jour. Rien n'est plus difficile que de fonder une presse sérieuse. Il faut des capitaux, il faut des rédacteurs, il faut surtout des abonnés, et l'abonné est ce qu'il y a de plus récalcitrant au monde. Déloger d'une maison catholique un journal hostile ou indifférent et le remplacer par une feuille à idées contraires est une entreprise ardue que le clergé allemand a menée à bonne fin, mais Dieu sait au prix de quels efforts!

L'assemblée générale des catholiques y a contribué fortement, et à chaque congrès, un orateur populaire, presque toujours un prêtre, paraissait à la tribune pour exposer le rôle, la puissance, la nécessité de la presse et aussi pour provoquer chez les congressistes un sérieux examen de conscience. Il en est presque toujours résulté la création de quelques organes nouveaux et en tout cas un accroissement sensible du nombre des abonnés catholiques.

On n'a pas jugé à propos d'inscrire au programme du congrès de Mayence un discours sur la presse. Est-ce à dire qu'on ait complètement négligé cette cinquième puissance? Loin de là. Deux des orateurs les plus en vue, Ballestrem et Porsch, ont parlé des journaux et des journalistes en termes qui ont impressionné l'auditoire. Ballestrem a fait un éloge magnifique de la presse du Centre : « L'attitude de notre presse, a-t-il dit, est excellente, je ne puis assez admirer combien elle s'est développée et perfectionnée en si peu de temps. Je ne parle pas du nombre des feuilles, mais du grand tact politique qu'elles ont acquis. Il n'en était pas toujours de même. Tant que la presse catholique était jeune, il fallait faire son éducation, elle avait besoin de passer par le creuset de l'expérience; mais aujourd'hui nos journaux ont un sentiment si juste des choses politiques, qu'on peut dire qu'elle est magistralement rédigée. » Et après avoir exalté les journaux, l'orateur s'est adressé aux abonnés pour stimuler leur zèle.

Porsch s'est également tourné vers les abonnés. « Le congrès, a-t-il dit, est un examen de conscience pour les associations comme pour les individus. Chacun doit se demander s'il a rempli tous ses devoirs de citoyen catholique. Il faut surtout qu'il se pose cette question : As-tu un journal catholique chez toi? Que quiconque n'est pas abonné à une feuille du Centre s'empresse de réparer cette faute, en s'abonnant sur-le-champ. »

Est-ce que cet examen de conscience ne serait pas aussi très utile ailleurs? Que de remords il éveillerait, si l'on était partout capable de remords?

Pendant que la question de la presse était débattue à la tribune du congrès, je promenais mes regards autour de moi et il me venait de singulières réflexions. Les catholiques allemands ont les capitaux pour créer des journaux, — il ne leur faut pas des sommes considérables, — ils trouvent des abonnés en nombre suffisant, — ceci vaut mieux, — ils ont enfin des rédacteurs actifs, de bonne volonté, des hommes qui veulent et qui savent mettre la main à la pâte. Un de mes collègues parisiens, auquel je nommais quelques-uns des journalistes penchés sur leur papier, s'étonnait de voir quels reporters se trouvaient à nos côtés, et je comprenais sa surprise. C'étaient les directeurs, les rédacteurs en chef, de gros personnages politiques, qui sténographiaient humblement auprès des plus obscurs novices. Les rédacteurs en chef des trois plus grands journaux catholiques d'Allemagne, le docteur Marcour, de la *Germania*, le docteur Cardauns, de la *Kölnische Volkszeitung*, l'abbé Hillmann, de la *Deutsche Reichszeitung*, étaient là du matin au soir, assistant à toutes les réunions, paraissant dans les commissions, écrivant eux-mêmes leur compte rendu. J'avais dans mon voisinage un journaliste bavarois, l'abbé Haus, député du Reichstag et du Landtag, qui écrivait de longues correspondances pour son journal. Un autre député, l'abbé Dasbach, le directeur de cinq journaux, le président d'un grand *Bauernverein*, était également à son poste comme tous les ans. Je pourrais citer un bon nombre d'autres rédacteurs en chef qui se montraient infatigables au congrès. A côté de ces vétérans, des rédacteurs tout jeunets, laïques et ecclésiastiques, semblaient faire leurs premières armes sous les regards de leurs aînés.

C'était un spectacle réconfortant, et je m'expliquais déjà, par le seul fait de cette activité infatigable, les succès de la presse catholique allemande. Ces hommes de cœur et de talent considèrent le journalisme comme un apostolat, et l'effort, la fatigue, ne leur coûtent plus du moment qu'ils agissent en apôtres. Est-ce que le missionnaire compte ou pèse les gouttes de sa sueur? J'en connais plus d'un de ces vaillants qui rédige à peu près à lui seul une feuille quotidienne. A la plupart des rédactions, ils sont deux, trois au plus. A côté de cela, ils ont à Rome, à Berlin, souvent à Vienne, à Paris, des correspondants spéciaux qui envoient le même article à quinze ou vingt journaux à la fois. Cette organisation et la puissance de travail des rédacteurs fixes permettent au Centre de créer une multitude de feuilles locales qui sont à très bon marché et qui pénètrent dans les foyers les plus modestes.

En me rappelant ces détails, je comprenais l'efficacité des examens de conscience suscités par les congrès. Il est difficile, en effet, de résister à l'argumentation d'un orateur journaliste quand on sait quelle somme de travail il consacre à son œuvre. Il est impossible de reculer devant le sacrifice pécuniaire de l'abonnement lorsque le journal lui-même est le résultat de sacrifices aussi constants et souvent aussi pénibles. Et comme au travail de rédaction vient s'ajouter parfois la prison, — Fusangel, de Bochum, est encore sous les verrous, — les dernières obstinations finissent par être vaincues et... la presse catholique est florissante.

§ 6. — *La question romaine.*

Une assemblée catholique ne saurait siéger sans accorder dans ses délibérations une place d'honneur au

Pape et au Saint-Siège. La question romaine fait partie du programme de tous les congrès catholiques d'Allemagne. On y revendique hautement la liberté et l'indépendance du Souverain-Pontife. A Mayence, on a été extrêmement catégorique sous ce rapport. Plus de dix orateurs ont parlé de la situation intolérable dans laquelle se trouve le chef de l'Église et de la nécessité absolue d'une solution de la question romaine.

Le premier soir, le professeur Evers, d'Aix-la-Chapelle, a parlé de « la grande victime de Rome, du prisonnier du Vatican ». Un autre orateur, le rédacteur Saget, d'Arnsberg, rappelant la parole magnifique de Mgr Korum : « Autrefois l'Église était une reine, on la traite en esclave aujourd'hui, » a proclamé que l'Église devait retrouver son diadème. A chaque séance, le langage des orateurs devenait plus explicite, plus véhément, et l'assistance éclatait en applaudissements interminables. Je ne parle pas de l'admirable harangue de Mgr Haffner. Il n'y a pas à s'étonner qu'un évêque soit éloquent quand il s'agit du Vicaire de Jésus-Christ. Mais les laïques ont peut-être trouvé des accents encore plus enthousiastes que le successeur de Mgr Ketteler. Quel profond amour de l'Église et du Saint-Siège dans ces discours dont Léon XIII était le sujet et le héros! Ce qui était plus frappant que tout le reste, c'est le courage avec lequel on s'est exprimé. Dans un pays dont le souverain est l'allié et l'ami de l'Italie, il n'est pas aisé de toucher au conflit qui existe entre le Vatican et le Quirinal. La prudence des enfants du siècle conseillerait aux catholiques allemands de ne pas faire allusion au pouvoir temporel ni à Rome intangible. Ils pourraient se contenter de démonstrations platoniques, exalter le Pape sans trop insister sur sa situation. Ce ne serait sans doute pas héroïque, mais qui oserait leur jeter la pierre? Léon XIII hésiterait peut-être à leur reprocher ce silence.

Les amis de Windthorst n'ont pas eu la faiblesse de cacher leur drapeau ou leurs sentiments. Ils ont dit hautement ce qu'ils pensaient de la question romaine. Pour donner plus de poids à leurs déclarations, Ballestrem s'est chargé lui-même de s'expliquer sur ce point dans son discours de la fin. « Tournons avant tout nos regards, a-t-il dit, vers Rome, où le grand prêtre de toute la Chrétienté remplit son ministère sublime; vers Rome, qui, durant de longs siècles, a gouverné le monde catholique avec douceur, sagesse et fermeté; vers Rome, qui, dans ces derniers temps, a été arrachée injustement à la Papauté, où le Saint-Père est retenu prisonnier dans son propre palais. Nous protestons, comme tous les ans, contre la situation indigne qui est faite au chef de la Chrétienté. Le Saint-Père a un droit sur Rome, il a droit à une souveraineté territoriale, parce que son pouvoir est le plus légitime qui ait jamais existé. Si ce pouvoir n'est plus garanti, c'en est fait de la sécurité des empires et des royaumes. Cette souveraineté territoriale n'est pas seulement un droit, elle est aussi une nécessité. Le Pape aime tous les catholiques d'un même amour et avec l'impartialité qui l'a toujours caractérisé. Léon XIII n'a de préférence pour personne. Je suis convaincu que, fût-il sous la domination d'une autre puissance, le Pape ne cesserait jamais d'agir avec la plus haute impartialité. Il n'en est pas moins vrai que, au dehors, on pourrait avoir l'impression que le Pape serait plus accessible à l'influence du souverain dont il serait le sujet. C'est pourquoi le Pape ne doit être le sujet d'aucun homme. Nous renouvelons donc toutes nos protestations antérieures et nous disons : Qu'on rende au Saint-Père ce qui lui appartient... » Je ne sais ce qu'on aura pensé de ce langage au Quirinal, mais, à coup sûr, les gouvernants de Berlin l'auront remarqué. Si un orateur modéré et influent comme Ballestrem fait entendre de telles protestations, le chancelier d'Allemagne ne saurait longtemps les négliger. La goutte d'eau finit par creuser le roc. On en aura été d'autant plus frappé dans les milieux officiels, que le baron Schorlemer-Alst avait parlé dans le même sens avant le comte Ballestrem. « Nous demandons, avait-il dit, dans son discours sur le socialisme, l'indépendance territoriale du Pape. » N'oublions pas que Schorlemer-Alst est conseiller d'État et très bien en cour. Les représentants de 18 millions de catholiques demandent impérieusement que l'Italie, l'alliée de l'Allemagne, fasse droit aux justes revendications du Saint-Siège. Cela est très sérieux pour le Quirinal. Les hommes politiques italiens auraient tort de ne pas s'en inquiéter. A supposer même que, dans le pacte d'alliance, l'Allemagne ait garanti à l'Italie l'intangibilité de Rome, de telles clauses ne sont pas éternelles. L'alliance du Centre ne pourrait-elle pas un jour peser autant que celle de l'Italie dans la balance du gouvernement de l'Allemagne?

Toujours est-il que les catholiques allemands resteront fermes et qu'ils ne cesseront de revendiquer la souveraineté territoriale du Saint-Siège. Le congrès de Mayence aura dissipé les derniers doutes à cet égard.

III

LES FÊTES ET LES RÉJOUISSANCES DU CONGRÈS

§ 1. — *La fête des étudiants.*

« Soyez unis, soyez zélés, soyez joyeux, » s'était écrié le chanoine Heinrich dans le discours, — le dernier de sa vie, — qu'il a prononcé au congrès de Coblenz! « Soyez gais, pieux, unis, » s'écriait au récent congrès, Falk III, cet autre Mayençais! Et tous les pays rhénans parlaient par leur bouche. En effet, c'est par excellence le pays de la gaieté et de la piété, ce paradis qui s'étend le long du Rhin, de Mayence à Cologne. On y travaille ferme, on y prie beaucoup; on s'y amuse aussi, — le vin est si bon et les cœurs si ouverts — même à l'occasion des congrès catholiques!

Après le travail, les distractions! Les organisateurs du congrès ne négligent jamais cette partie du programme. Ils savent qu'il faut mêler l'agréable à l'utile si l'on ne veut pas rebuter les volontés fragiles ou les courages faibles.

Les fêtes et les distractions n'ont pas manqué au congrès de Mayence. Il y en avait tous les soirs sur les différents points de la ville, à la *Stadthalle*, au *Frankfurter Hof*, ailleurs encore.

Je voudrais vous donner une idée de l'une ou l'autre

de ces réjouissances bruyantes qui réunissent les congressistes à la fin de la journée. Elles font partie intégrante des congrès, et on connaîtrait mal la physionomie de l'assemblée générale des catholiques si ce trait manquait au tableau.

Les fêtes sont données ordinairement par les associations qui assistent au congrès. Ainsi les étudiants, les commerçants, les cercles ouvriers, les *Gesellenvereine*, tiennent presque tous les ans une *Festversammlung*, à laquelle tous les congressistes sont invités. Le local du congrès est occupé chaque soir par une autre société, ce qui permet de varier les intermèdes. Comme Mayence possède plusieurs vastes salles, il y avait quelquefois le même soir plusieurs réunions où le vin, la bière et l'harmonie coulaient à flots. Ce n'en était que plus gai et

De plaisirs en plaisirs
On promenait ses désirs!

De toutes les fêtes, celle des étudiants catholiques a toujours le plus de succès, en raison de son originalité d'abord et aussi parce qu'on aime à se retrouver au milieu de la jeunesse et à oublier à ce contact les misères de l'âge ou les soucis de la vie.

Une fête d'étudiants s'appelle un *Commers*. En quoi consiste le *Commers?* En guise de réponse voici une hypothèse invraisemblable[1].

1. L'*Academia*, l'organe des étudiants à couleurs (*Verbindungen*, numéro du 15 décembre 1892) m'a fait le grand hon-

Nous sommes au congrès catholique de Paris. Il est neuf heures du soir, et le programme annonce qu'on se réunit dans un des palais du Champ-de-Mars. Entrons. Un nuage de fumée bleuâtre remplit l'enceinte, et de cette buée qui estompe les visages sort une vague rumeur que domine le cliquetis de je ne sais quelles armes. Bientôt je distingue de longues rangées de tables dont l'extrémité semble avoir des formes indécises. Sur ces tables sont alignés d'innombrables bocks de bière et tout autour j'aperçois les congressistes. Mais quelle n'est pas ma stupéfaction! Presque tous ces pieux laïques et tous ces prêtres portent le béret des étudiants.

Voici Mgr d'Hulst avec un béret vert; près de lui sont assis MM. Chesnelong et Keller avec des bérets rouges; en face le baron d'Avril, le curé de Saint-Pierre de Chaillot, l'abbé Garnier, coiffé qui de jaune, qui de violet, qui de blanc; puis une foule imberbe, la jeunesse du Cercle du Luxembourg, tous avec l'inévitable bonnet d'étudiant : un vrai arc-en-ciel mouvant. Sur l'estrade présidentielle se tiennent majestueusement, en costume de la Renaissance, trois étudiants qui ont l'air de magistrats de la cour d'assises, tant ils sont sérieux et impassibles. Au bout de chaque table se trouve un autre étudiant en grande livrée studianesque.

neur de publier une traduction allemande de ma description du *Commers*. Dans l'article qu'elle me consacre elle déclare — ce qui est très flatteur — qu'un étudiant allemand n'aurait pas pu être plus exact que je ne l'ai été.

Tous ces personnages officiels portent de longues rapières qu'avec un peu d'imagination on peut prendre pour des épées flamboyantes.

On cause, on crie, on boit, on s'interpelle d'une table à l'autre avec force saluts, on remue les chaises et les verres. C'est le désordre le plus éblouissant qui puisse se rêver. Soudain les trois étudiants de la tribune frappent un grand coup d'épée sur la balustrade, et ce coup est répété automatiquement par tous les chefs de table. A l'instant, silence le plus complet, et une voix tonitruante annonce que le *Commers* a commencé.

Ce rêve fantastique est, *mutatis mutandis*, le début de la fête que les étudiants ont donnée aux congressistes de Mayence.

On pourrait définir le *Commers* une grande *beuverie* qui s'exécute avec une certaine solennité et où le choc des verres est interrompu par des chants et des discours.

C'est, du moins, l'impression qui m'est restée du *Commers* auquel je viens d'assister. A vrai dire, il y en avait trois pendant le congrès, parce qu'il existe en Allemagne trois grandes associations d'étudiants catholiques.

Il y a cinquante ans, on ne trouvait, parmi la jeunesse des Universités que des corporations protestantes et libérales. Les catholiques ne comptaient pas. Mais, vers le milieu de ce siècle, un puissant souffle religieux passa sur le centre de l'Europe, et il suscita l'idée des associations d'étudiants catholiques.

Le mouvement partit de Munich en 1851. Aujourd'hui ces corporations catholiques sont établies à peu près dans toutes les Universités de langue allemande.

Les différents cercles studianesques sont groupés en deux vastes fédérations : les *Studenten-Vereine* et les *Studenten-Verbindungen.* Ce second cartel diffère du premier en ce que ses membres portent des couleurs (béret et ruban) ; ce sont des *farbentragende Studenten.* A ces groupes principaux, il faut ajouter les *Unitas-Cœten,* des corporations spéciales qui renferment des étudiants de même race ou de même faculté (par exemple des médecins ou des théologiens).

Ces sociétés catholiques se distinguent des corps d'étudiants protestants par l'observation rigoureuse des principes chrétiens. Point de duel sous aucun prétexte ; accomplissement strict des devoirs religieux, étude sérieuse, confraternité et amitié : tel est le code en vigueur dans les *Vereine* comme dans les *Verbindungen.* Les présidents des trois *Commers* ont exposé ces principes avec une véritable éloquence, et les congressistes ont vivement applaudi cette proclamation des droits de Dieu.

Comme de raison, j'ai tenu à voir de près ces fêtes et je dois dire que j'ai trouvé les réunions charmantes ; et je n'étais pas seul à être de cet avis. On y était accouru en foule, les salles étaient combles.

Au *Commers* des *Verbindungen,* — le plus considérable, — presque tous les congressistes importants ont paru avec la coiffure traditionnelle : Porsch, Lieber,

Ballestrem, Preysing, Mgr Knecht, le doyen Hammer, l'abbé Hitze, tous y étaient. J'ai vu de vieux ecclésiastiques, voire même des prélats, de grands seigneurs, qui portaient gaiement leur béret sur l'oreille et qui chantaient quelque refrain joyeux en faisant honneur au *Gerstensaft* « jus de l'orge ». On est presque attendri à ce spectacle.

Une des particularités de ces *Commers*, c'est le *Salamanderreiben*, dont il faut dire un mot. Dans un banquet, on porte, le verre de champagne à la main, la santé d'un hôte de distinction. Au *Commers*, on *frotte un Salamander* dans le même but. Cette curieuse cérémonie se passe de la manière suivante :

Porsch, Lieber, l'abbé Hammer, ou tout autre personnage, est à la tribune, entre deux étudiants au costume multicolore. L'orateur parle de n'importe qui, de n'importe quoi, fait des compliments aux dames (s'il est laïque), rappelle ses anciennes prouesses, sa vie universitaire, les beuveries d'autrefois, puis, peu à peu, devenant sérieux, il adresse un ferverino aux étudiants et propose un *Salamanderreiben* à la prospérité de leur association. Il prend son verre en main et tout le monde l'imite, au milieu d'un religieux silence. Ensuite s'engage un dialogue inouï entre l'orateur et la foule.

Je le reproduis textuellement :

L'ORATEUR. — *Sind die Urstoffe bereit?* (Les matières sont-elles prêtes?)

LA FOULE. — *Sunt.* (Elles le sont.)

L'orateur.— *Ad exercitium Salamandri.* — *Eins, zwei, drei.* (Une, deux, trois.) *Los!!!* (En avant!)

A ces derniers mots, l'orateur frotte son verre sur la table et le vide d'un trait. L'assistance, toujours silencieuse, imite cet exercice. Le bock vidé, on le dépose, en frappant avec le fond quatre ou cinq grands coups sur la table.

Et c'est fini, le brouhaha des conversations recommence. Au premier abord, on peut trouver tout cela puéril, bouffon même. Mais on s'y fait peu à peu, on y prend goût et, il n'y a pas à dire, toutes les fois que je voyais la Petite-Excellence commander son *Salamander*, j'étais en proie à une émotion très vive.

A mesure que le temps avance, les têtes s'échauffent et, la musique aidant, on serait disposé à faire des folies. Je n'aurais pas été surpris le moins du monde si j'avais vu les députés et les curés exécuter une pirouette sur l'estrade.

Ces *exercices* ne sont pas allés jusque-là, mais enfin j'ai vu quelque chose d'approchant. On chante beaucoup au *Commers*, et à cet effet on vous remet à l'entrée de la salle un recueil renfermant une trentaine de chansons d'étudiants des plus connues. Le président indique lui-même solennellement le numéro du livret qui doit être exécuté chaque fois. La musique entonne, ensuite toute la salle, — trois ou quatre mille voix, — partent avec un entrain merveilleux. Parmi les *Lieder* ainsi chantés, l'un des plus drôles est *O alte Burschenherrlichkeit*, avec ce refrain latin :

O jerum, jerum, jerum,
O quæ mutatio rerum, rum, rum.

Arrivés à la strophe finale : *Drum, Freunde, reichet euch die Hand* (Donc, amis, tendez-vous la main), tous les assistants se sont levés, chacun a tendu les mains, en les croisant, à son voisin, puis tout en chantant, on a avancé et reculé alternativement l'un et l'autre bras et on a *scié* ainsi pendant une demi-minute. Ce jeu fini, il fallait vider son verre.

C'est d'ailleurs la conclusion de toute chanson, de tout discours, de tout *Salamander*, et il faudrait être bien grincheux pour ne pas la trouver charmante.

Quand on est ainsi occupé, les heures s'écoulent rapidement. Il était près de minuit, et les discours, les *Salamander*, les chants, les morceaux de musique et les bocks se succédaient toujours.

Mais peu à peu, les vieux Messieurs et les hôtes ont disparu et alors a commencé pour les étudiants et la jeunesse une réunion plus intime, ce qu'on appelle la *fidelitas*. Cette *fidélité* dure jusqu'à la disparition des dernières étoiles. A ce moment, lorsque le soleil dore la pointe des clochers, les étudiants disparaissent à leur tour pour aller coucher leur *Katzenjammer*.

Ces *Commers*, qui semblent être une simple récréation très tapageuse, ont néanmoins un côté bien sérieux et bien utile. Ils permettent en quelque sorte de jeter un pont entre le passé et l'avenir. L'avenir c'est la jeunesse des écoles qui est appelée à jouer plus tard un rôle, soit dans la politique, soit dans les carrières libérales. Il est bon que ces étudiants voient de près les hommes qui portent le poids du jour.

Que de conseils excellents peuvent être insinués entre deux verres de bière! Conseils qu'on n'écouterait peut-être pas s'ils étaient donnés ailleurs!

Les avantages ne sont pas moins grands quand on examine les rapports entre le clergé et les laïques. Le juge, l'avocat, le médecin, le notaire, etc., n'auront ni le désir ni le courage de susciter des difficultés à ce curé qu'ils viennent de nouveau de tutoyer amicalement au sein des *Commers*. D'autre part, le prêtre par sa seule présence est une vivante leçon pour plus d'un ancien camarade laïque qui était sur le point de se fourvoyer.

Le bien se fait ainsi comme en se jouant, et je suis persuadé que ces *Commers* ne sont pas moins féconds en heureux résultats que bien des discours des grandes séances du congrès.

Les discours n'ont pas manqué du reste. Chez les étudiants porte-couleurs, Porsch, Decurtins, le doyen Hammer, ce curé jovial du Palatinat, le professeur Schnurer, ont adressé à leurs jeunes amis d'éloquents et sages conseils dont tout le monde a pu profiter. Au *Commers* des *Studentenvereine*, Porsch, Lieber, Trimborn, Mgr Jansen, l'abbé Müller, de Strasbourg, ont harangué les étudiants au milieu des acclamations les plus chaleureuses.

La bonne semence a donc été répandue à profusion. Je veux bien que les oiseaux du ciel aient emporté une partie de ces graines ; je crois même volontiers que les ronces et les épines en auront étouffé un assez grand nombre, mais que d'autres seront tombées en bonne terre, et celles-là germeront au centuple, et le congrès aura fait du bien jusqu'au sein des divertissements !

§ 2. — *Fêtes des ouvriers.*

Fêtes et jeunesse sont des termes synonymes, car on ne s'amuse vraiment bien que quand on est ou qu'on redevient jeune. Pour ce motif, les soirées du congrès catholique appartiennent à peu près toutes à la jeunesse. Nous venons de voir comment on s'est amusé parmi les étudiants, — les *ouvriers* de la pensée. Les jeunes gens qui travaillent des mains, les ouvriers proprement dits, avaient leurs fêtes aussi, et si elles n'avaient ni l'intérêt ni l'importance des *Commers*, ce n'est pas une raison de les négliger.

Le cercle ouvrier a donné sa fête dans son propre local, et quelque vaste que soit ce local, il est loin d'avoir suffi à contenir la foule des curieux. Les congressistes qui trouvèrent encore une place n'eurent pas à regretter leur empressement. On a entendu de la belle musique, et, ce qui valait tout autant, de belles allocutions. Le président de la réunion, qui n'était autre que le chanoine Velten, de Cologne, président de tous les cercles ouvriers d'Allemagne (70,000 membres), a ouvert le feu. L'abbé Winterstein a ensuite prononcé un magnifique discours sur le rôle social de l'ouvrier. A ce jeune orateur a succédé l'abbé Schädler, qui possède à un si haut degré le talent de glisser la leçon sous la plaisanterie, de draper le conseil dans un calembour. Il a exprimé la joie qu'il éprouvait à voir la vieille noblesse au milieu des ouvriers. Le compliment était à l'adresse du comte Preysing. Ce dernier en a profité pour indiquer quels étaient les devoirs de l'aristocratie dans la société actuelle. Puis ce fut le tour de M. Decurtins, qui, dans une improvisation véhémente, exposa tout ce que les Papes ont fait pour l'ouvrier à travers les siècles. Les ouvriers avaient lieu d'être fiers d'être ainsi harangués. Toute l'élite du congrès, — les perles du peuple allemand, comme disait le curé Forschener, — était venue à eux. Porsch leur adressa également la parole. Mgr Jansen promit de fonder des cercles ouvriers en Hollande, et l'abbé Hitze retraça à grands traits les devoirs des députés vis-à-vis des ouvriers et des patrons.

Ceux d'entre les ouvriers qui étaient présents à la réunion n'oublieront pas de si tôt l'honneur que leur a fait le congrès, et ils se diront : Noblesse exige !

Les *ouvriers des métiers* avaient leurs fêtes comme les ouvriers industriels.

Voici d'abord les *apprentis* qui ont un très beau *Heim* à Mayence. Comme ils étaient heureux de se voir entourés de leurs parents et amis et d'un certain nombre de congressistes ! Ils ont chanté, fait de la musique, donné une représentation théâtrale. On leur a adressé de délicieux speech, et ces 350 bonshommes mayençais se rengorgaient comme des princes en voyant le comte Preysing, le prévôt Szadowski, d'autres encore leur prodiguer les conseils et les encouragements.

Les *compagnons*, — les *Gesellen*, — s'étaient emparés de la grande salle du *Frankfurter Hof*. Je n'ai pas besoin de vous présenter les fils de Kolping ; j'en ai parlé assez longuement dans *Les Catholiques allemands*. Leur fête était superbe autant que j'ai pu en juger du fond de la salle : il m'a été impossible d'y pénétrer, elle était pleine comme un œuf. Ici aussi on chantait, on buvait, on écoutait de la musique, on discourait avec une ardeur toute juvénile. Le président général de l'œuvre, Mgr Schäffer, a trouvé des paroles extrêmement touchantes à l'adresse des *Gesellen ;* de même M. Porsch que je rencontrais partout. Ce malheureux président se fatiguait autant à s'amuser qu'à diriger les débats du congrès. Ce qui m'a encore plus intéressé, c'est que quelques compagnons ont eux-mêmes paru à la tribune, et pour des cordonniers ou des ébénistes, ils se tiraient très bien d'affaire. Leur fête s'est terminée par une représentation de tableaux vivants.

Des tableaux vivants aussi à la fête des *commerçants* et des *petits commis !*

Avec le commerce, nous montons un degré dans la hiérarchie sociale. En Allemagne, l'Église enrôle toutes les classes de la société. Elle a su créer des cadres tels, que jeunes et vieux, riches et pauvres, savants et ignorants trouvent à s'y placer. C'est la vie corporative du moyen âge introduite en plein XIXe siècle et appropriée aux besoins des temps nouveaux. Les petits commis ne devaient pas échapper à la sollicitude de l'Église. Dans toutes les villes importantes d'Allemagne, on les a réunis en congrégations de la Sainte-Vierge. Ces groupements sont connus sous le nom de *Congrégations marianiques des jeunes commerçants*. Chacune de ces congrégations, qui est à la fois association religieuse et civile, est dirigée par un prêtre. Comme bien l'on pense, ce n'était pas une tâche facile que d'enrégimenter ainsi les garçons de magasins, les commis et en général la bureaucratie commerciale. Il a fallu beaucoup de tact et d'habileté. Le clergé allemand a su réaliser ce petit miracle. Les congrégations marianiques des diverses villes se sont groupées en une vaste fédération, et ce *Cartel-Verband* ne compte pas moins de 7 à 8,000 sociétaires.

Les congrégations marianiques sont englobées dans une association encore plus vaste, celle des commerçants catholiques, qui a tenu son congrès annuel à Francfort les jours qui ont précédé le congrès de Mayence. Les jeunes et les vieux commerçants ont donné une fête commune dont la grande attraction consistait en des tableaux vivants. Un peu d'art ne saurait déplaire, fût-ce de l'art industriel et commercial!

Cette énumération est déjà longue, et pourtant nous ne sommes pas au bout de la liste des fêtes. Il faudrait encore parler de l'illumination splendide du parc de la ville, avec musique, chant et feu d'artifice, de la promenade festivale sur le Rhin, promenade qui a donné lieu à une violente polémique, parce que des étudiants suisses y ont chanté en français. Mais je ne veux pas abuser de la patience du lecteur ; ce que j'ai dit suffira pour montrer que si l'on a bien travaillé au congrès, les distractions n'y ont pas manqué.

Ai-je besoin d'ajouter qu'on y a également prié avec ferveur ? Chaque matin, la cathédrale, si vaste qu'elle soit, était remplie de congressistes, et l'assemblée générale s'est terminée par un pèlerinage à la chapelle de Saint-Roch, qu'on voit dominer le Rhin, au-dessus de Bingen. Le premier et le dernier acte du congrès a été un service religieux, comme le premier et le dernier mot des séances a été ce salut si touchant : *Loué soit Jésus-Christ !* Le Christ a régné sur cette multitude, le Christ vaincra : car, suivant l'interprétation éloquente de Lieber, le Christ est et reste empereur !

CONCLUSION

Les beaux jours de Mayence sont passés! S'il fallait résumer en deux mots la signification et l'objet de ces grandes assises catholiques, on pourrait dire que ç'a été une lutte courageuse pour la liberté, l'égalité, la fraternité, le droit et la justice. « Vingt-cinq ans après que la devise démocratique fut prônée en Allemagne, disait l'un des orateurs, on nous a soumis à un régime d'exception au nom de l'*égalité*, on a chassé de la patrie nos frères et nos sœurs au nom de la *fraternité*; au nom de la *liberté*, on a jeté en prison ceux qui restèrent parmi nous. » On ne saurait mieux caractériser le *Kulturkampf* libéral. A Mayence, on a protesté énergiquement contre les restes de cette criante iniquité. Ne pas oublier : les congressistes ont emporté dans leurs pays respectifs ce mot d'ordre de Mgr Haffner.

Ne pas oublier non plus que les catholiques sont exclus systématiquement de presque toutes les hautes fonctions dans l'armée, l'administration, la magistrature, et qu'on les traite trop volontiers en citoyens de seconde classe!

Ne pas oublier le rejet du projet de loi scolaire qui a été, comme disait l'avocat Schmitt, « une douche efficace pour ceux d'entre nous qui conservaient un reste d'optimisme ». — « Cet épisode, ajoutait le même orateur, a été un vrai bonheur, parce que le peuple catholique a de nouveau constaté qu'il lui faut rester sous les armes même quand on a l'air de lui offrir la paix! »

Ne rien oublier, et combattre en rangs serrés, comme un seul homme, jusqu'à ce que le dernier droit ait été reconquis, jusqu'à ce que la dernière injustice ait été effacée de la loi, jusqu'à ce que la dernière barrière soit tombée devant les catholiques!

Le congrès a bien mis en évidence ce programme du Centre.

Il sera réalisé tôt ou tard, fût-ce au prix de nouvelles persécutions; car si les catholiques ne sont pas les hommes d'aujourd'hui, ils seront les hommes de demain, parce qu'ils sont les hommes de l'ordre, de la liberté, du droit, le seul boulevard sérieux contre la marée montante du socialisme.

III

ORGANISATION D'UNE ASSOCIATION

ORGANISATION D'UNE ASSOCIATION

L'ASSOCIATION POPULAIRE CATHOLIQUE EN ALLEMAGNE

L'année qui précéda sa mort, Windthorst se rendit un jour à Mayence dans le plus grand mystère. Il n'y avait alors ni congrès, ni réunion politique, ni meeting électoral. Tout était calme et paisible dans la *Ville dorée*, et lorsque la Petite-Excellence franchit le perron de la gare, personne ne prit garde à ce vieillard chétif qui s'appuyait sur le bras d'un autre voyageur.

Pour qui connaissait Windthorst, ce déplacement effectué dans de telles conditions devait pourtant avoir une grave importance. En effet, le chef du Centre ne se mettait pas en route simplement pour voyager ou se distraire. Vers la fin de sa vie, surtout, il ne voyait plus qu'une chose, le devoir, auquel il subordonnait tout le reste, même la santé.

Le devoir aussi l'amenait à Mayence. Depuis quelque temps, il portait dans sa tête une idée géniale qui allait remuer une partie de l'Allemagne. Il venait délibérer avec quelques amis sur les moyens de réaliser promptement son idée. Voyageurs également mystérieux, ces amis étaient accourus de tous les points de l'Empire. C'était Mgr Korum, l'éloquent évêque de Trèves, la gloire et la force de l'épiscopat prussien ; c'était M. Brandts, de Munchen-Gladbach, le président de l'*Arbeiterwohl;* c'était un éminent journaliste westphalien, le docteur Marcour, aujourd'hui rédacteur en chef de la *Germania;* d'autres encore.

Que se passa-t-il dans le cénacle où se réunirent ces nouveaux apôtres? Nul ne l'apprit à cette époque. Dans le courant de l'année 1890, ces mêmes hommes se retrouvèrent plusieurs fois, soit à Mayence, soit à Coblentz, — lors du congrès, — soit ailleurs, et toujours le mystère planait sur leurs délibérations.

Au mois d'octobre, Windthorst convoqua ses amis à Cologne. Il était accablé de fatigue, tous les ressorts de son être commençaient à se briser. Il partit quand même avec l'assentiment de sa femme qui lui fit ces touchants adieux : « Comme tu ne vis plus que *pour la grande cause*, il faut que nous acceptions le sacrifice, même si tu ne reviens pas de ce voyage. Nous mettons notre confiance en Dieu. » Paroles sublimes sur les lèvres de cette héroïque épouse! A Cologne, Windthorst se montra inlassable. On discuta toute la journée. A neuf heures du soir, on lui demanda s'il ne voulait pas se retirer. « Non, fit-il doucement, je demeurerai jusqu'au bout, dût la séance durer toute la nuit. » Il resta.

Le lendemain, il repartit pour le Hanovre, la mort dans les membres, mais la joie au cœur. Son idée, la *seule grande chose*, avait triomphé des dernières hésitations de ses collègues. L'*Association populaire catholique*[1], — le rêve de sa vieillesse, — était décidée; le comité directeur, le bureau, venaient d'être constitués dans cette réunion de Cologne.

Justement effrayé par les progrès du socialisme et par l'impuissance de l'État en face de cet ennemi, Windthorst sentit la nécessité de tenter un grand effort. Il réfléchit longuement; loin de le rassurer, les lois ouvrières votées par le Parlement n'avaient fait qu'accentuer ses craintes, parce qu'il voyait grandir les espérances du clan socialiste. A ceux qui lui en parlaient, il répétait avec insistance : « Il faut absolument nous réorganiser. » L'idée du *Volksverein* germait dans son esprit.

L'éclosion de ce germe demanda toute une année. Windthorst ne précipitait rien : il procédait avec une sage lenteur, ne voulant pas se lancer à la légère dans une aventure sans issue. Pendant l'année 1890, il présida plusieurs réunions intimes et entretint une correspondance suivie avec ceux qui étaient initiés à ses projets. Ce n'est qu'après ces longs travaux préliminaires qu'au mois de novembre il révéla à l'Allemagne ce qu'on pourrait appeler son testament politique.

Voilà près de vingt mois que l'intrépide lutteur repose dans le sein de Dieu et près de deux ans que sa grande œuvre fonctionne dans l'Empire.

1. *Der Volksverein für das katholische Deutschland.*

Les catholiques de tous les pays sont en train de se compter, de se grouper, de s'organiser en vue des épreuves redoutables que leur réserve l'avenir. Il y aura sans doute intérêt et profit à examiner ce que font les catholiques allemands aux prises avec le socialisme, à étudier le mécanisme de cette *Association populaire* que Windthorst considérait comme le salut de sa patrie et qui deviendra certainement l'un des plus solides remparts de la religion et de la société.

I

LE SOCIALISME ET LES CATHOLIQUES

§ 1. — *Les forces du socialisme.*

Lorsqu'en 1878 le Reichstag allemand discuta la fameuse loi contre les socialistes, Bebel jeta au gouvernement ce défi superbe : « Vous êtes incapables de détruire notre organisation, car nous avons des partisans là où vous ne les soupçonnez même pas. » Il disait vrai. S'appropriant le mot de Tertullien, les chefs révolutionnaires pourraient s'écrier sans trop d'exagération : « Nous ne sommes que d'hier et déjà nous remplissons vos villes et vos campagnes, vos usines, vos armées, vos administrations, et jusqu'aux antichambres de vos palais ; nous ne vous laissons que vos temples. » De fait, malgré toutes les lois répressives, malgré toutes les rigueurs de la police, le socialisme est, en ce moment, l'une des premières puissances de l'Allemagne. Aux élections de 1890, il a réuni sur ses candidats plus de voix que n'importe quel autre parti politique[1]. Alors que la droite comptait à peine 900,000 électeurs, les nationaux libéraux 1,187,669, les progressistes

1. Les élections de 1893, dont il sera question à la fin de ce volume, ont encore accentué le triomphe du socialisme. Au lieu d'être 36 au *Reichstag*, ils sont aujourd'hui 44.

1,167,764, le Centre 1,340,719, les socialistes arrivaient au chiffre énorme d'un million et demi. Ils avaient posé des candidatures dans 123 districts. Au premier tour de scrutin, ils remportèrent des victoires définitives ou obtinrent des ballottages dans 77 circonscriptions, et, à la fin de la bataille, 36 des leurs, — les 3 douzaines réclamées par Bismarck,— firent leur entrée au Reichstag. Presque toutes les grandes cités industrielles ou commerçantes leur appartiennent. Hambourg, Brême, Berlin, Magdebourg, Königsberg, Hanovre, Braunschweig, Altona, Ottensen, Lubeck, Halle, Elberfeld, Solingen, etc., sont représentés par des socialistes.

Très nombreux, ils sont, en outre, admirablement organisés pour la lutte. Leur presse est incomparable. Entre eux, ils appellent les lettres de l'alphabet « les 25 soldats de Gutenberg ». Or, nul parti ne sait faire manœuvrer ces soldats avec plus d'habileté et plus d'énergie. Ils leur doivent la plupart de leurs conquêtes.

D'après le rapport que le comité directeur a soumis au congrès d'Erfurt l'an passé (octobre 1891), ils disposaient, au 30 septembre 1891, de 124 journaux, dont 55 organes industriels et 69 organes politiques. Parmi ces derniers, 27 paraissent six fois par semaine, 26, trois fois; 6, deux fois, et 10, une seule fois[1]. Ces

1. Au congrès socialiste qui vient de siéger à Berlin, on a constaté de nouveaux progrès. Le nombre des journaux est de 127, sur lesquels il y a 70 feuilles politiques et 57 feuilles

chiffres n'ont pas besoin de commentaires, ils sont d'une éloquence effrayante.

Le congrès d'Erfurt, qui a été, pour les socialistes, l'occasion d'une si brillante revue, a failli être la cause de profondes divisions. On y a vu éclater des dissentiments très vifs entre les membres les plus influents du parti. De Vollmar et Grillenberger voulaient évoluer vers les libéraux, tandis que Bebel, Liebknecht, Singer et le gros de l'armée restèrent fidèles à leur programme radical. D'autre part, Werner et les « jeunes » essayèrent d'arracher le groupe à la direction de Bebel, en affichant des tendances révolutionnaires et anarchistes. Mais ces discordes n'empêchent pas l'armée de la démocratie de marcher comme un seul homme à l'assaut de la société. Divisés parfois sur des questions de discipline et de programme, l'entente s'établit entre eux dès que la question du socialisme lui-même est en jeu. Aussi l'on aurait tort d'escompter les crises qui se sont manifestées à Erfurt. Au jour des élections, il n'y aura ni partisans de Bebel, ni amis de Vollmar ou de Werner; les conservateurs trouveront partout, en face d'eux, des socialistes bien décidés à vaincre[1].

industrielles. Parmi les journaux politiques, il y en a 32 qui sont quotidiens (5 de plus que l'année dernière), 20 paraissent trois fois; 6, deux fois, et 12, une fois.

1. Les résultats du congrès de Berlin confirment ces lignes écrites avant l'époque du congrès. L'union des socialistes s'est manifestée clairement.

§ 2. — *L'expansion rapide du socialisme.*

Ce qui est aussi inquiétant peut-être que l'existence même de cette puissance subversive, c'est la rapidité de son expansion en Allemagne. Presque immobile à son début, le socialisme s'est avancé avec l'élan irrésistible d'un torrent. « En peu d'années, dit Jörg, un véritable vertige s'est emparé même des classes de la société qu'on devait croire à l'abri de la contagion. » Des grandes capitales, sentines de toutes les immondices sociales, le fléau a passé aux provinces industrielles; puis il a gagné insensiblement les villes moins importantes, et aujourd'hui il est sur le point de contaminer les milieux agricoles.

Chose singulière! le socialisme n'est nullement un produit germanique. Cet article d'importation est venu de la France. Si l'Allemagne contemporaine est la terre classique du socialisme spéculatif, si elle est, d'un autre côté, le champ d'expérimentation le plus fécond des applications pratiques de l'agitation antisociale, il n'en fut pas de même autrefois. Ainsi que le disait Lieber, au congrès de Mayence, « Lassalle, Karl Marx, les meneurs actuels, ne sont que les disciples amoindris de ce géant antichrétien qui s'appelait Proudhon », les épigones des grands socialistes français. Mais une fois lancés, les Allemands ont pris très vite le pas sur toutes les autres nations.

En moins de vingt ans, ils ont réalisé des progrès dont

rien n'approche. Avant la guerre de 1870, ils étaient encore à chercher leur voie. Lassalle et Marx semaient des idées qui levaient sans doute, mais dont on n'apercevait pas la croissance. D'ailleurs, les élections législatives ne leur avaient pas encore permis de se compter. Ils s'affirmèrent pour la première fois en 1871, quand il s'est agi d'élire le premier Reichstag. Ils firent passer un de leurs candidats et recueillirent 101,927 suffrages. A partir de ce moment, leurs succès grossirent avec la vitesse d'une progression géométrique.

Aux élections de 1874, ils emportèrent 9 sièges, et le nombre de leurs électeurs s'éleva à 351,670.

Jusqu'alors, le parti était divisé en deux groupes très distincts qui portaient le nom des deux grands théoriciens socialistes, Lassalle et Marx. A proprement parler, les tendances et le but des deux écoles étaient identiques : il s'agissait simplement d'une question de personne et de direction. Les Lassalliens de la Prusse et les Marxistes du sud de l'Allemagne poursuivaient le même rêve : l'entente devait être facile. Elle s'opéra en 1875 au congrès de Gotha, et l'alliance fut cimentée par une série d'arrangements pratiques qui devaient écarter à jamais les velléités de schisme On combina un programme commun et on créa un comité directeur unique, dont le siège fut transféré à Hambourg. Ce *Central-Wahl-Comité*, composé de cinq membres, comprenait indifféremment des Lassalliens et des Marxistes. Ceux-ci avaient eu pour organe politique le *Volksblatt* de Leipzig, et les socialistes du Nord possédaient le *Social*

Democrat de Berlin. Les deux journaux furent fondus en un seul, le *Vorwärtz*, qui parut à Leipzig et fut rédigé par le lassallien Hasenclever et le marxiste Liebknecht.

La fusion fut naturellement favorable au développement des forces socialistes.

En 1877	ils obtinrent	12	mandats avec	493,447	voix.
» 1878	»	9	»	437,158	»
» 1881	»	12	»	311,961	»
» 1884	»	22	»	549,990	»
» 1887	»	11	»	763,128	»
» 1890	»	36	»	1427,323	»

A la vue de cette progression, on comprend la confiance de ce chef socialiste qui disait, en 1878 : « Quand l'Allemagne comptera 60 millions d'habitants, par le simple effet du suffrage universel, le gouvernement passera aux mains des ouvriers. » Ils ne doutent plus de rien et se partagent d'avance les dépouilles opimes de la société actuelle.

§ 3. — *L'action sociale du Centre.*

C'est contre cet ennemi terrible que Windthorst et ses amis résolurent de tourner leurs efforts dans un duel suprême.

A vrai dire, ils n'avaient pas attendu, pour se mettre à l'œuvre, qu'on entendît, de toutes parts, les craquements de l'édifice social prêt à s'effondrer. A une époque où il était encore de bon ton de se moquer de la question ouvrière, les catholiques commençaient déjà à s'en préoccuper. En 1848, un curé de campagne westphalien, appelé à siéger au Parlement de Francfort, prononçait à la cathédrale de Mayence des discours prophétiques dans lesquels il annonçait les périls dont l'Allemagne fut menacée trente ans plus tard. En même temps, ce jeune prêtre, — il portait le nom de Ketteler, — insistait sur la nécessité qu'il y avait à prévenir le mal par des remèdes économiques et moraux.

Quinze ans se passent et le baron de Ketteler occupe le siège épiscopal de Mayence. Dans l'intervalle, il avait beaucoup étudié et beaucoup observé. Il avait suivi, d'un œil attentif, l'influence qu'exerçaient sur la masse les agitateurs Lassalle et Marx. Il s'était aperçu que le cri de guerre qu'avait poussé ce dernier : « Prolétaires de tous les pays, unissez-vous ! » avait trouvé de l'écho autour de lui. A la sourde fermentation des années cinquante succédait une effervescence qui ne craignait plus le grand jour. Ouvertement on attaquait le trône et l'autel, la morale, le droit, la propriété, et ces doctrines s'infiltraient dans les couches sociales inférieures.

Le moment était venu de parler encore. L'évêque de Mayence exposa la situation dans son ouvrage : *La Question ouvrière et le Christianisme*, dont nous avons parlé dans le premier chapitre.

Ce livre qui a été plus qu'un événement politique eut un retentissement immense dans toute l'Allemagne.

Pour les catholiques, il constitua la base de leur programme économique et le point de départ de leur action sociale. Désormais, l'impulsion est donnée ; bien des publicistes catholiques concentrent leurs études sur l'évolution qui se prépare et s'accomplit dans la vie économique et dans l'esprit des populations ouvrières. L'historien Jörg, — un voyant, — consacre à la question sociale des articles hors de pair dans ses *Historisch-politische Blätter.* Bientôt une revue spéciale est fondée à Aix-la-Chapelle, et les rédacteurs de ces *Feuilles chrétiennes et sociales,* Schings et Schuren marchent hardiment dans la voie tracée par Mgr Ketteler. Et tandis que la presse quotidienne entre en lice et reprend en sous-œuvre les travaux des revues, ces graves problèmes sont portés à la tribune des congrès catholiques. L'abbé Schulte, l'abbé Moufang, y prononcent des discours dignes de leur inspirateur, le grand évêque de Mayence. Le haut enseignement ne reste pas indifférent à ces vaillantes initiatives. Dans quelques Facultés de théologie, des professeurs éminents, par exemple, Reischl à Munich, ont soin d'initier les futurs prêtres à ces questions troublantes qu'ils rencontreront au tournant de chaque rue. Enfin, les évêques eux-mêmes, sentant la stérilité des efforts isolés, profitent, en 1869, de leur conférence de Fulda pour organiser une action sociale commune. Sur la proposition et à la suite du fameux rapport de Mgr Ketteler, ils décident de favoriser de tout leur pouvoir la création et le développement des cercles ouvriers. On venait de fonder de ces cercles dans un certain nombre de centres manufacturiers et ils avaient donné les meilleurs résultats.

§ 4. — *L'inanité des lois contre les socialistes.*

La guerre franco-allemande et le Kulturkampf qui la suivit arrêtèrent pour un temps l'activité des catholiques sur le terrain de la réforme sociale.

Dans la fièvre du triomphe, les libéraux n'attachaient plus aucune importance aux actes et aux écrits des coryphées de la démocratie. On était riche à milliards, on avait l'ambition de transformer le jeune Empire en Eldorado, d'où la misère, par conséquent la source du socialisme, serait bannie pour toujours. Qu'avait-on besoin de défenseurs de la société? Les vrais ennemis de l'État, c'étaient les catholiques, ces moralistes encombrants, qui reconnaissaient une autre divinité que le veau d'or, un autre maître que le libéralisme. Sus aux catholiques! s'écriait-on. Exterminons les *noirs;* les *rouges* ne nous inquiètent pas!

La joie fut grande parmi les *rouges*. Ils profitèrent du désarroi moral produit par le Kulturkampf pour étendre leurs conquêtes. Par sa législation scolaire, par l'exil des prêtres et des religieux, le gouvernement leur avait aplani le chemin. Les déceptions que la classe ouvrière rencontra au sortir de la crise économique du *Gründerthum*[1], aggravèrent encore la situation, en livrant les ouvriers sans défense à la propagande socialiste.

Le Centre voyait le danger et il était dans l'impuissance d'agir. Au plus fort du Kulturkampf, lorsque les élections l'eurent favorisé, il aurait voulu faire quelque chose pour les ouvriers. Windthorst rêvait déjà cette législation protectrice dont le triomphe devait être un jour la gloire de son parti. Mais en ce temps-là, sa bonne volonté était paralysée. Les passions religieuses étaient tellement déchaînées contre les catholiques, que toute motion de leur part eût été repoussée à l'unanimité du Reichstag. Mieux valait attendre que la tempête se fût apaisée, que les flots eussent retrouvé leur calme.

Le Centre sortit de sa réserve en 1877, au moment où le comte de Galen présenta son projet de loi social. Ce fut la première fois que le Parlement se trouva en face d'une démarche de ce genre. La majorité libérale reprocha aux amis de Windthorst leurs tendances démagogiques et le principe manchestérien du laisser faire l'emporta sur l'esprit sagement protectionniste qui soufflait du côté des catholiques. Les progrès incessants du socialisme et les revendications chaque jour plus

1. On appelait ainsi la fièvre d'affaires, le développement exagéré des sociétés financières, etc., qui suivit le versement des 5 milliards. C'était à qui *fonderait* (*gründen*) le plus, à qui se lancerait le plus dans les entreprises hasardeuses : cette période fut très courte, et elle se termina par la débâcle du krach.

fermes du monde ouvrier n'avaient rien appris à ces sectaires aveuglés.

Les yeux s'ouvrirent un peu le 11 mai 1878. On se rappelle qu'à cette date un fou furieux, Hödel, tira sur l'empereur Guillaume. Quelques semaines plus tard, le souverain fut victime d'un second attentat. Cette fois, le pays fut consterné. Le Reichstag fut dissous par le prince Frédéric, qui nommé régent procéda à de nouvelles élections.

Le mot d'ordre lancé dans la foule était : « Contre les meurtriers de l'empereur. » On en appela à la « conscience de la nation ». La conscience de la nation parla le 30 juin, et en dépit de la pression administrative exercée partout, son verdict avait de quoi atterrer le gouvernement. L'un des candidats socialistes maintint sa position à Berlin, et le nombre des voix socialistes, qui était de 31,522 en 1877, augmenta de 24,814. La capitale renfermait donc 56,133 électeurs résolument socialistes. Ces chiffres en disaient long. Si, sur le total des votes de l'Empire, le parti avait perdu 56,130 voix et 3 sièges, cette diminution était insignifiante en comparaison des succès éclatants remportés dans les villes comme Berlin, Dresde et Breslau.

Le gouvernement, aux abois, ne trouva rien de mieux que de présenter un projet de loi contre les socialistes. On revenait à une idée de prédilection du prince de Bismarck.

Le chancelier de fer est essentiellement un homme de violence autant que de ruse. Il ne connaît et ne voit que la force. Par la force, il espérait anéantir tout ce qui lui résistait. Il l'avait essayé contre les catholiques, il l'essaya contre le socialisme. Il oubliait qu'on n'enchaîne pas les consciences et les volontés. Plus d'une fois il avait dit au Reichstag : « Donnez-moi des lois de répression, et je vous assure la paix. » Mais remettre en de telles mains des lois attentatoires à la liberté était un jeu extrêmement dangereux. Le Reichstag résista.

Il résista, durant la session de 1875-1876, lorsque le ministre Eulenberg voulut introduire dans le Code pénal un article sévère contre les agitateurs socialistes. Le prince de Bismarck ne se tint pas pour battu et il retourna à la charge après l'attentat Hödel. Le Parlement résista encore et repoussa toute loi d'exception.

A la suite des élections du 30 juin 1878, la situation se modifia. Dès que la chambre fut réunie (9 septembre), on lui soumit un nouveau projet de loi beaucoup plus rigoureux que les précédents. Le chancelier demanda des pouvoirs absolument discrétionnaires. Les nationaux-libéraux qui, un certain temps, avaient lutté, cédèrent enfin aux menaces ou au sourire du tout-puissant ministre, et la loi fut votée. Liberté de la presse, liberté d'association, liberté de réunion, tout était abandonné au gouvernement. Une lutte titanesque allait s'engager entre les socialistes et les ministres.

Dans les milieux officiels, on était plein de confiance. Sans doute, le Centre s'était obstiné à rejeter la loi, sous prétexte que la violence ne résoudrait pas la question sociale. Mais les conseils prophétiques de

Windthorst n'enlevèrent rien à l'optimisme des ministres. Trois ans, pensaient-ils, suffiraient pour refouler la grande marée antisociale.

Le gouvernement avait d'ailleurs une combinaison en réserve, et il chercha, dès cette époque, à la réaliser. Il voulait combattre le socialisme par une double action parallèle. A son avis, ni la douceur seule ni la violence seule ne viendrait à bout de cet ennemi. Il fallait combiner les deux systèmes, attirer à l'aide du socialisme d'État l'élément pacifique, mais égaré du prolétariat, et écraser par des lois répressives les éléments révolutionnaires.

Le député socialiste Grillenberger a caractérisé et condamné cette politique à double face par ces mots pittoresques : « Arrière le régime du biscuit et du fouet ! » *Zuckerbrod und Peitsche !*

On prétendait guérir toutes les plaies sociales par les recettes de cette homœopathie politique, et on les multiplia avec une précipitation qui a lieu d'étonner chez d'aussi froids calculateurs.

Les remèdes du *biscuit* peuvent être groupés sous deux grandes rubriques : les monopoles et les assurances obligatoires. Le système des monopoles n'a encore trouvé qu'un commencement d'exécution ; celui des assurances, par contre, a complètement triomphé. Toutes les assurances furent votées l'une après l'autre.

Les catholiques hochèrent la tête, et leur défiance n'était que trop fondée. En effet, les assurances de l'État ne satisfont pas les ouvriers conservateurs, et elles semblent un acompte dérisoire aux démocrates qui désirent la liquidation sociale.

Le *fouet* des lois répressives n'a pas réussi davantage, quoiqu'il fût manié par une main de fer. Pendant plus de dix ans, il s'est abattu avec une sévérité implacable sur les populations inféodées au socialisme et sur les meneurs de cette vaste conjuration. Journaux, associations, réunions, tout leur était interdit, et chaque tentative de propagande était punie de la prison et de l'exil.

L'efficacité de ces mesures ne parut nullement prouvée au Centre, et il avait raison de douter. Le régime des lois draconiennes a si peu arrêté l'expansion du socialisme, qu'il sortit vainqueur de l'épreuve.

Ce résultat, le député catholique Jörg l'avait prédit, en votant contre la loi. « Si vous voyez, disait-il, dans la démocratie une éruption maligne sur le corps social, vous ne ferez qu'aggraver le mal par l'application des remèdes violents. Vous dériverez l'éruption sur les organes internes ; à la place de l'agitation visible au grand jour, vous aurez le travail souterrain, la conspiration dans l'ombre, se traduisant par le matérialisme de la vie. La police est incapable d'extirper et de détruire ces germes délétères. »

Depuis lors, tout le monde a reconnu la justesse de ces paroles. Les socialistes sont devenus une armée innombrable, malgré le fouet et le biscuit. Ils n'ont pas craint le fouet et ils ont dédaigné le morceau de biscuit que l'État leur jetait avec une hautaine pitié.

§ 5. — *Le Centre et la législation protectrice des ouvriers.*

Les remèdes étaient ailleurs. Le Centre les indiqua en proclamant la nécessité d'une action morale et l'urgence de l'amélioration des conditions matérielles de l'ouvrier. Là était la seule vraie solution des grands problèmes; c'est dans cet ordre d'idées qu'on pouvait combattre efficacement le socialisme.

Les catholiques se placèrent carrément sur ce terrain, et ils agirent avec d'autant plus d'énergie qu'ils étaient convaincus davantage de l'imminence du danger.

Trois grands facteurs doivent concourir à la solution de la question sociale : l'État, les patrons, les ouvriers; l'État par les lois protectrices, les patrons par l'esprit de justice et de charité, les ouvriers par la bonne volonté, la modération, l'esprit d'ordre et d'épargne. Et pour que ces trois éléments se fondent et s'unissent dans l'harmonie d'une action commune, l'intervention d'un élément supérieur est indispensable. En d'autres termes, l'État, les patrons, les ouvriers ne réussiront à coopérer à la paix sociale que s'ils subissent l'influence de la religion.

Il faut que la religion inspire l'État, guide les patrons, soit la règle de l'ouvrier. Sinon l'édifice social qu'on tentera d'élever manquera d'une base solide et s'écroulera sous les coups de bélier du socialisme.

L'État et la société sans Dieu seront fatalement la société et l'État socialistes.

C'est d'après ces principes que le Centre formula son programme de réforme et commença sa lutte contre le socialisme. Au Reichstag, ses économistes les plus éminents, — les Galen, les Hitze, les Lieber, les Hertling, etc., — présentèrent une série de projets de loi destinés à protéger la vie morale, religieuse et matérielle de l'ouvrier. Grâce à leurs persévérants efforts, toutes ces revendications sont inscrites aujourd'hui dans le Code industriel de l'Allemagne. Le repos dominical, condition préalable de la sanctification du dimanche, est garanti par une loi d'Empire. Il en est de même d'autres mesures non moins importantes relatives au travail des femmes et des enfants, à la moralité de l'usine, etc., etc. Des progrès très sérieux ont été réalisés sous ce rapport, et nous sommes loin des théories funestes de l'économie politique manchestérienne. Presque tout le mérite en revient au Centre, dont les idées ont fini par gagner l'empereur lui-même.

Les catholiques faisaient mieux que des lois ; ils demandèrent à l'initiative privée ce qu'elle seule pouvait donner, une action directe sur les patrons et sur les ouvriers.

Les patrons, il faut bien en convenir, ont été trop souvent les artisans du mal social dont ils gémissent. Ils n'ont pas voulu comprendre les graves devoirs qui leur incombaient. Leur unique préoccupation était d'arrondir le chiffre de leurs dividendes, et on les étonnait quand on leur reprochait de ne pas se soucier assez des intérêts religieux et matériels de leurs ouvriers. Ils payaient les salaires promis, que leur importait le reste! L'illusion était dangereuse; il s'agissait de la dissiper, d'instruire les patrons, de seconder ensuite leur bonne volonté naissante en leur montrant ce qu'il y avait à faire et comment il fallait s'y prendre. Ce fut la mission que s'arrogea la Société industrielle *Arbeiterwohl*, que l'abbé Hitze, l'abbé Moufang, Brandts, etc., etc., fondèrent à Munchen-Gladbach, il y a une dizaine d'années.

Cette même Société, dont l'action s'étend chaque jour, cherchait dès l'origine à préserver la classe ouvrière de la peste révolutionnaire. A cet effet, elle encourageait tout ce qui contribuait à moraliser l'ouvrier et à améliorer ses conditions d'existence. Elle publiait une collection d'excellents livres populaires, créait des écoles de ménage, ouvrait des asiles pour les ouvrières, organisait des usines modèles, etc. Sous son impulsion, le clergé fondait partout des cercles ouvriers et des cercles de jeunes gens, etc. Dans les centres manufacturiers, les catholiques disputaient ainsi pied à pied le terrain aux apôtres du socialisme.

L'artisan et l'ouvrier agricole, qui étaient menacés comme l'ouvrier industriel, furent protégés à leur tour par l'œuvre des *Gesellenvereine*, par les *Bauernvereine*, par les caisses Raffaisen, etc. La sollicitude des catholiques et du Centre englobait toute la foule des travailleurs.

Tant d'activité dépensée au service de la classe ouvrière ne fut point stérile. Qu'on regarde en effet les provinces catholiques : elles ne sont pas encore entamées par le socialisme. Agricoles ou industrielles, elles ont repoussé ses théories décevantes qui sont en contradiction avec les enseignements de leur foi. Les masses protestantes ont été trop souvent séduites, on pourrait dire médusées par le spectre rouge. Les catholiques ont su résister à tous les ensorcellements. Les apôtres du nouvel Évangile firent briller à leurs yeux le mirage de leurs promesses édéniques; les orgies d'un capitalisme sans cœur et sans conscience leur furent retracées sous les couleurs les plus sombres dans les journaux, les brochures, les romans, les discours. Inutiles tentatives! Les électeurs de 1890 furent défavorables aux socialistes dans les circonscriptions catholiques[1].

§ 6. — *Windthorst oppose au socialisme l'Association populaire.*

Des succès si réels auraient pu endormir le zèle des catholiques. Heureusement Windthorst veillait. Avec sa clairvoyance admirable il a deviné que la victoire n'était pas définitive, qu'on serait assailli par des forces supérieures et qu'il fallait une organisation nouvelle

1. Il en a été de même lors des récentes élections du 15 juin 1893, comme on le verra dans le dernier chapitre.

adaptée aux nouvelles circonstances. L'événement ne tarda pas à donner raison à ses craintes. Furieux de leur échec dans les districts catholiques, les socialistes résolurent d'y porter tout le poids de leurs efforts. Au congrès de Halle, la guerre fut solennellement déclarée au catholicisme. L'Église étant considérée comme le grand obstacle, il s'agissait, coûte que coûte, de l'anéantir et de lui enlever ses adhérents. C'est ce que le député socialiste Rudt disait au mois de novembre 1891, dans un meeting de Lörrach (duché de Bade). « La foi religieuse, affirmait l'ancien précepteur du prince de Hohenlohe[1], doit disparaître, car elle entrave les idées démocratiques. La plus grande puissance religieuse réside dans l'Église catholique. On dit que Napoléon Ier a écrasé la révolution. Mensonge historique! Non, ce n'est pas Bonaparte, c'est l'Église catholique qui a vaincu la révolution. Elle a remporté cette victoire en substituant de nouveau au culte de la Raison la foi religieuse avec ses dogmes. Elle est une grande force, et voilà pourquoi *nous la combattrons à outrance.* »

Les déclarations d'autres chefs socialistes ne furent pas moins catégoriques. Bebel, Liebknecht, de Vollmar, tous désignaient l'ouvrier et le paysan catholiques comme la proie dont il était urgent de s'emparer. Ils se disaient sûrs des populations protestantes. Non pas que tous les protestants fussent d'ores et d'avance voués au socialisme; on n'avait pas la naïveté de le croire.

1. On sait que le socialiste Rudt a été précepteur des fils du gouverneur d'Alsace-Lorraine.

Mais les socialistes étaient persuadés qu'étant données des conditions économiques favorables à leurs vues, les croyances protestantes ne formeraient pas une barrière infranchissable, à l'instar du *Credo* catholique. Les succès du passé ne répondaient-ils pas de l'avenir? Déjà toutes les citadelles du protestantisme étaient tombées en leurs mains presque sans coup férir. Il suffisait donc d'attendre le moment psychologique pour se rendre maître des circonscriptions encore disponibles.

Dans les pays catholiques, — les socialistes l'avaient expérimenté, — les choses ne se passaient pas de même. Là il fallait des campagnes vigoureuses, prolongées, des luttes sans merci, un déploiement de forces extraordinaire, des moyens de perversion inusités.

On prépara la *lutte à outrance* dont avait menacé Rudt. Il y avait dans cette levée de boucliers un danger très réel pour le Centre. Windthorst en fut très préoccupé. Que faire? Comment tenir tête à ces adversaires redoutés? Quels retranchements élever? Quelles batteries dresser? Le socialisme a la prétention de convertir tout le monde à ses doctrines. La vraie tactique ne devait-elle pas consister à lui enlever tout le monde pour ainsi dire par un seul coup de filet? Windthorst reprit à son compte l'idée de la nation armée, qu'avait émise Scharnhorst, naturellement en l'appropriant aux besoins de sa cause. Contre l'armée du socialisme, il voulut mener l'armée de l'*Association populaire catholique*.

La Petite-Excellence exposa son plan dans un manifeste qui parut à Mayence le 20 novembre 1890 : « L'ordre politique et social, y est-il dit, est ébranlé dans ses fondements. C'est avant tout le socialisme qui propage ces théories et qui s'efforce de les mettre en pratique. Et comme il sent qu'il rencontre dans le peuple catholique ses plus énergiques contradicteurs, il a déclaré hautement la guerre à notre Église lors du congrès de Halle. A cet ennemi qui veut nous assaillir, il faut opposer le boulevard de notre puissante organisation... Unissons nos efforts et marchons à lui en rangs serrés. Formons une coalition immense qui embrasse toutes les régions de notre patrie. Cette alliance aura pour résultat d'organiser nos forces, de multiplier nos moyens d'action, de diriger et de renforcer méthodiquement notre activité sur le terrain de la presse, des brochures et des assemblées. De la sorte, les socialistes nous trouveront armés jusque dans les villages les plus reculés, et partout nous repousserons victorieusement l'erreur en faisant luire la vérité aux yeux du peuple. »

Tel est, dans ses lignes essentielles, le système de défense imaginé par Windthorst. Avant de le publier, il l'avait étudié dans les moindres détails. Il n'avait rien abandonné au hasard. Tout était prévu, et les batailles à livrer, et les armes à employer et la tactique à suivre.

Une étude rapide de cette puissante organisation nous montrera que le chef du Centre était aussi savant stratégiste qu'infatigable batailleur.

II

ORGANISATION ET NATURE DE L'ASSOCIATION POPULAIRE CATHOLIQUE

§ 1. — *Unité du Volksverein.*

Ce qui distingue avant tout le *Volksverein*, c'est que, malgré ses vastes proportions, il constitue une société unique. Les cercles ouvriers, les *Gesellenvereine*, la plupart des autres œuvres sociales des catholiques allemands sont, il est vrai, groupés hiérarchiquement, forment un ensemble, une synthèse, un corps. Ils sont reliés entre eux par un lien fédératif plus ou moins étroit, suivant les circonstances. Mais chacun de ces groupements a son individualité bien marquée. Il y a en Allemagne plusieurs milliers de cercles ouvriers, de cercles de compagnons et d'apprentis qui ont toute leur vie propre, leur direction indépendante. Ils ont leurs présidents et leurs comités administratifs qui gouvernent ces microcosmes sous leur responsabilité personnelle.

Étant donnée la nature de ces sociétés, une telle organisation est absolument indispensable. Les jeunes gens, les ouvriers qui font partie d'un cercle, ont besoin d'une direction constante, d'une autorité visible capable d'intervenir à toute heure. Point de cercle sans président : ce serait l'anarchie en permanence, la ruine immédiate de l'œuvre par le fait même.

Le *Volksverein* tel que l'a conçu Windthorst, poursuit un autre but, joue un autre rôle, et dès lors il était susceptible d'une organisation plus large, moins compliquée, mieux à même d'englober la masse du peuple.

Le leader catholique se trouvait en présence d'un ennemi formidable qui s'avance à travers l'Allemagne à pas de géant. A cette armée du socialisme il voulait opposer des troupes catholiques qu'il s'agissait de lever en toute hâte pour ne pas être débordé. Était-il possible de mobiliser ainsi la nation en adoptant le cadre des cercles ouvriers ou des *Gesellenvereine?* Poser la question, c'est la résoudre. On sait, en effet, combien il est difficile, surtout dans les localités de moindre importance, de créer une association, de trouver un président, un comité, bref un personnel dirigeant. Et les difficultés de la première heure se renouvellent chaque fois que l'œuvre se disloque par suite du mauvais vouloir ou d'un simple relâchement de l'un ou de l'autre membre influent. Mettons que les organisateurs évitent ces complications dangereuses, il faut des années pour rendre l'œuvre prospère. Les adhésions arrivent lentement, parce que la jalousie, les froissements de l'amour-propre, le scepticisme, s'en mêlent et compromettent souvent des entreprises commencées sous les meilleurs auspices.

Il fallait échapper à ces écueils, inventer une combinaison simple réunissant tous les avantages des cercles·

Le type, si je puis ainsi parler, auquel s'arrêta Windthorst répond à cet idéal, et l'expérience a démontré que la Petite-Excellence avait vu juste. Le *Volksverein* ne doit pas être une fédération de sociétés, mais une association unique pour toute l'Allemagne. Il n'a qu'une seule présidence, un seul comité directeur, dont le siège légal est à Mayence, le berceau de l'œuvre.

Le comité, nommé du vivant même de Windthorst, réunit l'élite du parti catholique en Allemagne. A côté de la Petite-Excellence on y trouve MM. Brandts, premier président; Trimborn, deuxième président; l'abbé Hitze, le comte Ballestrem, le comte Galen, Mgr Galland, les députés Lieber, Fritzen, Gröber, Orterer, Marbé, Porsch, le comte Preysing, le comte Hönsbröch, Mgr Stamminger, le docteur Siben, les journalistes Otto, Stötzel, etc.

Toutes les régions de l'Empire y ont leur place. On remarquera de plus qu'à peu près toutes les conditions sociales ont leurs représentants dans cet état-major. On a choisi des industriels, de grands seigneurs terriens, des journalistes, des savants, des professeurs, des fonctionnaires, des financiers, des avocats, des économistes, etc. Comme en Allemagne rien ne se fait sans le clergé, le comité de direction compte aussi des prêtres dans son sein, et ce ne sont pas les moins importants. Deux d'entre eux, l'abbé Hitze et l'abbé Pieper, peuvent même être considérés comme les chevilles ouvrières de l'Association, et, à ce titre, ils ont droit à une mention spéciale.

L'abbé Hitze a déjà créé l'*Arbeiterwohl*. L'abbé Pieper, son disciple, montre, en sa qualité de secrétaire général du *Volksverein*, des aptitudes peu communes. D'une intelligence remarquable, d'une activité que rien ne rebute, il se multiplie en quelque sorte et contribue pour sa part virile à la prospérité de l'œuvre. Il vient de prouver, dans plusieurs réunions, qu'il a les dons de l'orateur populaire. C'est une recrue précieuse pour le Centre. Les travaux du *Volksverein* hâteront la maturité de son talent et en feront dans un avenir peu éloigné un digne collègue de l'abbé Hitze, de l'abbé Dasbach, de l'abbé Schädler, de toute cette phalange ecclésiastique des Chambres allemandes.

L'abbé Pieper réside à Munchen-Gladbach, auprès de l'abbé Hitze et de M. Brandts. Aussi cette ville est-elle le vrai centre du *Volksverein*. C'est de là que partent toutes les impulsions; de ce foyer, la lumière rayonne sur toutes les parties de l'Allemagne. Dans la pensée de Windthorst, le *Volksverein* est un immense réseau enveloppant toutes les contrées de l'Empire. Munchen-Gladbach en est le point central, le siège administratif de l'œuvre. Tous les moyens de propagande sont élaborés là ; au secrétariat général viennent également aboutir tous les efforts tentés sur les différents points du pays.

Ces efforts sont nombreux, comme bien l'on pense. Pour facilitée qu'elle soit, la tâche n'en est pas moins très sérieuse. Sans doute, les bonnes volontés ne manquent point parmi le peuple catholique. Encore faut-il les chercher, les stimuler, les entretenir. Il y a ensuite les faibles, les lâches, les indifférents, et hélas! aussi ceux qui sont tombés. Il s'agit d'arriver à tous, de les enrôler tous sous le drapeau du *Volksverein*. Ce n'est pas une besogne aisée. Quels que soient son savoir-faire, son zèle, son éloquence, le comité serait impuissant par lui-même. Il ne saurait être partout à la fois, ni parcourir toutes les localités pour provoquer et recevoir les adhésions. Des intermédiaires sont indispensables.

§ 2. — *Fonctionnement du Volksverein.*

Rien n'est intéressant et instructif comme le système adopté par le *Volksverein*. Les rouages de cette immense machine sont d'une simplicité et, en même temps, d'une efficacité remarquables. Voici, en peu de mots, comment fonctionne l'*Association :*

Le comité choisit dans chaque district un agent, un mandataire,— *ein Geschäftsführer*,—avec lequel il est en rapport direct et constant. A lui sont communiqués toutes les pièces, tous les documents, tous les livres et brochures qui doivent être distribués aux membres du *Verein*. Pour arriver à la foule, ce mandataire s'adresse à son tour à un certain nombre d'hommes de confiance, — *Vertrauensmänner*, — choisis dans chaque paroisse. D'ordinaire le curé de l'endroit lui désigne les fidèles qui paraissent aptes à remplir la mission qu'on veut leur confier. Le choix arrêté, il envoie à ces *Vertrauensmänner* une circulaire où sont indiqués les devoirs essentiels de leur charge. D'après la circulaire imprimée que j'ai sous les yeux et qui est datée du mois de janvier 1891, l'homme de confiance satisfera aux obligations suivantes :

« 1° Vous ferez, dit la lettre, circuler, de maison en maison, la liste des membres et vous tâcherez, par ce moyen, de provoquer le plus d'adhésions possible.

» 2° Vous recueillerez les cotisations annuelles que vous transmettrez au mandataire.

» 3° Vous remettrez aux membres les cartes de sociétaire qui leur serviront en même temps de quittance pour la cotisation de l'année courante.

» 4° Vous distribuerez aux membres les brochures et autres imprimés que vous transmettra l'agent du district.

» 5° Vous tiendrez celui-ci au courant de tout ce qui se fera d'important autour de vous relativement au *Verein.* »

On voit, par cet exposé succinct, combien est ingénieux le fonctionnement de l'Association populaire. L'homme de confiance n'est pas un chef, un président qui puisse porter ombrage aux autres. Aux yeux des fidèles, il est simplement un chrétien plus fervent, plus zélé, qui a le souci des choses religieuses et sociales. Plusieurs hésiteraient peut-être à entrer dans un cercle ; ils ne refuseront pas leur adhésion à ces représentants de l'œuvre. Au point de vue de la propagande, il y a là un premier avantage.

Un autre, non moins considérable, c'est que cette manière de procéder permet de commencer dans chaque village par un noyau très modeste. Dès qu'il est question de créer un cercle, une société avec un président ou un directeur, il faut s'assurer le concours effectif d'un certain nombre de personnes. Il est assez aisé de racoler une centaine de membres une fois qu'on en a 20 ou 25. La difficulté, c'est de réunir ce premier groupe, et très souvent les plus énergiques organisateurs se brisent contre cet obstacle initial. Que de localités où l'on entraînerait sans peine le gros de la population s'il y avait dix hommes pour attacher le grelot! Nous sommes ainsi faits, nous ressemblons tous, plus ou moins, aux moutons de Panurge. Il en résulte qu'une œuvre, qui exige une organisation locale complète, avec une direction autonome, risque de ne pas s'étendre rapidement.

Le *Volksverein* échappe à ce péril. Aussitôt qu'il a jeté son dévolu sur une province ou sur un district, il peut s'implanter de suite sur tous les points du pays. Il suffit qu'il ait dans chaque localité au moins un ou deux hommes de confiance. Or ces hommes se rencontrent partout, puisque, en définitive, il y aura toujours au moins le clergé de la paroisse. Le curé, les vicaires sont les premiers *Vertrauensmänner*, les auxiliaires-nés de l'Association. De simples fidèles les secondent peu à peu, et ainsi le comité directeur est en mesure d'agir efficacement à la fois sur tous les catholiques d'une région.

Je devrais dire sur tous les *hommes*, car le *Volksverein* ne s'adresse qu'aux hommes. Sous ce rapport, il se distingue d'autres œuvres catholiques, par exemple, de celles de la Propagation de la Foi et de la Sainte-Enfance, qui se recrutent plus spécialement parmi les femmes et les enfants. D'après l'article 2 des statuts, pour faire partie de l'Association, il faut être majeur. On a surtout en vue les électeurs, c'est-à-dire tous ceux qui prennent part aux affaires publiques. Dans la lutte entreprise par le *Volksverein*, ce sont les vrais soldats de la grande armée catholique. Les agitateurs socialistes s'en prennent spécialement aux ouvriers majeurs qui ont le droit de voter. Ce sont ceux-ci qu'il faut donc soustraire à leur influence. L'ouvrier enrôlé dans le *Volksverein* est non seulement une recrue probable enlevée au socialisme, c'est, en outre, un défenseur de l'ordre social, un adversaire de toute révolution. De là l'importance de ces adhésions, de là la nécessité absolue d'atteindre le plus d'hommes possible dans le plus bref délai.

Une signature est bien vite donnée et il semble que les *Vertrauensmänner* devraient pouvoir remplir leurs listes sans rencontrer d'objections. On sait avec quelle facilité se couvrent les feuillets d'une pétition. Or les listes du *Volksverein*, que sont-elles autre chose qu'un vaste pétitionnement ? Il est certain qu'en général les gens du peuple ne marchandent pas leurs noms à celui qui a le talent de les demander adroitement. Si on avait voulu se contenter d'une manifestation purement platonique, on était sûr d'un succès rapide et éclatant. Mais quelle garantie aurait-on eue de la sincérité des sentiments que la signature était censée exprimer ? On signe et, le plus souvent, on n'y pense plus. Les organisateurs du *Volksverein* ont tenu à ce que la signature représentât un léger sacrifice pécuniaire.

La cotisation annuelle des membres de l'Association est de 1 fr. 25. Somme minime, sans doute, mais qui n'en est pas moins d'une importance indiscutable.

L'ouvrier qui s'engage à verser cette cotisation s'intéresse vraiment à la cause qu'on lui fait embrasser. Il réfléchit avant de signer; il sent qu'il endosse une responsabilité, et il n'est pas tenté de prendre la chose à la légère. Il n'aura pas l'idée de se moquer d'une œuvre pour laquelle il dépense tous les ans un peu de son épargne.

On ne saurait assez admirer la sagesse de cette disposition inscrite dans les statuts du *Verein*. L'armée payante qu'on recrute de la sorte est une armée sincère qu'on pourra conduire à la bataille sans crainte. On aura peu de faiblesses à déplorer, encore moins de félonies à redouter. Autant je me défierais du soldat problématique qui se serait inscrit simplement sur la liste, autant je croirais pouvoir compter sur la bonne volonté de celui qui payerait en quelque sorte son armement.

§ 3. — *La stratégie du Volksverein.*

C'est, en effet, à payer l'armement que le *Volksverein* emploie le montant des cotisations annuelles. Je veux dire que, avec ces ressources, le comité met en œuvre l'attirail de ses moyens de propagande.

Le tout n'est pas d'avoir les éléments d'une armée ; les soldats n'ont de valeur réelle qu'en tant qu'ils sont instruits, exercés, disciplinés. Il faut qu'ils connaissent la tactique de l'ennemi, qu'ils soient à peu près au courant de ses stratagèmes ordinaires, qu'ils s'habituent à déjouer ses ruses et à éviter ses pièges. Autrement ils seront culbutés au premier choc, et la débâcle est certaine.

Le *Volksverein* s'efforce, par-dessus tout, de faire connaître l'ennemi à combattre. Le socialisme, nous l'avons vu, c'est l'athéisme, — l'aveu est de Bebel, — c'est la suppression de la propriété individuelle, c'est l'amour libre érigé en dogme, c'est la négation absolue de la liberté et le triomphe d'une tyrannie sans frein. Si les apôtres de la démocratie avaient la franchise de dévoiler le fond de leur pensée, d'étaler aux yeux du public les monstruosités de leurs théories religieuses, économiques et sociales, ils risqueraient fort d'échouer dans leur entreprise. Les ouvriers industriels, les artisans, les paysans, repousseraient la plupart les bienfaits du paradis socialiste : les uns, parce qu'ils ont encore de la religion; les autres, parce qu'ils aiment leurs femmes et leurs enfants; le plus grand nombre, parce que l'instinct de la propriété tient à la racine même de leur être. Pour ce motif, les agitateurs se gardent bien de révéler les arcanes de l'édifice social qu'ils rêvent. Ils se contentent de critiquer la société actuelle, de prêcher la destruction de l'ordre existant sans trop dire ce qu'ils espèrent élever sur ses ruines. La manœuvre est adroite; car ici plus que partout ailleurs la critique est aisée.

Il est incontestable que nous vivons au milieu de grandes iniquités sociales. Des fortunes colossales s'accumulent entre les mains de quelques capitalistes, tandis que la petite propriété tend à disparaître de plus en plus et que la misère du prolétariat revêt trop souvent les formes les plus hideuses. Pas n'est besoin d'avoir le flair très développé pour sentir l'odeur de décomposition qui se dégage de notre société. Le peuple souffre presque partout; il est inquiet, troublé, déraciné. De terribles rancunes le mordent au cœur, et il ne faut pas une très grande éloquence pour attiser sa haine. Quelques gouttes d'huile et les flammes de la colère populaire montent très haut vers le ciel.

Les socialistes exploitent ce malaise économique avec une habileté infernale. A lire leurs journaux et leurs brochures incendiaires, à entendre leurs discours, on s'explique le succès de leur agitation. L'ouvrier le plus placide finit par dresser l'oreille, lorsqu'on fait ainsi devant lui le procès à la société. Les sophismes qu'on lui sert sont si spécieux qu'ils lui paraissent irréfutables. On lui parle de ses misères, de ses droits, de son oppression avec une chaleur si communicative, qu'il cède à l'entraînement et oublie les leçons de son catéchisme. Il y a au fond de tout prolétaire un socialiste plus ou moins inconscient. Les meneurs s'adressent à ses plus secrètes convoitises et lui renouvellent les promesses de Satan : « Vous serez comme des dieux[1], » c'est-à-dire vous serez riches. La tentation est toujours très forte, et je connais d'honnêtes ouvriers qui me disaient avec le plus grand calme : « Les socialistes n'ont pas déjà si tort ; c'est nous qui avons enrichi les fabricants : pourquoi sont-ils seuls à jouir du fruit de notre travail ? »

Vous serez dieux à votre tour ! Tel est le cri de ralliement des chefs du socialisme. Être dieu, être riche, ou du moins prendre une part très large au banquet de la vie, n'est-ce pas le rêve de tout pauvre ? Avec cette amorce, on attire les ouvriers par milliers, et il n'est pas surprenant qu'aux dernières élections le socialisme ait compté près d'un million et demi d'électeurs.

Le *Volksverein* a pour but d'expliquer aux ouvriers quels sont les éléments, les prérogatives de sa divinité future. Il se propose de leur dessiller les yeux et de montrer qu'en réalité l'Éden du socialisme est un odieux enfer.

1. « Nous serons un peuple de dieux, » s'écriait un jour un jacobin à la tribune. (Taine, *Révol.*, II, p. 67.)

§ 4. — *Le Volksverein et la presse.*

Comment s'y prend-il? Quels sont ses moyens d'action? Par quelle voie pense-t-il arriver à l'oreille et au cœur de l'ouvrier? Le comité directeur de l'Association a exposé son plan de campagne dans son manifeste du 20 décembre 1890. Ce plan, — cela va de soi, — est calculé sur celui de l'agitation socialiste. On cherche à battre l'ennemi sur son propre terrain.

Une des armes les plus puissantes du socialisme allemand, c'est la presse. Sans presse, point de parti politique, et la force d'un parti est en raison directe du nombre et de la valeur de ses journaux. Avec le levier de la presse, Bebel et ses amis ont soulevé l'Allemagne. Ils ont multiplié les feuilles quotidiennes ou hebdomadaires; ils les ont propagées par millions d'exemplaires dans les centres ouvriers, ne craignant pas de distribuer gratuitement les premiers numéros. Ces semences socialistes jetées dans le sol ont germé rapidement, et d'innombrables ouvriers ont été gagnés à la cause de la révolution par les journaux.

Sous ce rapport, le *Volksverein* n'avait rien à créer. La presse catholique d'Allemagne est organisée et outillée à la perfection. Elle est née et a grandi avec le Kulturkampf, et aujourd'hui elle excite la haine des libéraux et la jalousie des conservateurs.

Pour le *Volksverein*, l'existence de cette presse catholique était un excellent appoint. Il suffisait d'en tirer le meilleur parti possible et de lui faciliter la tâche en lui fournissant, pour ainsi dire, des munitions. Les fondateurs de l'œuvre eurent une inspiration fort heureuse, celle de créer une *Correspondance sociale.*

« Cette correspondance, dit le manifeste, paraîtra tous les quinze jours et sera envoyée gratis à tous les organes du Centre. Rédigée par des économistes et des sociologues de premier ordre, elle est destinée à rendre les plus grands services, particulièrement aux feuilles provinciales. Ces dernières y découvriront de riches matériaux pour leurs articles d'économie sociale et politique. »

Inutile d'insister sur la valeur pratique d'une telle correspondance. En Allemagne comme ailleurs, les économistes très au courant de toutes les questions n'encombrent pas les bureaux de rédaction. Généralement, les rédacteurs sont si surchargés de besogne qu'ils n'ont guère le loisir de suivre de près le mouvement scientifique du socialisme. Et pourtant il serait indispensable de pouvoir répondre d'une façon péremptoire et sur-le-champ aux sophismes des feuilles révolutionnaires. C'est pour mettre les journalistes catholiques à même de lutter avec les socialistes à armes égales que le *Volksverein* a fondé la *Correspondance sociale*. On se félicite dès maintenant de cette innovation, et il serait à souhaiter que la presse catholique de tous les pays eût à sa disposition un organe du même genre.

En dehors des journaux catholiques, le *Volksverein* veut atteindre le peuple par une publication spéciale qui porte le nom même de l'Association. Ce *Bulletin*[1] est envoyé à tous les membres. « Il paraîtra, dit le manifeste, toutes les six semaines. D'une part, il rendra compte de tout ce qui se fait dans le *Verein* et maintiendra ainsi une union active entre tous les catholiques de la patrie allemande. De l'autre, — et c'est là son but essentiel, — cette revue sera un véritable arsenal où les membres du *Verein* puiseront les arguments dirigés contre le socialisme. » Le *Bulletin* renfermera des réfutations théoriques du socialisme sous la forme d'études d'économie sociale, et en même temps de petits récits dont l'histoire fictive implique pratiquement la réfutation des mêmes erreurs. Les contes comme les études ont pour mission de tenir l'ouvrier en éveil, de lui rappeler son devoir social, de l'armer contre les séductions des promesses démocratiques. Le socialisme est semblable au lion de l'Écriture, cherchant sans cesse une proie à dévorer. Il attend l'ouvrier sur la voie publique, — *est leo in via*, — e poursuit à l'atelier, dans les lieux de réunion, et surtout au cabaret, son champ d'action préféré.

Là où le *Volksverein* est introduit, le *Bulletin* vient,

1. *Der Volksverein*, *Stimmen aus dem Volksverein*, paraît chez Riffarth, à München-Gladbach.

à époque fixe, dénoncer l'ennemi, démasquer son jeu, renverser le château de cartes de ses utopies. On ne l'écoutera peut-être pas chaque fois, mais ses avertissements et ses conseils répétés finissent par exercer une action très sérieuse. Les déclamations socialistes rencontrent des esprits sinon prévenus du moins attentifs, peu susceptibles d'un emballement irréfléchi. Par le seul fait du *Bulletin*, le *Volksverein* empêche bien des chutes et neutralise, — dans les pays catholiques, — la propagande effrénée du socialisme.

§ 5. — *Le Volksverein et la littérature populaire.*

Quand l'ennemi est aux portes, la garnison est obligée d'augmenter ses moyens de défense, sous peine de succomber. Le *Volksverein* ne se contente pas de soutenir et de fortifier la presse quotidienne, de publier un *Bulletin* spécial, il tâche de charger la multitude avec « tous les soldats de Gutemberg ».

Le livre savant, le gros roman à tendances, ne se prêteraient pas à une diffusion assez large, et ce mode d'apostolat serait d'ailleurs trop coûteux. A ces armes de gros calibre on substitue la brochure populaire, le *tract* à bon marché. En France, la brochure est passablement usée et le journal est resté seul maître du terrain. Il n'en est pas de même en Allemagne. Ici on fait encore une prodigieuse consommation de brochures. Les socialistes répandent par milliers leurs petits catéchismes incendiaires, qui sont la principale nourriture intellectuelle de la classe laborieuse.

La brochure a sur le journal cet avantage qu'elle a une existence moins éphémère que lui. On la conserve, on la relit, on la passe à d'autres et on décuple ainsi sa puissance. Cet avantage qui a tant servi le socialisme peut profiter également à la cause de l'ordre. Du moins les catholiques l'ont pensé et depuis quelques années ils inondent le pays d'innombrables *Flugschriften.*

La *Germania* de Berlin publie un cycle qui comprend déjà une centaine de numéros. Bien que leur caractère ne soit pas exclusivement économique et social, la grande question du jour occupe une large place dans cette série : *Rome et la question sociale ; les Socialistes et les Jésuites ; la Démocratie sociale dévoilée ; un Catholique peut-il être socialiste ; les Paysans dans l'État socialiste*, etc., etc., autant de titres qui prouvent que les « brochures catholiques » s'occupent du socialisme.

La *Bibliothèque populaire*, que la maison Dasbach, de Trèves, a commencée l'année dernière, vise encore plus directement le socialisme. On s'en convaincra en passant en revue les brochures qu'elle renferme. En voici d'abord deux de l'abbé Dasbach lui-même : *les Ordres religieux et la Question sociale; l'État socialiste dans l'avenir*. L'abbé Schmitz, de Trèves, traite avec une haute éloquence de *Nos devoirs en face de la démocratie;* l'abbé Spitz, de Strasbourg, raconte les progrès du *Socialisme en Alsace-Lorraine*. Citons encore quelques récits touchants : *les Socialistes* de Bolanden ; *l'Usure et le Socialisme; les Bienfaiteurs du peuple*[1], etc.

Le *Volksverein* ne pouvait manquer de recourir à cette batterie, et il a inscrit dans son programme la publication de brochures. « Les brochures, dit le manifeste, auront pour objectif d'éclaircir les questions brûlantes du jour ; elles devront familiariser le peuple avec celles des vérités chrétiennes et sociales qui sont plus vivement attaquées par le socialisme. De même que les brochures socialistes répandues jusqu'à présent sont contre la foi catholique et s'efforcent d'aigrir les masses en dénaturant les problèmes économiques, de même les brochures du *Volksverein* seront consacrées en première ligne à la défense de la foi. »

Le manifeste ajoute un peu plus loin : « Les récits populaires tendront à la même fin par d'autres procédés. Écrits d'une façon intéressante, ils fourniront au peuple une lecture saine et instructive pour ses heures de loisir. Ils montreront par des exemples pris sur le vif comment se présentent en réalité les rêves socialistes, lorsque, dans la vie privée et la vie publique, on croit pouvoir se passer de Dieu et mépriser le Décalogue. »

Ces deux séries de brochures répondent exactement

1. Tout récemment une maison importante de Ratisbonne — *Verlags-Anstalt vorm.* G. Manz — a commencé une *10 Pfenning-Bibliothek* (Bibliothèque à 10 centimes) pour le peuple catholique.

à des séries analogues de la propagande démocratique. Les socialistes, se basant sur ce fait d'expérience que l'exemple, même simplement raconté, entraîne mieux que le conseil, ont incarné leurs théories dans un certain nombre de petits romans admirablement conçus. On serait effrayé si l'on connaissait le nombre de têtes mises à l'envers par ces récits romanesques imprégnés des idées d'un Lassalle ou d'un Karl Max.

Les brochures du *Volksverein* seront un excellent préservatif contre les ravages de ces productions littéraires perverses. L'action du poison socialiste que l'ouvrier aura absorbé sera atténuée par l'antidote de ces *tracts* catholiques ; et, d'autre part, l'ouvrier qui n'aura pas encore touché au fruit défendu, ou bien n'y touchera jamais, ou du moins ne sera pas si facilement dupe et victime des sophismes révolutionnaires. Dans les deux cas, l'influence de la brochure aura été excellente.

Journal, revue, roman populaire, *tract*, le *Volksverein* se sert de tout cela pour contre-balancer l'action socialiste. Ainsi l'entendait Windthorst, qui donna à cette œuvre les derniers jours de sa vie. Le grand *leader* disait qu'il était oiseux et puéril de gémir sur la passion de la lecture, et qu'il valait mieux profiter de ce courant en faveur des idées conservatrices. Il serait préférable peut-être que le peuple lût beaucoup moins, à cause de son manque de discernement ; mais, du moment qu'il lit, il s'agit de lui procurer des lectures qui le détournent de la littérature socialiste, si funeste à son esprit et à son cœur. Voilà pourquoi le comité du *Volksverein* travaille tant à la diffusion de la parole *écrite*, imitant, du reste, en cela l'exemple des révolutionnaires eux-mêmes.

§ 6. — *Le Volksverein et les réunions populaires.*

Lutter par la presse, répandre des idées justes par les brochures populaires, glisser la littérature conservatrice dans les foyers les plus humbles, c'est quelque chose. C'est même beaucoup si l'on veut ; mais ce serait bien insuffisant pour le but que se propose le *Volksverein*. Les socialistes ne se contentent pas non plus de la parole écrite. Partout où ils s'insinuent, ils organisent des meetings, ils convoquent des réunions où les plus éloquents d'entre eux tâchent d'endoctriner la foule. Il faut des coups de grosse caisse pour attirer les chalands, des éclats de voix pour fixer l'attention, des mouvements oratoires pour ébranler les esprits hésitants. Nulle part, les socialistes ne sont aussi remuants qu'en Allemagne. Dans les villes dont ils sont les maîtres : Hambourg, Brême, Berlin, etc., ils tiennent régulièrement des réunions plusieurs fois par mois. Quand il s'agit d'un nouveau centre à conquérir, ils y préparent d'avance un grand meeting à effet et exploitent la curiosité des badauds et les rancunes sociales des mécontents. Chacun de leurs discours leur vaut quelquefois des centaines d'adeptes. A la suite de cette première réunion, leur drapeau reste arboré dans la ville nouvellement envahie. C'est le commencement de la conquête.

L'apostolat de la parole *parlée* est même pratiqué dans les campagnes, au milieu des populations agricoles. On a vu des réunions socialistes dans de gros villages qui ne possèdent presque pas d'ouvriers industriels. Cette année même, les chefs les plus en vue du socialisme ont parcouru l'Allemagne en vrais charlatans, offrant partout leurs drogues au peuple. Les rebuffades ne les découragent pas plus que les succès ne les grisent. Quel que soit l'accueil qu'on leur fait, ils reviennent à la charge, soit qu'il s'agisse de consolider leurs conquêtes, soit qu'ils espèrent vaincre les récalcitrants. Ils se souviennent, pour l'exploiter, de la parole du Christ : « Frappez, et l'on vous ouvrira ! »

Ils frappent à coups redoublés à la porte de notre société vermoulue. Il faut dire à l'honneur des catholiques qu'ils ne se sont pas laissé distancer par les socialistes. Depuis le *Kulturkampf*, ils tiennent chaque année d'innombrables réunions publiques. Cette habitude est même tellement entrée dans les mœurs, que les orateurs du Centre rencontrent des auditoires que les plus vastes salles ne suffisent pas toujours à contenir.

Comme de juste, le *Volksverein* a profité de ces antécédents et il a voulu que les réunions publiques fussent la plate-forme de toutes ses opérations. « Dans les réunions, dit le manifeste, d'habiles orateurs renseigneront le peuple sur le but de l'*Association*. On y discutera ensuite les grands problèmes religieux et économiques qui intéressent notre temps. Outre qu'elles servent à établir et à propager l'œuvre du *Verein*, ces réunions éveilleront dans le peuple le sentiment de la solidarité catholique, y feront éclater sa force. Chacun s'apercevra qu'il n'est pas isolé dans la lutte, que des milliers de frères combattront à ses côtés. Son courage et son enthousiasme s'en exalteront. Il sera fidèle à son drapeau et se mettra énergiquement à l'œuvre. »

Pour rendre ces instructions encore plus précises, le comité directeur ajoute, dans une autre circulaire :

« 1° Tous les ans on convoquera une assemblée au moins dans chaque district.

» 2° Si, sur un point déterminé, l'agitation socialiste est particulièrement intense, le *Volksverein* y tiendra des réunions extraordinaires. »

Et comme il est bon de se rendre compte périodiquement de l'ensemble des progrès d'une œuvre, le comité du *Volksverein* invite chaque année tous les membres à se réunir en assemblée générale. « Ce congrès, dit le paragraphe 6 du manifeste, siégera à tour de rôle dans les principaux centres catholiques de l'Allemagne. On consignera dans un rapport les détails les plus intéressants de ces réunions plénières, et ce document sera publié dans le *Bulletin*. De la sorte tous les sociétaires seront initiés à la vie et aux progrès du *Verein*. Ils seront fiers d'appartenir à une si puissante association, et la conscience qu'ils auront de leur force suscitera en eux l'esprit de prosélytisme et fera de chacun d'eux un missionnaire social et un champion de la cause conservatrice. »

Cette organisation, — il serait difficile de le nier, — est admirablement comprise. La conception du *Volksverein*, qu'on pourrait appeler la dernière pensée de Windthorst, est le chef-d'œuvre de la politique merveilleuse de la Petite-Excellence.

III

CRÉATION ET EXPANSION DE L'ASSOCIATION POPULAIRE

§ 1. — *Les débuts du Volksverein.*

Mais n'est-ce point là une utopie, un idéal chimérique, ou bien l'œuvre que nous venons d'esquisser est-elle réalisable et en partie réalisée ? Le testament politique de Windthorst a-t-il trouvé de sérieux exécuteurs, ou ses amis ont-ils été obligés d'abandonner ce plan magnifique après sa mort ?

Il y a des pays où l'on a facilement des idées généreuses, voire même ingénieuses, mais peu d'ouvriers pour les mettre en pratique d'une manière constante. On est doué d'une imagination très vive, on a de nobles élans ; une chose fait défaut, l'esprit de suite, le sens du réel, la possession de soi. C'est où les catholiques allemands, ces prétendus idéologues, triomphent. Ils mettent dans leurs entreprises une ténacité incroyable, et ils savent organiser, diriger, avec une sagesse, une précision de détails qui expliquent leurs succès.

La création du *Volksverein* a montré une fois de plus leur supériorité à cet égard. En moins de deux ans, ils ont obtenu des résultats que les plus optimistes n'auraient osé espérer. Malgré les difficultés qui se sont présentées en foule, malgré l'apathie contre laquelle les organisateurs ont eu à lutter dans certaines régions, l'œuvre a rapidement grandi. Au bout d'une année d'existence, l'*Association* comptait au delà de 100,000 membres, et, en ces quelques mois, plus de cinq cents réunions ont été tenues dans les milieux menacés par le socialisme.

Il pourra être intéressant d'assister, pour ainsi dire, à la genèse de l'*Association populaire catholique*, de suivre pas à pas sa marche progressive et de s'instruire à l'école de ces vaillants chrétiens qui savent si bien défendre leur religion et leur patrie.

Les rouages du *Volksverein* étaient prêts à la fin de 1890. Le comité de direction avait tenu plusieurs séances préparatoires avec le concours de l'infatigable Windthorst, le Pape avait béni et les évêques avaient encouragé l'œuvre naissante ; il ne s'agissait plus que de se mettre en route et d'aller hardiment à la conquête de l'Allemagne.

Avant toute chose, il fallait prendre possession de l'opinion publique par quelque manifestation retentissante. Afin de bien affirmer son existence, l'*Association* devait donner des preuves de sa vitalité, en provoquant une grande assemblée populaire. C'est ce qu'elle fit au mois de février 1891. Le lieu du rendez-vous fut non pas Mayence, mais Cologne, la métropole du catholicisme rhénan. On pensait évidemment que l'impression produite par ce coup d'essai serait particulièrement, profonde si l'on siégeait à l'ombre du célèbre dôme, sous le patronage du primat d'Allemagne. On n'avait pas tort.

Bien qu'on fût au cœur de l'hiver et en dépit de l'absence complète des orateurs parlementaires qui étaient tous retenus à Berlin, la réunion du 15 février fut tout à fait imposante. L'immense salle du Gurzenich était bondée. Le clergé et la noblesse, la bourgeoisie et les ouvriers, plusieurs milliers de personnes avaient répondu à l'appel du comité et étaient accourus au baptême du *Volksverein*. L'archevêque, Mgr Krementz, avait tenu à honneur d'assister personnellement à cette fête, sans trop se soucier de ce qu'en dirait le gouvernement.

En Allemagne, les évêques n'ont pas l'habitude de consulter les préfets ou les chefs de bureau ministériels quand il est question de créer ou de favoriser une œuvre catholique. L'expérience du *Kulturkampf* leur a montré que les préfets ont quelquefois de singulières exigences et ils préfèrent se passer de leur avis. Saint Paul, du reste, faisait de même.

La séance fut ouverte par M. Brandts, de München-Gladbach. En quelques phrases bien senties, l'orateur exposa le but de l'œuvre qu'il préside. Le *Verein*, dit-il en résumé, cherche à préserver les populations ouvrières de la contagion socialiste. « Et qu'on ne dise pas que c'est audacieux à nous d'engager la lutte avec le socialisme en dehors des rangs de la grande armée conservatrice. Nous avons toujours eu un concept très net de ce que nous voulions; le reproche contraire nous a été rarement adressé et dans le cas présent il serait moins justifié que jamais. » Après avoir fourni ces explications avec la haute compétence que tout le monde lui reconnaît, M. Brandts donna la parole au docteur Siben, de Deidesheim.

J'ai parlé du docteur Siben, à propos du congrès de Mayence. Ce jeune Bavarois est partout au premier rang des protagonistes catholiques. Il est avec l'abbé Schädler, son compatriote, le grand agitateur du Palatinat et une des personnalités catholiques les plus populaires de l'Allemagne. Dans son discours prononcé à Cologne, il attaqua le socialisme, en montrant quelle situation l'État socialiste ferait à la famille, à l'enfant, à la jeune fille, à l'épouse, à la mère.

Sa critique de la théorie collectiviste fut vivement applaudie, et les ouvriers présents à la réunion firent assez voir par leur attitude combien Bebel et Liebknecht perdaient du terrain dans leur esprit.

Le discours de l'orateur suivant produisit peut-être plus d'effet encore. Le R. P. Weiss, de l'Ordre de Saint-Dominique, est l'un des économistes marquants du parti catholique en Allemagne. Sa grande *Apologie du Christianisme*[1], dont la seconde édition vient de paraître, fait époque même après celle de Hettinger. Jamais l'action sociale de l'Église n'a été indiquée avec autant de relief que dans l'ouvrage du savant dominicain. Philosophe et théologien, le P. Weiss est d plus un orateur de beaucoup de verve, un de ceux qui sont le plus goûtés dans les congrès catholiques. A

1. La traduction française du bel ouvrage du P. Weiss se publie actuellement à Paris, à la librairie Delhomme et Briguet.

Fribourg comme à Coblentz, sa parole tour à tour véhémente et acerbe, émue et enjouée, avait soulevé un tonnerre d'applaudissements. Le même triomphe lui était réservé à Cologne. Il avait choisi, pour thème de son discours, le socialisme, sa filiation logique, ses procédés révolutionnaires, ses conséquences désastreuses. Le socialisme est le fils naturel du libéralisme religieux et économique. Il traduit en acte les doctrines déterministes et matérialistes de la philosophie contemporaine. Il attaque tout, ébranle la religion, la morale, toutes les colonnes sur lesquelles repose l'édifice de notre société. C'est la barbarie qui fait son avènement et qui espère régner un jour sur les ruines de la civilisation chrétienne. Ces nouveaux barbares, un seul obstacle pourra les arrêter, l'épée du christianisme qu'Attila vit étinceler dans les nues au-dessus de la tête du pape Léon Ier.

Avec le P. Weiss, l'auditoire avait été entraîné sur les plus haut sommets de la pensée. Il redescendit dans une région plus modeste, lorsque Trimborn parut à la tribune. Le jeune et brillant avocat, qui est vice-président du *Volksverein*, fit connaître le mécanisme, le fonctionnement, les moyens d'action de la nouvelle œuvre. Il rendit compte des résultats déjà obtenus et retraça, à grands traits, les parties du programme qui restent à réaliser. Le sujet ne se prêtait guère aux grands mouvements oratoires. Mais il y a dans l'âme de ce vaillant une telle exubérance de vie, un tel feu sacré, qu'il sut triompher bientôt de l'aridité de son exposé technique. A mesure qu'il parlait, son verbe devenait plus frémissant et plus chaud, et ce qui promettait d'être un simple rapport finit par de merveilleux coups d'aile. Les quatre ou cinq mille personnes qui assistaient à la réunion étaient subjuguées par cette éloquence si jeune et si vibrante dans laquelle passait je ne sais quel souffle d'en haut. Le procès du *Volksverein* était gagné, et lorsque, à la fin de la séance, l'archevêque prit la parole pour exhorter l'assistance et la bénir, les cœurs et les esprits étaient ouverts. Tout le monde poussa, en quelque sorte, le cri de : « Dieu le veut! » et la plupart prirent la croix.

§ 2. — *Le Volksverein dans le Wurtemberg.*

Trimborn disait, dans son discours de Cologne : « Jusqu'à présent notre *Association* s'est surtout efforcée de trouver des représentants dans les différentes provinces de l'Empire. Ces délégués provinciaux ont sous leurs ordres des mandataires dans chaque district et des hommes de confiance dans chaque localité. C'était une rude tâche. Aujourd'hui l'essentiel est fait; l'édifice est achevé dans son ensemble. »

Nous allons voir comment s'y est pris le comité de direction.

Deux voies se présentaient. On pouvait choisir comme champ d'opérations les cadres de l'administration civile ou bien s'en tenir au réseau des circonscriptions ecclésiastiques. Dans les deux cas, on atteignait le but, et les préférences, si préférence il y avait, devaient dépendre de circonstances fortuites ou de conditions spéciales à tel ou tel pays. En Wurtemberg et dans la Province rhénane, on s'est arrêté à l'organisation basée sur les divisions politiques; en Westphalie, par contre, l'organisation hiérarchique des diocèses a été adoptée. Comme ces diverses provinces se sont distinguées dès l'origine par leur zèle et leur intelligence, il est juste de mettre en relief l'expansion rapide qu'y a trouvée le *Volksverein*.

Le Wurtemberg compte environ 580,000 catholiques répandus dans les dix-sept circonscriptions électorales du royaume. Parmi ces circonscriptions, quelques-unes sont catholiques à peu près tout entières. Dans d'autres, la population est mixte et dans la plupart l'élément protestant domine d'une manière absolue. Le *Volksverein* s'est implanté partout où il y a des catholiques. Au bout de peu de mois d'existence, il a réussi à trouver des délégués pour les districts suivants : 4 pour le XVe (Blaubeuren), le XVIe (Biberach) et le XVIIe (Ravensburg); 3 pour le XIIIe (Aalen) et le IXe (Balingen); 2 pour le VIIIe (Freudenstadt), le XIIe (Gerabronn) et le XIVe (Ulm); 1 pour chacun des autres districts. En tout, 34 délégués dont 14 appartiennent au clergé — ceci est à noter, — et 20 au monde laïque.

Les prêtres marchent en tête, comme il convient; mais ils ne sont pas seuls; ils sont secondés par le dévouement infatigable de toutes les classes de la société. Sur les vingt délégués laïques, il y a des députés, des fonctionnaires, des avocats, des médecins, des instituteurs, des industriels, des commerçants. Chez tous, il y a la même flamme, le même entrain. La preuve, nous l'avons dans le succès même de leur activité. Quelques centaines d'hommes de confiance furent enrôlés dès les premiers mois qui suivirent la fondation de l'œuvre, et actuellement il y en a à peu près dans tous les villages.

Les soldats ne tardèrent pas à se ranger sous les ordres de cet état-major. Au 1er octobre 1891, le *Volksverein* comptait en Wurtemberg 11,035 membres ; au 31 décembre, 13,007, et à la fin de 1892, on avait atteint le chiffre de 15,000. Il ne faut pas oublier que les femmes et les jeunes gens ne sont pas admis à faire partie de l'*Association*. Du rapprochement de ces chiffres éloquents il résulte que le *Volksverein* a très bien travaillé en Wurtemberg.

Ces succès impliquent une leçon qu'on médite dans le reste de l'Allemagne. On s'imagine trop volontiers que l'action catholique ne peut se déployer que là où il n'y a pas de résistance, c'est-à-dire dans les pays croyants. Si les catholiques wurtembergeois avaient raisonné ainsi, ils se seraient croisé les bras ; car ils vivent au milieu des protestants qui les jalousent et les persécutent ; ils ont contre eux un gouvernement qui glisse à chaque instant sur la pente de l'intolérance et du fanatisme. L'atmosphère politique et religieuse qui les enveloppe est donc loin de les soulever et de les soutenir. Mais ils luttent énergiquement, et la lutte c'est la vie.

Le terrain avait été préparé par le congrès catholique qui siégea à Ulm, au mois de novembre 1890. Une assemblée d'ultramontains dans une ville dont la cathédrale, — cette merveille de l'art gothique, — est aux mains des protestants, le spectacle pouvait être piquant ! Il fut magnifique, et le congrès d'Ulm a été une manifestation religieuse comme on en voit rarement, même en Allemagne. Vingt mille catholiques étaient venus de toutes les parties du royaume pour assister à la réunion : ce fut un enthousiasme indescriptible, un vrai délire.

Le *Volksverein* recommanda aux délégués wurtembergeois de recourir souvent à ce moyen d'action. Ils entrèrent pleinement dans ses vues et tinrent les catholiques en haleine par des convocations incessantes. Je vais essayer de donner un aperçu général de leur agitation dans le courant de la première année pour faire voir comment on soulève un peuple.

Prenons d'abord les circonscriptions où il y a le plus de catholiques.

La XVIIe comprend les districts de Ravensberg, de Riedling, de Saulgau, de Tettnang. Dans ces quatre petites villes, il y a eu périodiquement des réunions du *Volksverein*. En outre, il y en a eu d'analogues dans la plupart des villages qui sont de leur ressort administratif. A côté de ces réunions locales dont l'importance saute aux yeux, les délégués du *Volksverein* ont tenu des réunions de district, auxquelles participaient les communes respectives de chaque district.

Les socialistes furent atterrés par ces coups de massue. Leurs représentants de Ravensberg écrivirent au comité central de Stuttgart pour avoir du renfort et obtenir au rabais les feuilles socialistes. « Nous avons à lutter contre des difficultés énormes, dirent-ils, par suite de l'énergique activité du *Volksverein.* » Ils sentaient que leur influence déclinait, et de fait les réunions dont nous venons de parler leur avaient été fatales.

Même agitation féconde du *Volksverein* dans la XVIe circonscription. Les districts de Biberach, de Leutkirchen, de Waldsee, de Wangen, eurent chacun sa réunion générale et de nombreuses réunions dans les localités tant soit peu importantes. Rien ne pouvait lasser le zèle des délégués et les orateurs catholiques se multipliaient sur toute la ligne.

Le premier de ces apôtres de l'ordre social, le premier par le talent et l'énergie, c'est le député Gröber. De loin Gröber a quelque chose de la silhouette de son ami Lieber. Au moral, il existe également plus d'un trait de ressemblance entre les deux. Gröber est un puissant orateur populaire. Je l'ai entendu au congrès de Mayence, où il a su captiver l'auditoire par sa verve, son humour d'Allemand du Sud, son esprit caustique. Le peuple catholique du Wurtemberg l'adore et veut l'entendre partout. Gröber parle partout. Il a prononcé des discours à la réunion du district de Biberach (9 septembre), à celle de Leutkirchen (14 septembre), à celle de Wangen (8 septembre), à celle de Waldsee (5 janvier 1892). On l'a retrouvé dans toutes les circonscriptions électorales, et il n'en est, je crois, pas une seule où son éloquence n'ait été mise à contribution au moins une fois.

Dans cette campagne contre le socialisme, Gröber était soutenu par quelques-uns de ses collègues du Parlement, entre autres par les députés Braun, Probst, par un grand nombre de prêtres, par des rédacteurs, etc.; en un mot, par tous les catholiques qui ont quelque talent de parole. Le doyen, le curé, le vicaire, le juge, l'instituteur, l'inspecteur d'école, on les voit à tour de rôle haranguer le peuple et l'intéresser à la cause du *Volksverein*. On résiste difficilement à un entraînement pareil.

Les quatre districts de la XVe circonscription furent entraînés comme ceux qui viennent d'être nommés. Blaubeuren, Ehingen, Laupheim, Munsingen, ont tenu régulièrement leurs réunions, et d'après le compte rendu des journaux, elles étaient toujours bien fréquentées. Suivant l'importance de la localité, on y voyait parfois 800 et 1,000 personnes. Les délégués du *Volksverein*, aidés de leurs hommes de confiance, étaient parvenus à provoquer ce grand mouvement.

Ils avaient, du reste, choisi le bon moyen pour y réussir. Les orateurs traitaient toujours des questions vitales, des sujets qui intéressaient le pays et qui étaient étroitement liés aux intérêts du catholicisme. Je cite au hasard l'un ou l'autre de ces meetings. A la réunion du district d'Ehingen (3 janvier 1892), le professeur de Bagnato, parla du *Volksverein;* le professeur Herter, de la démocratie et du devoir des catholiques; le député Gröber établit un parallèle entre l'action du Centre et celle de la *Volkspartei*, le parti libéral du Wurtemberg. Autant de thèmes qui passionnaient la foule. Trois jours plus tard, à Laupheim, Gröber reprit son discours d'Ehingen; son collègue Probst y parla de l'histoire du catholicisme wurtembergeois; le conseiller Raff exposa les vœux politiques et économiques du pays. Nous retrouverions la même variété, le même intérêt, en parcourant le programme des autres réunions que le *Volksverein* a organisées en Wurtemberg. Point de déclamations creuses, point de théories vaines, mais une éloquence pratique qui tire ses idées du cœur même du peuple. Par le fait même, c'est une éloquence victorieuse, et l'exemple est bon à suivre.

Les missionnaires du *Volksverein*, il faut le reconnaître, rencontrent beaucoup de bonne volonté. Le clergé et le peuple les secondent, et c'est pour cela que les progrès de l'œuvre ont été si rapides. Mais il se présente des obstacles aussi, et quelquefois inattendus, comme on vient d'en faire la douloureuse expérience dans la IXe circonscription.

Au mois d'octobre dernier[1], Gröber voulait y convoquer une assemblée générale du *Volksverein*, à laquelle Lieber avait promis d'assister. La petite ville de Rott-

1. 1892.

weil possédant un local magnifique, on était disposé à la choisir comme lieu de rendez-vous. Les délégués du *Volksverein* s'adressèrent au curé de la ville pour obtenir les autorisations nécessaires. A leur grande stupéfaction, ce curé leur répondit : « Je vous cède le local pour votre réunion, mais à la condition que les orateurs s'engageront à ne rien dire qui puisse mécontenter le Gouvernement. » Cette réponse, qui équivalait à un refus, souleva l'indignation de toute la contrée, et les journaux catholiques ne craignirent pas de blâmer hautement la lâcheté du curé. On renonça à l'idée de se réunir à Rottweil et on se rejeta sur la ville voisine d'Horb. Comme si le pays tout entier avait voulu protester par un acte significatif contre l'abbé Ruckgaber, une affluence énorme se porta à Horb au jour désigné. On compta au delà de sept mille assistants, et le clergé paraissait en tête de chaque escouade. L'attitude louche du curé de Rottweil était devenue un stimulant pour ses collègues, et ce qui risquait d'être une défaite se transforma en une éclatante victoire.

Par bonheur, les curés qui bronchent sont rares en Wurtemberg, et dans cette même IXe circonscription, à laquelle appartient Rottweil, le *Volksverein* a tenu de fréquentes réunions en 1891.

Il en fut de même dans les localités catholiques de la circonscription voisine dont Horb forme l'un des districts et dans toutes les circonscriptions du Wurtemberg. A Stuttgart, la capitale protestante, il y a eu plusieurs meetings. Partout s'élevait le même souffle catholique, partout régnait le même esprit de concorde ; et loin de se ralentir, ce zèle de la première heure ne fait que croître de mois en mois. Le jour viendra où à peu près tous les catholiques wurtembergeois seront enrôlés dans la grande armée de l'*Association populaire*. L'idée de Windthorst sera déjà réalisée sur un point de l'Empire.

§ 3. — *Le Volksverein dans la Province rhénane.*

Elle le sera ailleurs encore, ainsi que nous pourrons le constater en examinant ce que devient le *Volksverein* dans la Province rhénane et en Westphalie.

La population catholique de la Province rhénane est d'environ 2,800,000 habitants répartis dans les deux diocèses de Cologne et de Trèves. C'est le boulevard du catholicisme allemand. Le *Volksverein* devait donc concentrer ses efforts sur cette région, et il a réussi dans une proportion fort consolante.

Les cadres de l'agitation sociale furent formés dès les premières semaines. La province est partagée en 5 gouvernements : ceux de Dusseldorf, d'Aix-la-Chapelle, de Cologne, de Trèves, de Coblenz, et chacun de ces *Bezirg* en un certain nombre de *Kreis*. Le *Volksverein* a nommé 2 ou 3 mandataires dans chaque *Kreis*, de telle façon que le gouvernement de Dusseldorf en compte 21, celui de Cologne 14, celui de Coblenz 15, celui de Trèves 13, et celui d'Aix-la-Chapelle 14; en tout 77. Ces agents poussèrent la propagande avec l'ardeur juvénile qui caractérise les Rhénans. Au 1er octobre 1891, le nombre des sociétaires enrôlés était de 32,324 ; au 31 octobre 1891, de 37,038 ; lors du congrès de Mayence (fin août 1892) de 40,000 ; et aujourd'hui ce chiffre est dépassé.

D'innombrables réunions, tour à tour point de départ et résultat de la propagande du *Verein*, furent tenues non seulement dans les villes, mais jusque dans les bourgs les plus reculés de l'Eifel et du Rhin inférieur. Dans le cercle d'Aix-la-Chapelle l'activité déployée par les mandataires fut particulièrement énergique. Aussi figure-t-il en tête de la liste. Viennent ensuite, par ordre de succès, les cercles de Mayen, de Duren, de Sieg, de Clèves, d'Altenkirchen, de Neuss, de Kempen, de Ruhrort, de Solingen, de Wipperführt, de Saarlouis. Au mois de janvier 1892, les deux premiers avaient au delà de 2,000 membres, les autres de 1,000 à 2,000. Une année s'est écoulée depuis lors, une année féconde en réunions, par conséquent ces chiffres auront augmenté dans une large mesure.

Et ils augmenteront encore davantage, car l'œuvre se développe presque dans les proportions de la boule de neige. Un village en attire un autre, et dans chaque village les membres gagnent de nouveaux adhérents.

Dans le courant de 1892 le *Volksverein* a fait des progrès exceptionnels, parce qu'il était secondé par l'éloquence irrésistible de Lieber et de Trimborn. Au congrès de Mayence, le comte Ballestrem a appelé ces deux orateurs « les anges de la paix sociale », et ils méritent ce titre de gloire. Ils s'en allaient à travers les pays rhénans et l'Allemagne entière, annonçant partout la bonne nouvelle, prêchant la justice et la charité aux riches et aux pauvres, montrant que seul le Christ possède la solution des redoutables problèmes de ce temps, parce que seul il a les paroles de la vie éternelle. Le peuple les écoutait avec ravissement et plus d'un ouvrier qui avait prêté l'oreille aux séductions socialistes s'en revenait converti et se faisait porter sur la liste du *Volksverein*. Il y a telle ville industrielle où une seule réunion du *Volksverein* a fait perdre plusieurs centaines d'ouvriers aux clubs socialistes. Nulle part les efforts de l'*Association* n'ont été inefficaces.

Au début, les socialistes affectaient de mépriser cette œuvre nouvelle. Ils disaient très haut, au congrès de Halle (1890), que les provinces catholiques leur écherraient, que les paysans eux-mêmes viendraient se réfugier dans leurs rangs. Ils se disaient les héritiers présomptifs du Centre, et peut-être le croyaient-ils alors. Lieber et Trimborn se chargèrent de détruire leurs illusions et de rabaisser leur suffisance fanfaronne. La leçon produisit tant d'effet que Bebel, Liebknecht, de Vollmar, se hâtèrent d'entrer en campagne pour enrayer l'action du *Volksverein*. Après avoir chanté sur tous les tons qu'ils étaient athées par principe, qu'ils abandonnaient le ciel aux anges et aux noirs, que le diable était la seule personne comme il faut de la société chrétienne, on les vit tout à coup changer de mélodie, devenir modérés, déclarer que la religion était chose privée à laquelle le socialisme ne touchait pas.

L'hypocrisie arrivait trop tard, le *Volksverein* avait fait la lumière. Les socialistes auront beau se démener, la Province rhénane continuera à leur opposer une résistance énergique et victorieuse dans les districts catholiques.

§ 4. — *Le Volksverein en Westphalie.*

Du côté des catholiques westphaliens, l'opposition ne sera pas moins ferme. Le *Volksverein* s'y est profondément enraciné, coupant ainsi l'herbe sous les pieds des agents socialistes. Au risque de fatiguer le lecteur, je me hasarde encore à lui servir des chiffres pour indiquer la marche de l'*Association populaire* en Westphalie.

Ici, comme je le disais plus haut, le comité directeur a adopté les cadres de l'organisation ecclésiastique. La province comprend deux diocèses : celui de Munster et celui de Paderborn, subdivisés chacun en un certain nombre de doyennés ; les doyennés eux-mêmes renferment des séries de paroisses plus ou moins considérables. Le diocèse de Munster a une population catholique de 830,000 âmes; celle du diocèse de Paderborn est de 900,000 environ. Le *Volksverein* a placé à la tête de chacune de ces sections un délégué général. Les deux délégués ont sous leur direction

43 mandataires et un grand nombre d'hommes de confiance.

L'organisation préliminaire du diocèse de Munster fut achevée pendant l'hiver de 1891. L'évêque, Mgr Dingelstadt, avait recommandé l'œuvre dans une circulaire du 20 février. Aussitôt le délégué diocésain, l'abbé Galland, se mit en mouvement, et à la fin de l'hiver le *Volksverein* était représenté dans la plupart des 226 paroisses du diocèse. C'était le moment de commencer les réunions publiques.

La première, une des plus brillantes, eut lieu à Munster le 6 avril 1891. L'évêque y assista avec son vicaire général, Mgr Giese, et il adressa à l'auditoire une allocution vibrante pour insister encore une fois sur l'importance qu'il attachait au *Volksverein*. Mgr Dingelstadt est l'un des membres les plus ardents de l'épiscopat prussien. Il était professeur de troisième d'un petit collège, lorsque le chapitre de Munster l'inscrivit sur la liste des candidats à soumettre au Gouvernement. A Berlin, on ne prit pas garde à ce nom et on jugea inutile de l'éliminer. On s'imaginait que c'était un candidat de remplissage qui n'avait aucune chance d'être élu. Arriva le jour de l'élection. Elle se fit solennellement à la cathédrale de Munster, en présence du gouverneur et de toutes les autorités de la ville. Trois noms étaient restés sur la liste officielle. La surprise de la bureaucratie fut générale quand elle vit sortir de l'urne l'inconnu, l'humble professeur d'un humble collège de l'Oldenbourg. Le chapitre de Munster avait été plus habile que les diplomates de Berlin. Son choix était excellent. L'abbé Dingelstadt, encore jeune, est un prêtre de grande valeur, d'une volonté indomptable, un de ces hommes dont les *Kulturkampf* font des héros et des martyrs. Il occupe dignement son rang dans l'épiscopat allemand, à côté de Mgr Kremenz, de Mgr Korum et de Mgr Haffner.

Avec un tel évêque, le *Volksverein* ne pouvait manquer de prospérer dans le diocèse de Munster. Les réunions succédaient aux réunions. Le 19 avril, l'*Association* convoqua les catholiques à Recklinghausen; le 7 mai, à Buer; le 18, à Nordkirchen; le 24, encore à Recklinghausen; le 27, à Oldenburg; le 7 juin, à Rheine; le 12 juillet, à Bottrop; le 20 septembre, à Gladbeck; le 25 octobre, à Dorsten; le même jour, à Bocholt; le 15 novembre, à Bochum; le 20 décembre, à Warendorf. Je ne cite que les réunions très importantes où l'on entendait le baron de Schorlemer-Alst, les députés Stötzel, Fritzen (frère de l'évêque de Strasbourg), le comte Galen, l'abbé Hitze, les fabricants Brandts et Wiese. Des meetings moins nombreux furent tenus dans une foule d'autres localités du diocèse. Les adhésions pleuvaient en quelque sorte. Au 1er octobre 1891, le chiffre des sociétaires s'élevait à 11,090; le 30 décembre, à 13,826; au printemps 1892, à 16,000.

L'expansion du *Volksverein* n'a pas été moins rapide dans le diocèse de Paderborn.

Les fréquentes réunions furent, ici comme ailleurs,

le principal moyen de propagande de l'*Association*. La Westphalie étant un pays industriel et houiller, les socialistes y ont naturellement transporté leur organisation et leur système de prosélytisme. Comme d'autre part les patrons de cette province, — les barons du charbon, — ont toujours fait preuve d'un égoïsme effroyable, les agitateurs démocratiques trouvaient facilement de l'écho en exposant leurs revendications sociales. Beaucoup d'ouvriers, même catholiques, commençaient à être séduits, et rien n'est contagieux comme le mauvais exemple. Le *Volksverein* arrivait au moment psychologique.

Le clergé du diocèse de Paderborn ne perdit point de temps et il entra hardiment en lutte avec le socialisme dans les réunions publiques. La première siégea à Paderborn même, le 19 avril 1891, sous la présidence de Mgr Nacke, le directeur du *Bonifatiusverein*. L'abbé Schulte y parla avec tant de flamme, qu'à la fin de la séance 2,000 auditeurs adhérèrent à l'œuvre. En même temps il y eut deux autres grands meetings à Herford et à Minden, et là non plus les résultats ne se firent pas attendre. Trois jours après, le 22 avril, l'abbé Schulte parla devant une très nombreuse assemblée à Dortmund, en plein pays du charbon.

Ce vaillant soldat ou, si l'on veut, ce brillant général laissa la vie sur ce nouveau champ de bataille. Il était déjà souffrant lorsqu'il monta à la tribune. Mais la cause à laquelle il avait voué sa verte vieillesse lui parut si sacrée, qu'il ne voulut pas reculer. Sa parole fut d'une véhémence qui rappelait ses plus beaux triomphes oratoires. L'auditoire fut électrisé.

Quelques semaines plus tard, Schulte mourait victime de son dévouement, et l'Allemagne catholique perdait l'un de ses orateurs les plus éminents. C'était le second sacrifice que Dieu acceptait pour sanctifier les débuts du *Volksverein*. En effet, peu de temps auparavant, Windthorst avait succombé aux fatigues que lui avait values cette œuvre capitale de sa vie.

L'impulsion était donnée dans le diocèse de Paderborn. On s'y prodigua dans les réunions. Je me bornerai à rappeler les plus importantes. Le 26 avril 1891, il en eut une à Driburg, le 7 mai à Lippstad, le 24 à Höxter, le 7 juin à Husten, le 24 à Oschersleben, le 21 à Wiedenbruck, le 29 à Buren.

Les travaux des champs ralentirent un peu le mouvement au cours de l'été. On se réunit néanmoins à Gelsenkirchen le 5 juillet, à Menden le 26, à Castrop et à Warstein le 9 et le 16 août, à Strasfurt le 13 septembre. Avec le retour des mois d'automne et d'hiver, le *Volksverein* reprit plus activement ses tournées. C'est ainsi que le 18 octobre il y eut à la fois trois meetings à Bielefels, à Meschede et à Attendorn. Et partout se constituaient les régiments de l'armée antisocialiste ! En ce moment le diocèse de Paderborn compte plus de 20,000 membres de l'*Association*, un chiffre respectable qui s'arrondira encore, grâce au travail intelligent des délégués et aux encouragements de l'évêque.

§ 5. — *Méthode de diffusion du Volksverein.*

Encore qu'il soit incomplet, on aura vu par ce tableau comment procède l'*Association populaire.* Elle tâche d'étendre ses ramifications jusqu'aux districts les plus reculés et de couvrir l'Allemagne d'un réseau dont les mailles sont plus ou moins larges; en d'autres termes, elle fait de la propagande *extensive.* Elle organise ses cadres dans toutes les provinces, sauf à ne les remplir que lentement et plus tard, sur tel ou tel point particulier. La tactique est justifiée par l'expérience. Par ce grand déploiement de forces, l'agitation socialiste a été divisée et paralysée. Les chefs ont dû éparpiller leurs troupes d'attaque, ce qui les a nécessairement affaiblis.

Extensive en principe, la propagande du *Volksverein* devient intensive lorsque les conditions spéciales d'un district l'exigent. On en a vu un exemple frappant, il y a quelques mois, dans le bassin de la Saar.

La population ouvrière de cette région est en grande partie catholique. Ce sont, la plupart, des mineurs qui ont conservé avec leur foi des mœurs simples et un esprit excellent. Le malheur a voulu que ces braves gens fussent victimes d'odieuses exploitations ou de traitements indignes. L'administration des mines de l'État, oublieuse de son devoir social, finit par les exaspérer, et en 1889 éclata une vaste grève dans le pays. Le socialisme profita de ce conflit pour chercher fortune sur les bords de la Saar. Une coalition d'ouvriers se forma; on créa un *Rechtschutzverein*, destiné à défendre les intérêts du prolétariat. Idée bonne en soi si on ne s'était jeté à la tête de quelques hâbleurs qui étaient des socialistes masqués. Après la grève, ces socialistes, presque tous Westphaliens, restèrent sur place et se firent servir des appointements par les ouvriers. Ils s'établirent cabaretiers et, sous le couvert de cette profession, ils excitaient au désordre et préparaient la voie à la démocratie. La fièvre socialiste flottait en l'air, les ouvriers l'aspiraient à pleines narines.

A diverses reprises, l'abbé Dasbach s'efforça d'enrayer le mal et d'éclairer les ouvriers sur leurs véritables intérêts. Il aurait réussi peut-être si l'administration avait favorisé son apostolat. Mais le contraire eut lieu, et le socialisme profita de l'aveuglement des autorités ! C'est sur ces entrefaites que naquit le *Volksverein*, et une de ses premières pensées fut pour la population ouvrière de la Saar. Le comité directeur s'occupa de la question dès le mois de septembre 1891, mais dans le plus grand secret; le moment d'agir n'était pas venu.

On s'entendit avec l'évêque de Trèves et avec le clergé du pays, et on décida qu'à partir du 20 août 1892 il y aurait coup sur coup douze grandes réunions dans des localités fixées d'avance. Trimborn, les députés Lieber et Fuchs, d'autres orateurs, dont plusieurs ouvriers, devaient rendre la population attentive au péril qui l'enveloppait.

Le programme fut exécuté ponctuellement. Le

dimanche 21 août la série des meetings fut ouverte à Saint-Johann. 2,000 à 3,000 ouvriers avaient répondu à l'appel des organisateurs et applaudirent les discours de Lieber, du doyen Œsterlin, de Trimborn. Le lendemain il y eut deux réunions, l'une à Quierscheid, l'autre à Neukirchen. Le 23 les ouvriers étaient convoqués à Illingen, le 24 à Puttlingen et à Guichenbach, le 25 à Völklingen, le 26 à Schwalbach et Fraulautern, le 27 à Schiffweiler, le 28 à Saint-Wendel et à Sulzbach. Dans ces divers endroits les ouvriers se présentèrent en foule et chaque réunion amena au *Verein* quelques centaines d'adhésions. L'enthousiasme se communiqua à tous les ouvriers, même à ceux qui n'assistaient pas aux meetings.

Le petit clan socialiste de la Saar en ressentit vivement le contre-coup. Très sûr de son affaire, il avait escompté l'avenir et voilà que par une manœuvre habile le *Volksverein* renversa ses espérances en occupant le champ de bataille. Dans son trouble, il tenta une démarche désespérée et convoqua les ouvriers à son tour. On célébrait la fête des mineurs à Völklingen. L'état-major socialiste s'y rendit pour organiser une manifestation. Vains efforts ! Les mineurs se réunirent à l'église, laissant les socialistes se morfondre dans leur local. Le *Volksverein* avait pris les devants et retardé pour des années la marche triomphante des socialistes à travers l'Allemagne.

§ 6. — *Le Bulletin et les brochures du Volksverein.*

Tout en suscitant ces innombrables réunions, le comité du *Volksverein* tâchait d'organiser l'armement de ces troupes fraîchement levées. La littérature anti-socialiste fut créée et ses productions répandues dans toute l'Allemagne.

Le premier numéro du *Bulletin* parut au printemps de l'année 1891. Il s'ouvre par une excellente étude sur le but et l'organisation de l'œuvre. En outre, il contient une touchante nécrologie de l'inoubliable Windthorst, un parallèle instructif entre la protection ouvrière telle que l'entendent les économistes chrétiens et la protection telle que la conçoivent les socialistes. Le fascicule se termine par un ingénieux développement du proverbe : *Aide-toi, le Ciel t'aidera.*

Ce dernier travail tout pratique est émaillé de conseils fort précieux qui, par la forme même qu'ils revêtent, doivent frapper l'ouvrier. De fait, on a remarqué que les lecteurs y ont pris plaisir, et le même économiste qui l'avait rédigé a paraphrasé dans les numéros suivants d'autres dictons populaires : *Borgen macht Sorgen,* « Emprunter donne des soucis » ; *Spare in der Zeit, dann hast du was in der Not,* « Épargne à temps si tu veux être à l'abri du besoin », etc., sont autant de chapitres d'un charmant traité d'économie politique à l'usage du peuple. On a reproché aux catholiques allemands de trop pencher vers le système de l'État-Providence, de ne pas assez compter sur l'initiative privée. En lisant le *Bulletin*, on sera bien vite détrompé ; on verra comment les publicistes du Centre inculquent aux ouvriers les principes d'une saine économie domestique. S'ils prêchent la justice à l'État, la charité au patron, ils insistent auprès des prolétaires sur la nécessité qu'il y a pour eux d'être prévoyants, économes, soucieux des intérêts du lendemain.

La même préoccupation perce dans les petits récits que publie le *Bulletin*. Le feuilleton est aujourd'hui un des besoins les plus impérieux de l'ouvrier qui lit. C'est au point qu'un journal sans roman ne sera jamais populaire ni en Allemagne, ni en France. Le *Volksverein* a dû tenir compte de cette tendance, et il insère presque dans chaque numéro du *Bulletin* quelque récit attachant, où la leçon se dissimule derrière les péripéties du drame.

L'*Association* s'est proposé de parler à l'intelligence encore plus qu'au cœur, et le *Bulletin* apporte régulièrement des études sur les problèmes complexes et touffus de la question sociale. On l'a appelé « l'arsenal intellectuel » du *Verein*. Or qui dit arsenal dit armes et munitions. On a soin de forger de bonnes armes à opposer au socialisme et de trouver des munitions qui ne soient pas hors d'usage. Cette partie est la plus difficile du *Bulletin*, parce qu'il y faut de la science sans pédantisme, de l'histoire sans détails prolixes, de la philosophie à la portée des intelligences ordinaires.

Ce n'est pas chose facile que de réunir toutes ces qualités à la fois. Le secrétaire général du *Volksverein* a eu jusqu'ici la main heureuse. Dans divers numéros du *Bulletin*, on a portraicturé d'une manière saisissante Lassalle, le père du socialisme allemand. — Lassalle, « l'apôtre des ouvriers et le Messie du XIXe siècle » ; Lassalle, agitateur ; Lassalle et Mgr de Ketteler ; Lassalle et l'Association générale des ouvriers allemands, sont des esquisses qui tiennent tout ce que promettent les titres. Puis ce sont des études sur le socialisme et la charité, sur la famille dans l'État socialiste, sur le socialisme et les ouvriers, sur le socialisme et la religion, sur Karl Marx, sur le congrès d'Erfurt, etc. Tout cela est clair, pratique, vivant, simple, ramené à la mesure de l'âme populaire. L'ouvrier y trouve de quoi s'instruire.

Le *Bulletin* paraît huit fois par an et est envoyé à tous les membres du *Verein*. La première année, quatre numéros seulement purent paraître, parce que la publication ne commença qu'à Pâques. Au mois de décembre 1891, il y eut environ 500,000 exemplaires distribués. A la fin de l'année 1892, plusieurs millions de numéros seront en circulation, et ces cahiers roses auront rétabli la paix dans bien des têtes et dans bien des familles.

Le *Bulletin* vise plus spécialement les affiliés de l'œuvre. C'est à tous les ouvriers que sont destinés les *brochures* et les *Récits*, surtout à ceux qu'il s'agit d'entraîner, qui résistent encore à la propagande anti-socialiste.

Jusqu'à ce jour, quatre brochures ont été publiées : 1° *l'Athéisme, la sagesse des fous;* 2° *Homme ou animal* ; 3° *Un empoisonneur à la barre de la justice;* 4° *le Charlatan rouge.*

Les deux premières sont une démonstration populaire des deux vérités fondamentales : l'existence de Dieu et l'immortalité de l'âme. « Après tout, nous ne sommes que des animaux, disait un jour un député socialiste. » N'est-ce pas le moyen de lever l'armée socialiste que de semer dans les masses ces doctrines désolantes ? Supprimer Dieu, c'est, en effet, supprimer le Décalogue, la légitimité de la propriété, etc. L'ouvrier athée est naturellement socialiste, de même que l'ouvrier chrétien ne pourrait l'être, si ce n'est par surprise et par ignorance. Par ses brochures le *Volksverein* s'efforce de rétablir les vérités primordiales que le socialisme obscurcit dans les intelligences populaires. Il rend à l'ouvrier son Dieu et son âme.

L'empoisonneur dont il est question dans la troisième brochure n'est autre que l'alcool. Il n'y a point de meilleur allié du socialisme et, pour ce motif, les meneurs se font généralement cabaretiers. Au moyen de l'alcool, ils arrivent à leur fin mieux que par les déclamations haineuses. Le *Volksverein* attaque cet ennemi de front, comme l'avait déjà fait l'*Arbeiterwohl*, et le *Giftmischer* de l'un est le pendant du *Schnaps* de l'autre.

Des quatre brochures, la meilleure est le *Charlatan rouge.* C'est un petit chef-d'œuvre de bon sens, de logique, de raillerie; une réfutation écrasante de l'utopie collectiviste. L'auteur, évidemment un Allemand du Sud, écrit cette langue savoureuse, imagée qui plaît au peuple. Il met le *Charlatan rouge* en si pitoyable posture, que l'ouvrier auquel il reste un éclair de raison et de conscience est pleinement convaincu. Partout où passe cette brochure du *Quacksalber*, elle contrarie la stratégie socialiste. Elle rend au *Volksverein* des services inappréciables.

Toutes ces brochures ont été mises à un prix très bas, — environ 0 fr. 10 les 30 à 40 pages, — pour en faciliter la diffusion. Déjà énorme, cette diffusion augmente chaque jour. Plusieurs millions de ces petits livres, — de nouveaux paraîtront prochainement, — ont fait leur entrée dans les milieux ouvriers, et le *Charlatan rouge*, à lui seul, a déjà dû être tiré à plus de 500,000 exemplaires[1].

Pour être complet, il faut ajouter que le *Volksverein* est assez éclectique dans le choix des brochures de propagande. En dehors de celles qu'il édite, il est prêt à en répandre d'autres, à la seule condition qu'elles répondent aux mêmes tendances. Si je ne me trompe, il répand les opuscules retentissants qu'Eugène Richter a lancés contre le socialisme et d'autres travaux analogues. On accepte les alliés d'où qu'ils viennent quand ils inspirent confiance. Ce n'est pas trop de toutes les forces vives de la société pour refouler la grande hérésie de notre siècle.

1. Tous ces chiffres ont doublé et quadruplé aujourd'hui.

Le *Volksverein,* nous venons de le démontrer, remplit fidèlement la mission qu'il s'est donnée. A peine créé, il forme déjà la meilleure armée contre le socialisme. Le Gouvernement saisit lui-même la portée et l'importance de ce puissant organisme, comme Lieber l'insinuait, non sans malice, au congrès de Mayence. Quoique dans les régions ministérielles on n'aime pas les apôtres de l'*Association populaire,* on les laisse tranquillement poursuivre leur odyssée d'une extrémité de l'Allemagne à l'autre. Le temps n'est plus où l'on préférait les *rouges* aux *noirs.* On est enchanté d'avoir à sa disposition des gendarmes aussi zélés et aussi habiles que les amis de Windthorst.

CONCLUSION

Les socialistes se sont trop hâtés de chanter victoire au congrès de Halle. Leur oraison funèbre du Centre était à tout le moins prématurée. Dans les pages précédentes, on a vu, en effet, que les catholiques qu'ils ont tués se portent encore assez bien. « Nous aurons les paysans, disait Bebel, et nous aurons les ouvriers industriels. » Les uns et les autres leur échappent dans les provinces catholiques, grâce à l'activité du *Volksverein*. Partout où surgissent les apôtres de la démocratie, ils se heurtent à une solide muraille; ils trouvent des sentinelles vigilantes, des troupes exercées, peu de dupes à faire. On a répondu d'avance à leurs objections, percé à jour leurs théories spécieuses, renversé leurs sophismes, dévoilé ce qu'ils ont l'habitude de cacher. Ils se croyaient extrêmement malins; en créant le *Volksverein*, Windthorst leur a prouvé qu'il l'était plus qu'eux.

Dès aujourd'hui, cette *Association populaire* compte plus de 140,000 membres [1]. Ce chiffre sera probablement doublé d'ici à un ou deux ans, lorsque le Sud de l'Allemagne se sera organisé. Or on s'y est mis très sérieusement.

1. Au récent congrès de Wurzbourg (fin août 1893), le comité du *Volksverein* a annoncé que le nombre des membres s'élève à près de 170,000.

En somme, la Westphalie, la Province rhénane et le Wurtemberg avaient seuls travaillé avec énergie. Au mois de décembre 1891, les huit diocèses de la Bavière, avec leur population catholique de 3,805,303 habitants, n'avaient fourni que 6,641 membres. Le diocèse de Fribourg, avec ses 1,280,004 catholiques, n'en comptait que 6,000, celui de Strasbourg (782,000 catholiques) que 500, celui de Metz (472,000 catholiques) que 1,000. Le diocèse de Breslau (2,014,000 catholiques), le diocèse d'Ermeland (410,226), celui de Kulm (619,313), n'avaient pas encore eu le temps de s'occuper d'une propagande active. Mais à présent l'impulsion est donnée, et rien que dans ces derniers mois un mouvement très considérable s'est dessiné sur toute la ligne. Il y a eu dans chacune des provinces retardataires d'immenses réunions, le 1er octobre, à Augsbourg, le 9, à Neustadt en Silésie, le 20, à Offenburg (Bade), le 6 novembre, à Strasbourg, etc., et l'éloquence de Lieber a fait merveille. On annonce, de tous côtés, que les adhésions arrivent en foule et qu'en Bavière et en Alsace l'action du *Volksverein* est particulièrement féconde.

A la fin du mois de septembre dernier, le comité directeur a inauguré, à München-Gladbach, ce qu'on a appelé l'*Université populaire*, c'est-à-dire une série de cours d'économie politique et sociale. Unique en son genre, cette initiative intéressante aura les conséquences les plus heureuses pour l'œuvre. Les 600 prêtres, instituteurs, journalistes, fabricants qui ont suivi ces cours ont emporté, dans toutes les directions de l'Allemagne, le désir très arrêté de se dévouer au *Volksverein* et d'imiter l'exemple des Rhénans, des Westphaliens et des Wurtembergeois.

Quand viendront les élections du Reichstag, — en 1895, — les cadres de l'armée catholique seront organisés dans les coins les plus ignorés de l'Empire : ce sera un jeu de la mobiliser !

Les socialistes s'en aperçoivent, et au récent congrès de Berlin leurs espérances avaient singulièrement baissé. Ils constatent avec tristesse que si Windthorst a disparu, son œuvre lui survit et que la tour du Centre, gardée et défendue par le *Volksverein*, est plus inébranlable que jamais !

IV

ORGANISATION D'UN ENSEIGNEMENT SOCIAL

ORGANISATION D'UN ENSEIGNEMENT SOCIAL

L'UNIVERSITÉ POPULAIRE DE MUNCHEN-GLADBACH

Le *Volksverein* catholique, dont il est question dans le chapitre précédent, a pris l'initiative d'une série de réformes ou d'innovations qui exerceront peut-être une influence décisive sur la marche des choses en Allemagne. Créée hier seulement, cette association a déjà une histoire et une histoire glorieuse. Prudente et hardie à la fois, elle a poussé des reconnaissances dans les directions les plus diverses; elle a découvert des horizons inaperçus, frayé des voies nouvelles, et chacune de ses étapes a été marquée par la fondation de quelque œuvre d'une grande portée sociale.

De toutes ces institutions l'*Université populaire* de München-Gladbach est incontestablement l'une des plus originales et la plus riche d'espérances.

Université populaire! Ces deux mots accouplés hurlent de se trouver ensemble; car qui dit université dit enseignement supérieur, élite intellectuelle ou sociale, et par conséquent exclusion de l'élément populaire. Aussi ce nom n'a-t-il été primitivement qu'un sobriquet, et les libéraux allemands qui s'en sont servi pour désigner l'œuvre catholique y attachaient un sens injurieux. Ils pensaient la discréditer en l'accueillant par des railleries.

Les catholiques ne se sont pas laissé démonter par les sarcasmes de leurs adversaires. Le but du *Volksverein* était d'organiser périodiquement des cours de science économique et sociale sur différents points de l'Empire. Lorsque les libéraux, par jalousie ou par peur, essayèrent de faire échouer l'entreprise en appelant ces cours *Université populaire*, les catholiques acceptèrent le surnom comme étant de bon augure. Contrairement à ce que l'on avait attendu, l'ironie ne mordait pas sur eux.

Le comité de l'*Association populaire*, qui a pour principe de faire plus de besogne que de bruit, n'aurait pas voulu affubler lui-même son enseignement social du nom ambitieux d'*université*. Mais du moment qu'on lui imposait ce titre, il n'eut garde de le repousser. D'ailleurs le cours de München-Gladbach n'était-il pas populaire dans un certain sens ? N'était-ce pas le bien du peuple qu'on avait en vue, les intérêts du peuple qu'on se proposait d'étudier ?

Tout pour le peuple : c'est la devise du *Volksverein!* Dès lors le nom d'université populaire était justifié ; on s'y résigna sans peine, et aujourd'hui la presse du Centre l'emploie constamment quand il s'agit des cours de München-Gladbach.

Ce que les catholiques allemands ont réalisé l'automne

dernier avec le plus grand succès constitue une leçon et un exemple qui ne devraient pas être perdus pour les catholiques des autres pays. Partout se posent les mêmes problèmes difficiles ; partout il est urgent de trouver des solutions pratiques. Solutions et problèmes, il faut donc les étudier si l'on ne veut être pris au dépourvu. A München-Gladbach, le *Volksverein* a fait un essai qui a réussi au delà de toute attente. Il serait sans doute téméraire de vouloir transplanter ailleurs l'Université sous sa forme germanique. Chaque pays a ses habitudes d'esprit, ses misères propres et ses remèdes particuliers, et ce qui convient à l'un ne convient pas à l'autre. Mais ce qui doit être commun à tous, c'est l'amour du peuple, la volonté ferme de lui venir en aide, d'adoucir ses maux et de le préserver ainsi de ces crises terribles qui coûtent quelquefois la vie à une nation.

A ce point de vue, l'étude de l'Université populaire de München-Gladbach est des plus instructives. Dans les pages qui vont suivre, on s'est efforcé de présenter au lecteur une vue synthétique de ces cours sociaux et d'indiquer brièvement leur importance et leur organisation.

I

§ 1. — *Ignorance de la question sociale.*

Dans son *Introduction à la science sociale*, Herbert Spencer fait une réflexion très judicieuse sur l'ignorance de la plupart des hommes, même instruits, pour tout ce qui concerne les problèmes sociaux et sur l'aplomb imperturbable avec lequel ils parlent néanmoins de ces questions délicates. « Un mathématicien, dit-il, qui accepte ou repousse les vues du professeur Tait sur la valeur des quaternions dans les recherches relatives à la physique, ouvrirait de grands yeux si une personne dépourvue de toute instruction mathématique venait exprimer une opinion arrêtée sur la question... Pourtant si nous prenons ce même savant qui s'est voué à la recherche des lois de la quantité et si nous lui demandons son opinion individuelle sur un point de politique sociale, il répondra avec promptitude supposant que dans ces questions, où les facteurs des phénomènes sont si nombreux et si complexes, un examen superficiel des hommes et des choses suffit pour porter des jugements sérieux. »

Rien de plus fondé que cette critique. Les esprits « chez lesquels les conceptions des actions sociales sont des plus rudimentaires », qui ont « les notions les plus extravagantes sur la causalité en matière sociale », se croient capables de réformer la société et résolvent les difficultés les plus épineuses, sans même se donner la peine de les étudier auparavant. Est-ce qu'en politique et en sociologie on a besoin d'études préparatoires, d'une initiation quelconque? L'homme doit agir; il est obligé de voter, de se décider avant de voter; il lui faut conclure de son mieux d'après les informations dont il dispose.

Ainsi parlent des hommes d'ordinaire très sensés, et le philosophe anglais ajoute avec raison : « Nous avons le droit d'être surpris que les classes douées d'une culture scientifique ne fassent pas preuve de plus d'esprit, de méthode que les autres dans la façon dont elles interprètent les phénomènes sociaux. » On dirait qu'ici tout le monde peut se donner le luxe de radoter. Comme dans la fable :

L'éléphant lui-même étant écouté,
Tout sage qu'il est dit des choses pareilles.

L'ignorance produite et entretenue par ce préjugé ridicule est grosse des plus graves dangers.

Elle engendre d'abord l'indifférence et l'inaction des classes élevées. Est-il un spectacle plus effrayant que la sérénité ou plutôt le calme insouciant avec lequel la plupart des familles riches assistent à l'effondrement de la société? Prenons, par exemple, telle grande ville où l'on est à la merci de la démocratie révolutionnaire. Les clubs, les théâtres, les salons, les bals sont le rendez-vous de milliers de jeunes gens qui n'ont eu que la peine de naître et qui vivent heureux et contents au milieu d'une population immense toute frémissante de colères socialistes. Combien en est-il qui se préoccupent de la question sociale, si ce n'est peut-être à l'approche du 1er mai, et encore ! Combien qui songent à l'imprudence qu'il y a à se désintéresser dans un conflit où il y va de leur fortune et de leur vie ? Et pourquoi cette apathie, cet aveuglement ? Parce qu'on ne sait pas. En vain des publicistes clairvoyants, — véritables Cassandres, — montrent les gros nuages suspendus au-dessus de nos têtes ; en vain leurs écrits signalent le péril social qui nous enveloppe de toutes parts. On ne prête aucune attention à leurs lugubres prédictions. On ignore même leur voix, et tandis que ces nouveaux prophètes crient dans le désert, chacun s'en va à ses distractions, à ses plaisirs, à ses amusements.

Il y a quelques années, j'ai vu à je ne sais quelle Exposition un tableau qui, au point de vue social, était terriblement suggestif. La scène représentait une sortie de bal par une froide matinée d'hiver. De gracieuses mondaines, d'élégants dandys quittaient l'hôtel luxueux où ils s'étaient divertis jusqu'au matin. Ils avaient le sourire aux lèvres et l'amour dans les yeux ; de chaudes pelisses couvraient leurs épaules et des domestiques en livrée leur ouvraient la portière de confortables coupés. A côté, dans l'obscurité, sinistres, les yeux grands ouverts, des chiffonniers hagards arrêtaient un instant le dépouillement des immondices bourgeoises et aristocratiques et regardaient passer cette féerique vision. Les heureux du monde n'apercevaient pas ces témoins redoutables de leur insolente richesse. Les dernières mélodies ou les dernières déclarations d'amour chantaient encore à leurs oreilles, et ils rêvaient déjà au bal suivant; les chiffonniers, eux, reprenaient leur ignoble besogne avec un éclair de haine dans le regard.

N'est-ce pas en quelque sorte l'image fidèle de ce qui se passe autour de nous? On ne se soucie ni de la misère, ni des colères soulevées par les inégalités sociales. On n'a pas l'air de se douter du réveil qui suivra fatalement cette somnolence coupable. On s'amuse comme si tout était pour le mieux dans le meilleur des mondes, comme si l'édifice social était toujours solidement assis sur sa base. Notre malheur, c'est que nous ne voyons pas le chiffonnier qui ricane et maudit dans l'ombre.

Cette ignorance des questions sociales a d'autres inconvénients non moins sérieux. « Plus les gens sont ignorants, dit Spencer, plus ils ont foi aux panacées et plus ils insistent pour les faire adopter. » A côté de ces mondains qui s'étourdissent volontairement il en est d'autres, — beaucoup trop rares, — qui entrevoient le danger et seraient même disposés à y porter remède. Animés d'intentions excellentes, ils veulent fortement; mais comme on l'a dit spirituellement, ils ne savent pas ce qu'ils veulent. N'étant pas au courant des problèmes dont la solution implique le salut ou la ruine de l'ordre social, ils piétinent sur place et se livrent à une agitation stérile. Simplistes à l'excès, les uns croient à l'efficacité des panacées et passent leur temps à rêver la médecine qui guérira du coup toutes les plaies sociales. Tout en prédisant la cessation de tous les maux pour le jour où leur idée serait réalisée, ils se contentent de prononcer de beaux discours et se reposent ensuite sur leurs lauriers oratoires. Ce sont des moulins qui tournent à vide. D'autres agissent, se dépensent, mettent leur intelligence ou leur bonne volonté au service des pauvres. Mais faute d'expérience et de science ils s'engagent dans une fausse voie. Députés, ils prennent l'initiative ou la défense de lois insensées dont l'application hâterait l'avènement du socialisme; publicistes, ils exposent des théories qui ne le cèdent en rien aux élucubrations d'un lassallien; hommes d'action, ils éveillent dans les masses populaires des appétits qu'il est dangereux d'exciter. Ils promettent plus que la société ne saurait tenir, et dès lors le prétendu remède devient pire que le mal.

De part et d'autre, l'action sociale aboutit à un triste avortement; le résultat de tant d'efforts est presque nul et on peut ajouter que plus d'une fois il est funeste. On ne marche pas du tout ou l'on marche de travers parce qu'on ignore le chemin.

§ 2. — *Idée de l'Université populaire.*

C'est pour combattre cette ignorance, qui existe plus ou moins dans tous les pays, c'est pour reculer ses bornes que le comité de direction du *Volksverein* a résolu d'organiser à München-Gladbach un enseignement social à la fois théorique et pratique. Les catholiques allemands, nous avons déjà eu l'occasion de le constater, n'ont pas attendu que la question sociale fût entrée dans sa période aiguë pour en faire l'objet d'études consciencieuses. A l'école de l'évêque Ketteler s'est formée toute une pléiade d'économistes et de sociologues dont les ouvrages sont classiques en pays tudesque. La question ouvrière, la question agraire, la question des corps et métiers, la question sociale dans ses rapports avec le christianisme, la lutte du socialisme et de l'Église, tous ces problèmes et beaucoup d'autres ont été traités avec une ampleur d'informations, une hauteur de vues et un sens pratique qui assignent à ces travaux une place à part dans la littérature économique et sociologique de l'Allemagne.

A l'abbé Hitze, — c'est toujours par lui qu'il faut commencer, — nous devons un certain nombre de monographies de premier ordre : *Capital et Travail, la Question sociale, Quintessence de la Question sociale, les Devoirs des patrons, Protection à l'ouvrier, Protection au métier,* pour ne rappeler que les volumes les plus connus. Citons aussi : *la Question sociale et l'Ordre social*, le quatrième volume si remarquable de *l'Apologie du christianisme*, du P. Weiss; *la Politique sociale de l'Église*, par Albertus[1]; *la Volkswirthschaft* et *l'Histoire de la charité*, de l'abbé Ratzinger; les nombreux et savants volumes du docteur Jäger sur *la Question agraire, la Question des artisans, l'Histoire du socialisme*, les travaux de Fassbender sur l'agriculture et les paysans, *les Essais et Discours* du baron de Volgelsang et ceux du baron de Hertling; *les Études sur le christianisme et les grandes questions du jour*, par le professeur Stöckl; *l'Action sociale de l'Église catholique*, par le jésuite Hammerstein; la collection des volumes sur la question sociale publiés par les rédacteurs des *Stimmen aus Maria Laach :* Cathrein, Mayer, Pachtler, Lehmkuhl; *le Socialisme et les Patrons*, du P. Andelfinger; *l'Action sociale de l'Église d'après les protestants*, par Heinrich; *les Œuvres sociales de dom Bosco*, par l'abbé Mehler...; et l'énumération serait longue encore.

Les livres de politique économique et sociale ne manquent donc pas à ceux d'entre les catholiques allemands qui ont à cœur de s'occuper de ces questions. Par malheur, le livre reste toujours en quelque manière lettre morte ; il n'est point un instrument d'apostolat.

1. Sous le pseudonyme d'*Albertus* se cache un écrivain catholique très distingué : c'est le *baron de Gruben*, mort il y a trois ans. Le baron de Gruben a aussi publié deux poèmes sur le pseudonyme de M. de Born.

Lorsque le Christ fonda son Église, il ordonna à ses disciples de parler et non pas d'écrire, et les récits évangéliques, les actes et les épîtres du Nouveau Testament sont pour ainsi dire des écrits de circonstance. L'enseignement oral est plus vivant, plus suggestif ; il atteint mieux son but que la parole simplement écrite. Voilà pourquoi le *Volksverein* eut l'idée d'ouvrir un cours de sociologie pratique à München-Gladbach.

L'Université populaire, — puisque université il y a, — parut d'autant plus utile qu'elle permettait de présenter à un nombreux auditoire comme la synthèse de la science sociale. Les éléments de cette science sont éparpillés dans des centaines de volumes que peu de personnes se procurent, soit qu'on ne les connaisse pas, soit qu'on manque de ressources pour les acheter. Et, eût-on de quoi enrichir sa bibliothèque de tant d'ouvrages, trouverait-on le temps, aurait-on le courage de les lire? C'est un travail bien ardu d'étudier un seul des gros volumes de Hitze, de Jäger, de Cathrein ! Que serait-ce s'il fallait s'assimiler par une lecture suivie toute la littérature dont nous avons parlé plus haut? Excepté quelques spécialistes intrépides, il est peu de gens qui consentent à se soumettre à un pareil labeur.

Le cours de München-Gladbach fut conçu de façon à obvier à tous ces inconvénients et à rendre plus aisée l'étude d'ensemble des grands problèmes sociaux. Cela ressort clairement du programme publié par le comité du *Volksverein* quelques mois avant l'ouverture du premier semestre.

« Les conférences, y est-il dit, devront embrasser les questions essentielles du vaste domaine social. On insistera beaucoup sur les principes en même temps qu'on s'efforcera d'indiquer la connexion étroite de la théorie et de la pratique. »

Passant aux divers buts du cours, le programme les résume comme il suit :

1) Montrer l'importance des questions sociales, la part que les classes dirigeantes et spécialement le clergé doivent prendre à la solution de ces problèmes. Éveiller le goût et l'amour des études sociologiques.

2) Marquer le lien qui rattache les unes aux autres les différentes questions, mettre en lumière les principes auxquels obéira le législateur quand il s'agira de lois ouvrières.

3) Traiter à fond, — autant que le temps le permettra, — les questions théoriques et pratiques ; ouvrir aux étudiants des horizons nouveaux et surtout leur fournir les indications bibliographiques à l'aide desquelles il leur sera facile de compléter leur éducation.

4) Établir des relations personnelles entre les maîtres de la science sociale et leurs auditeurs : contact fécond pour l'avenir, également utile aux uns et aux autres.

Les points essentiels du programme arrêtés, restait à déterminer le lieu du rendez-vous, l'époque la plus propice aux cours, et la forme même de l'enseignement universitaire. Ici encore le comité du *Volksverein* procéda avec une admirable sagesse. Tout fut combiné de manière à rendre certain le succès de l'entreprise.

§ 3. — *Siège de l'Université populaire et époque des cours.*

On ne fut pas long à chercher quelle ville d'Allemagne se prêterait le mieux à l'établissement de l'Université populaire : München-Gladbach était tout désigné. Située dans la vaste plaine qui s'étend entre Aix-la-Chapelle et Dusseldorf, cette ville est l'un des centres manufacturiers les plus importants de la province rhénane. Il y a un siècle, c'était une humble bourgade de 2,000 habitants à peine. Aujourd'hui l'ancien Gladbach des moines — qui doit son origine et son nom à une abbaye de Bénédictins fondée en 972 — compte une population de 50,000 âmes, catholiques en grande majorité. L'industrie cotonnière y fut introduite à la fin du XVIIIe siècle. Elle s'y développa rapidement et, en ce moment, les filatures de München-Gladbach occupent 350,000 broches produisant ensemble 24,000 tonnes de filés chaque année. Les tissages renferment environ 11,000 métiers. Pour être complet, il faut ajouter que la ville possède en outre une industrie métallurgique assez considérable.

Cette multitude d'usines où fourmille une population énorme fait que München-Gladbach est, au point de vue social, un centre très important. Toutefois son importance provient encore davantage des institutions ouvrières et des œuvres sociales de toute nature que le clergé et les patrons catholiques y ont fait surgir du sol dans ces dernières années. C'est ici que l'abbé Hitze et ses amis ont fondé et fixé la célèbre Société industrielle *Arbeiterwohl*, dont l'influence est si profonde en Allemagne. Ici se trouve également le siège du *Volksverein* catholique, qui justifie dès aujourd'hui les hautes espérances qu'on avait fondées sur lui. En dehors de ces grandes œuvres dont l'action s'étend à tout l'Empire, München-Gladbach possède le type de presque toutes les institutions destinées à améliorer le sort des ouvriers.

Grâce à l'initiative de l'abbé Hitze et de ses collègues, de M. Brandts et de quelques autres industriels, on y a réalisé d'avance toutes les réformes que les récentes lois ouvrières ont imposées à l'industrie allemande. Chaque misère, chaque besoin, on pourrait dire chaque aspiration de l'ouvrier a été prise en sérieuse considération.

Les familles sont, en général, logées coquettement dans des maisons aménagées avec le plus grand soin. Rien n'est bienfaisant comme la vue de ces petites cités ouvrières où règnent l'ordre, la propreté, la gaieté, la paix. C'est que dans la plupart de ces ruches, la reine, c'est-à-dire la mère, est à son poste d'honneur. Les établissements Brandts et plusieurs autres exigent que la femme cesse de fréquenter l'usine à partir du jour de son mariage. Sa place, croit-on à juste titre, est au foyer, auprès de ses enfants qu'elle doit élever : à la cuisine où elle a à préparer les repas de son mari ;

dans son logement qu'elle a la mission de rendre aussi agréable que possible.

Heureuses populations ouvrières où ce principe d'ordre et de moralité a triomphé de l'égoïsme des patrons et des ouvriers eux-mêmes ! Avec elles on n'a pas à redouter l'explosion des colères socialistes : l'agitation révolutionnaire n'y a aucune prise ! Aussi München-Gladbach reste à l'abri des orages qui se déchargent avec tant de violence sur d'autres villes manufacturières. Pour s'en apercevoir, il suffit d'y passer quelques heures, de visiter quelques usines, de traverser le flot des ouvriers au moment où il s'écoule. Les figures n'ont rien de sombre ni de méchant. Les ouvriers sont gais, polis, et je crois que nulle part je n'ai été salué autant qu'à München-Gladbach, surtout par la jeunesse.

Ce spectacle, comme la visite des nombreuses maisons, cercles, hospices, etc. [1], est par lui-même un enseignement précieux, et c'est pour cette raison que les organisateurs de l'Université populaire ont songé dès l'abord à München-Gladbach.

1. Dans son ouvrage remarquable, *Musterstätten persönlicher Fürsorge von Arbeitgebern für ihre Geschäftsangehörigen*, M. le docteur Post consacre aux institutions ouvrières de München-Gladbach des chapitres extrêmement élogieux. Le premier volume de cette vaste enquête a paru il y a trois ans et était consacré aux œuvres concernant les *enfants* et les *jeunes ouvriers*. Le second volume, qui a trait aux *ouvriers adultes*, a paru au commencement de cette année 1893. Ils constituent tous les deux une mine inappréciable où devront puiser tous ceux qui étudient les questions ouvrières.

Les cours d'économie politique et sociale, projetés par le *Volksverein*, ne pouvaient se prolonger une partie de l'année, puisqu'on s'adressait au clergé, aux instituteurs, aux industriels, c'est-à-dire à des gens qui sont dans l'impossibilité de s'absenter longtemps. Il fallait tenir compte de ces conditions spéciales, réduire la durée du cours à un minimum et choisir le temps où la plupart des étudiants présumés seraient libres. Autant dire que l'époque des vacances s'imposait. Mais l'automne est aussi le terme fixé pour les grandes réunions catholiques, et il était prudent de ne pas nuire à l'œuvre naissante en faisant coïncider le cours avec quelque autre congrès. On résolut de s'arrêter au dernier tiers du mois de septembre. Vers ce temps-là, le cycle des congrès est à peu près clos. L'assemblée générale des catholiques d'Allemagne, les assemblées provinciales, les réunions de l'*Arbeiterwohl* et de toutes les autres œuvres ont terminé leurs travaux, et il reste encore quelques jours avant la fin des vacances scolaires. C'était le moment le plus favorable pour tenter le sort et on le tenta.

On avait d'ailleurs discuté préalablement la forme de l'enseignement social. Lors du congrès de Mayence, la question fut soulevée à l'une des commissions et j'assistai à des débats curieux qui montraient combien l'Université populaire passionnait toutes les classes de la population catholique. L'abbé Wassermann avait déposé au bureau du congrès la proposition suivante :

« La trente-neuvième assemblée générale des catholiques d'Allemagne salue avec joie l'organisation du cours social pratique et exprime le désir que beaucoup de catholiques se rendent à München-Gladbach. » L'abbé Hitze profita de la circonstance pour parler de l'importance de l'œuvre, de la forme et de la nature de l'enseignement qu'on allait inaugurer. Il annonça qu'on assisterait à de véritables conférences, faites par les hommes les plus compétents dans chaque branche de la science sociale. Alors un ouvrier se leva tout à coup et demanda la parole. A son avis, le simple ouvrier, l'artisan devrait pouvoir prendre part à ce cours; il a une expérience que les hommes de livres, que le prêtre lui-même ne possèdent pas. — Mais à quel titre, répliqua l'abbé Hitze, l'ouvrier interviendrait-il? A titre de professeur ou à titre d'étudiant? Quoique l'ensemble des cours soit plus spécialement calculé pour des auditeurs d'une certaine culture, rien n'empêche l'artisan d'y venir assister, et s'il le désire, il peut même se faire inscrire comme professeur. — Cette réponse ne satisfit point notre homme. — Ni professeur, ni simple étudiant, s'écria-t-il, mais codélibérant. — L'abbé Hitze n'eut pas de peine à expliquer qu'une Université n'est pas une assemblée délibérante, et que par conséquent on ne pouvait tenir compte d'une réclamation de ce genre.

Si je rappelle cet épisode du congrès de Mayence, c'est que malgré la fin de non-recevoir formulée par l'abbé Hitze, l'objection présentée par l'ouvrier ne fut pas inutile. Le principe primitivement adopté fut maintenu, sans doute ; mais nous verrons tout à l'heure qu'il est avec le ciel des accommodements. Sans renoncer au système des cours, on trouva moyen de permettre au plus humble auditeur de placer son petit mot, dans l'hypothèse où il avait à en placer un. De la sorte on donnait satisfaction à tout le monde et on multipliait les chances de succès.

§ 4. — *Professeurs et élèves de l'Université populaire.*

Le terrain était merveilleusement préparé ; on pouvait aller de l'avant et lancer des invitations dans toutes les directions de l'Allemagne. Comme bien l'on pense, ce ne fut point sans une certaine inquiétude que les organisateurs attendirent les premiers résultats de leur hardie initiative. Quel accueil le public sérieux ferait-il à l'idée d'une Université populaire ! Le programme était rédigé — et avec un art qui trahissait la main habile de l'abbé Hitze ; — les professeurs étaient désignés — et quels professeurs ? Quelques-uns des sociologues et des économistes les plus éminents de l'Allemagne ; — une ville industrielle offrait gracieusement l'hospitalité à ces étudiants d'un nouveau genre ! Mais ces étudiants eux-mêmes viendraient-ils ? La glace serait-elle rompue dès le premier coup d'essai ? Autre chose est d'approuver une idée... de loin ; autre chose de contribuer à sa réalisation immédiate. Combien des congressistes de Mayence, qui votèrent la proposition

Wassermann, se mettraient en route pour München-Gladbach ? Et si cette première tentative échouait, l'idée elle-même de l'Université populaire ne serait-elle pas tuée ?

Heureusement l'enthousiasme du clergé et de beaucoup de fidèles mit bientôt fin à ces perplexités. Des milliers de personnes eussent voulu suivre les cours de sociologie qui promettaient d'être si intéressants. Le défaut de loisirs ou de ressources en empêcha un grand nombre de se faire inscrire, mais d'autres, plus fortunés ou plus libres, se décidèrent, et les adhésions ne tardèrent pas à affluer au secrétariat du *Volksverein*. Dans la meilleure des hypothèses, on avait compté sur 200 ou 250 étudiants, et c'eût été déjà un auditoire très respectable. Ce chiffre fut largement dépassé. Dès l'ouverture des cours, il y eut environ 600 inscriptions, ce que les plus optimistes n'auraient même pas osé rêver. Les hommes de bonne volonté étaient accourus de tous les points de l'Empire. D'après la liste que le docteur Pieper, le secrétaire du *Volksverein*, a eu la gracieuseté de me communiquer, il y en avait de la Prusse orientale, de la Silésie, de la Bavière, du Wurtemberg, du grand-duché de Bade. Et chose à remarquer, des étrangers n'avaient pas craint de faire le voyage de München-Gladbach pour assister à la curieuse expérience tentée par l'abbé Hitze. Les États-Unis, le Danemark, l'Autriche, la Suisse, la Hollande, la Belgique étaient représentées à l'Université populaire par une ou plusieurs personnes. Il se trouva même dans l'assistance quatre prêtres français qui étaient venus de Paris, de Perpignan, de Toulouse et de Châtellerault[1].

L'élément ecclésiastique dominait, comme de raison. Le prêtre est par excellence l'homme du peuple. Plus que tout autre, il a le devoir de s'intéresser aux questions sociales, se souvenant de la parole du divin Maître : « J'ai pitié de la foule ! »

Avoir pitié de la foule, c'est la destinée de l'Église, c'est la mission de ses pasteurs. Les deux cents prêtres qui assistaient au cours de München-Gladbach étaient donc à leur place, et ils montraient par leur présence qu'ils avaient réellement l'intelligence du pauvre.

Parmi les autres classes de la société qui figuraient sur les registres de l'Université populaire, je signalerai entre autres 83 professeurs ou instituteurs, 53 industriels et commerçants, 33 avocats et magistrats, 22 ré-

1. Ces Messieurs ont choisi le bon moyen de connaître l'organisation des œuvres catholiques en Allemagne. A la suite de mes articles du *Correspondant*, bien de jeunes prêtres m'ont écrit pour me dire qu'ils désireraient aller passer quelques semaines en Allemagne dans un milieu propice aux études sociales. L'idée est excellente. Le clergé allemand sera heureux de les recevoir. L'abbé Falk, un historien très connu en Allemagne, m'a écrit pour me dire qu'il sera heureux de donner l'hospitalité dans son presbytère (à Alzei par Mayence), à des prêtres français qui voudraient étudier *de visu* les œuvres catholiques d'Allemagne. Quelques-uns de ses collègues, entre autres le curé Wassermann, de Mayence, feraient de même. L'abbé Falk, parlant bien le français, il suffira de s'adresser à lui pour avoir tous les renseignements désirables. Je crois rendre service à mes lecteurs ecclésiastiques en leur fournissant ces indications.

dacteurs et publicistes, puis des hommes politiques, des médecins, des ingénieurs, etc.

München-Gladbach, on le voit, avait attiré un auditoire d'élite. Culture intellectuelle, science de la vie, position élevée, désir de s'instruire, rien ne leur manquait. Le corps enseignant ne devait naturellement pas être au-dessous de sa tâche. On avait eu soin d'engager des maîtres estimés pour leurs vastes connaissances ou leur activité sociale. Des 17 professeurs qui enseignèrent à l'Université populaire, il n'en est aucun qui ne soit avantageusement connu en Allemagne.

Le nom de l'abbé Hitze est pour ainsi dire devenu synonyme de question sociale. Le député Brandts, président, et le docteur Trimborn, vice-président du *Volksverein*, le landrath (sous-préfet), Brandts, de Dusseldorf, le docteur Jäger, de Spire, Mgr Schäffer, président de l'œuvre des *Gesellenvereine*, le curé Schmitz, de Crefeld, les PP. Lehmkuhl, Baumgartner, Pesch et Cathrein, de la Compagnie de Jésus, sont, à divers titres, des savants, des écrivains, des hommes d'action, dont l'Église d'Allemagne a le droit de s'enorgueillir. L'abbé Oberdörfer, de Cologne, le docteur Brull, de München-Gladbach, le professeur Schäfer, de l'Académie de Munster, l'avocat Strauven qui, jusqu'à ces derniers temps a été le secrétaire du *Bauernverein* rhénan, l'archiprêtre Braun, de Wurzbourg, complétaient dignement le collège professoral nommé par le recteur de la jeune Université.

Professeurs et étudiants étaient prêts : il s'agissait

de commencer. La première réunion officielle de l'Université eut lieu le 19 septembre, au soir. Les étrangers étaient déjà arrivés en grand nombre, les uns la veille, les autres le jour même. On leur souhaita la bienvenue par l'une de ces fêtes cordiales qui ouvrent les congrès catholiques en Allemagne et en font l'un des plus grands charmes. Plus de 300 étudiants étaient à ce rendez-vous et les cœurs ne tardèrent pas à se rapprocher au cliquetis des verres.

M. Brandts, remplissant les fonctions de *curateur*, commença son discours d'ouverture par ce salut si touchant et si cher aux catholiques : « Loué soit Jésus-Christ ! » Il parla avec chaleur de la question sociale, de son acuité, de ses difficultés, et montra qu'il était nécessaire de diminuer le gouffre qui s'est creusé entre les différentes classes de la société. « Comme conclusion de vos études, s'écria-t-il, vous prendrez tous la résolution de fonder des cercles ouvriers. Dans ces associations vous apprendrez aux travailleurs qui luttent pour leurs droits que cette lutte ne sera vraiment efficace que s'ils se maintiennent sur le terrain du christianisme. Et, d'autre part, vous ferez comprendre aux classes élevées qu'il ne leur est pas permis de rester indifférentes, et qu'il est au contraire de leur devoir de coopérer à la réforme sociale. »

C'était entrer immédiatement au cœur même de la question.

Les orateurs qui prirent ensuite la parole au nom de leurs provinces, le chanoine Rosentreter, de Peplin, le curé Bruchner, de Holzhausen, le rédacteur Eckard, de Stuttgard, l'abbé Braun, etc., applaudirent à la vaillante initiative du *Volksverein*. Enfin l'abbé Hitze remercia les nombreux élèves venus à München-Gladbach et exprima l'espoir que la jeune Université sera un bienfait pour le peuple chrétien et les ouvriers.

Le lendemain, à huit heures, tout le monde se rendit à l'église pour assister à une messe solennelle du Saint-Esprit. Le caractère chrétien de l'Université populaire fut ainsi affirmé une fois de plus en même temps qu'on attirait sur elle les bénédictions d'en haut. Le service divin achevé, on gagna la grande salle du *Gesellenhaus* et on se mit à l'œuvre.

Ce furent dix jours d'un travail opiniâtre!

§ 5. — *Programme et forme de l'enseignement de l'Université populaire.*

A l'Université populaire chacun sut remplir son rôle avec un zèle et une exactitude qu'on chercherait en vain dans les Universités les plus laborieuses. On s'en convaincra si l'on parcourt le programme de l'enseignement et si l'on passe en revue le travail qui était fourni dans une journée.

La disposition du programme était admirablement comprise. Non seulement il comportait des sujets d'études très divers, puisqu'il embrassait toute la science sociale, mais on avait varié la forme même de l'enseignement de façon à éviter la monotonie et la fatigue. S'il m'était permis d'employer une terminologie un peu trop scolaire, je dirais qu'on avait organisé quatre séries d'exercices : des cours didactiques, de libres discussions où chacun pouvait intervenir, des leçons de choses et des échanges familiers d'idées autour de la blonde bière. Ces exercices multiples avaient tous leur importance et leur incontestable utilité.

Les cours commençaient à neuf heures et continuaient sans interruption jusqu'à midi et le plus souvent jusque vers une heure. Il y en avait trois chaque matin. Pour des auditeurs ordinaires, c'eût été beaucoup peut-être ; une attention soutenue de trois à quatre heures exige des efforts dont n'est pas capable qui veut, surtout lorsqu'il s'agit de matières aussi difficiles que les problèmes économiques et sociaux. Les étudiants de München-Gladbach ne faiblirent point. On les vit suivre régulièrement et persévérer jusqu'au bout. Une bonne tête carrée ne recule jamais du moment qu'il est question d'absorber de la science à haute dose.

On avait eu soin d'ailleurs de mettre à contribution trois professeurs différents tous les matins. Les auditeurs se reposaient en passant d'un professeur à un autre, d'un thème à un autre. Pour les mettre en état de mieux profiter de ce qu'ils entendaient on leur avait remis des sommaires de chaque cours. A l'aide de ces fils conducteurs, il leur était facile de se retrouver au milieu des développements les plus arides. Les digressions même ne les gênaient pas ; en consultant leurs feuillets, ils étaient sûrs de ne pas s'égarer. La plupart prenaient des notes et c'était touchant de voir ces prêtres, ces magistrats, ces industriels, quelques-uns de vieux barbons, sténographier durant des heures comme de jeunes élèves. Visiblement, ce n'était pas une simple curiosité qui les avait amenés là de tous les horizons de l'Allemagne. Ils étaient venus pour s'instruire et se rendre aptes à remplir leur devoir social.

Le même esprit animait tout le monde, professeurs et étudiants. A vrai dire, professeurs et étudiants se confondaient plus ou moins. En effet, le cours achevé, le professeur quittait la chaire et allait s'asseoir au milieu des étudiants, tandis que l'un de ceux-ci sortait du rang pour prendre sa place. C'était une forme nouvelle de l'enseignement mutuel. On était tour à tour maître et disciple, et le maître qui occupait la chaire n'était toujours que le premier d'entre les égaux.

Après trois ou quatre heures de cours, l'esprit éprouvait le besoin de se détendre. Mais le temps était précieux, le cycle scientifique à parcourir très long, et on n'avait que dix jours à sa disposition. Aussi fallait-il trouver le moyen de se délasser tout en s'instruisant. Ce moyen fut trouvé.

L'Université populaire était au premier chef un cours pratique de science sociale. Enseigner est bien ; montrer les applications de la théorie vaut mieux encore. Le recteur magnifique et le curateur consacrèrent les après-midi à faire les honneurs des admirables œuvres sociales de München-Gladbach. A peine avait-on déjeuné qu'on se mettait en route pour visiter les institutions ouvrières dues principalement au zèle de M. Brandts et de l'abbé Hitze. Elles sont nombreuses, comme nous le disions tout à l'heure, et il y avait de quoi captiver l'attention des étudiants pendant les dix jours. Œuvres pour les jeunes gens, œuvres pour les jeunes filles, organisation des usines, habitations ouvrières, cuisines économiques, écoles ménagères, etc., plus d'un visiteur découvrit un monde inconnu dont il n'avait pas soupçonné l'existence. Il arrive parfois que les patrons se plaignent de ne savoir comment s'y prendre pour résoudre la question sociale au milieu de leurs ouvriers. Le spectacle que présente München-Gladbach est de nature à les encourager, en même temps qu'il leur enlève toute excuse. Avec de l'intelligence, de la bonne volonté, de l'esprit de sacrifice, — argent et dévouement personnel, — quelques industriels de cette cité ont réussi à grouper leurs ouvriers en une grande famille où règnent l'union, la concorde et l'harmonie.

On devine l'intérêt qu'offraient aux étudiants de telles visites à travers les usines, les casernes ouvrières, les hospices et les *Vereine*. Ces prêtres, ces industriels qui, chez eux, avaient rêvé de réorganisation sociale, voyaient tout à coup ce rêve prendre corps sous leurs yeux avec des combinaisons ingénieuses dont ils ne se seraient jamais douté. Combien cette démonstration par les faits donnait de force aux conférences théoriques du matin ! Comme le *Si isti cur non ego?* de l'Apôtre retentissait énergiquement dans ces cœurs généreux qui n'étaient venus demander la science que pour arriver plus sûrement à l'action !

Et si malgré toutes les explications, il restait dans les esprits quelque point obscur à éclaircir, les réunions du soir fournissaient l'occasion de faire jaillir la pleine lumière. On se retrouvait en effet à la fin de la journée dans un vaste local, où le travail reprenait de plus belle. Seulement ce n'était plus un exposé didactique, un cours auquel on assistait. L'un des professeurs choisissait dans le programme quelque question controversée, en indiquait les grandes lignes, puis ouvrait la discussion, à laquelle tout le monde pouvait se mêler. Toujours courtoises, ces joûtes étaient extrêmement intéressantes, voire même passionnantes. La question des droits d'entrée sur le blé, par exemple, a donné lieu à un échange d'idées qui a certainement rectifié les opinions toutes faites de plus d'un étudiant. Qui n'entend qu'une cloche n'entend qu'un son, dit le proverbe. Que de gens qui s'obstinent à ne vouloir entendre qu'une cloche, si cette cloche rend un son particulièrement agréable à leur oreille ! Dans une société complexe comme la nôtre il y a fatalement des intérêts contradictoires. Ce qui fait l'affaire des ruraux déplaît aux populations industrielles ; telle loi ou telle liberté favorise le développement économique d'une classe de la société et menace d'entraver celui d'une autre. Selon que l'on appartiendra à la première ou à la seconde, on combattra ou on défendra à outrance cette loi, cette liberté. On perd ainsi son temps et sa peine, alors qu'il faudrait chercher les solutions moyennes, presque toujours les seules possibles.

Les discussions de l'Université populaire avaient tout juste l'avantage de démontrer qu'en politique économique et sociale les idées absolues ne sont pas de mise et qu'il faut savoir se plier aux nécessités inéluctables du moment. Elles étaient une école de modération et de sagesse, et si l'on n'était pas toujours d'accord à la fin des séances, du moins chacun emportait la conviction que les choses ne sont pas aussi simples qu'il le pensait. Ce résultat n'est pas à dédaigner quand on songe avec quelle âpreté et quelle intransigeance beaucoup de sociologues prétendent d'ordinaire sauver la société.

A dix heures du soir les discussions prenaient fin, et l'abbé Hitze ou quelque autre professeur les résumait en dégageant les conclusions que comportait le sujet. La journée de travail était close.

Ce serait bien mal connaître l'Allemagne de croire qu'à la suite de ces travaux les étudiants aient éprouvé le besoin de se retirer. Après la tension de l'étude le repos de la libre causerie, et surtout la *gaieté humide*, pour employer le terme consacré ! Tout grisonnants qu'ils fussent la plupart, les étudiants de München-Gladbach ne dédaignaient pas les distractions de la jeunesse. On s'amusait chaque soir bien avant dans la nuit, on frottait des salamandres, on chantait, on déclamait, et les hommes les plus graves payaient leur tribut aux déités folâtres.

On dit que l'Allemand est raide et gourmé : l'observation n'est pas absolument exacte. Le caractère national, surtout dans les pays rhénans et dans le Sud, est plutôt une bonhomie cordiale, le *Gemüthlich*, ce quelque chose de charmant qui n'existe pas ailleurs et qu'aucun mot français ne saurait rendre d'une façon adéquate. La *Gemüthlichkeit* allemande se manifeste surtout à table devant un bock de bière. Alors le cœur s'ouvre, la langue se délie, et les rapports s'établissent tout naturellement de voisin à voisin. A München-Gladbach on tenait beaucoup à ce que des relations personnelles se nouent entre les étudiants et les professeurs. L'abbé Hitze les considérait comme l'un des principaux avantages de l'Université populaire. Par le fait même les réunions du soir avaient leur importance. Elles permettaient au plus humble vicaire, au jeune instituteur, de se présenter au savant, au député dont il avait lu les ouvrages, et de lui demander conseil.

Je sais bien que dans un salon les présentations peuvent se faire également, mais dans des conditions combien différentes ! Mettons qu'un jeune prêtre normand ou savoisien, rempli de bonne volonté, vienne à Paris assister à un congrès social où il entendra, je suppose, MM. de Mun et Claudio Jannet, Mgr d'Hulst, Mgr de Cabrières, MM. Picot, Lefébure, Cheysson, etc., et que le soir il rencontre ces mêmes personnages dans un salon. Aura-t-il l'occasion ou le courage de se faire présenter à eux, et s'il le fait qu'en résultera-t-il, sinon l'échange très rapide de quelque politesse banale ! De profit point. Pourtant quelle force pour ce prêtre si, en rentrant dans son pays, il pouvait dire à ses collègues, à ses ouvriers : « J'ai parlé à M. de Mun, à M. Claudio Jannet, l'un m'a dit ceci, l'autre cela ! »

Ce qui n'est pas possible en France l'est en Allemagne, grâce à la bière. Dans les réunions intimes de München-Gladbach, rien n'était plus aisé que d'aborder l'abbé Hitze, M. Brandts, etc., de les entretenir longuement, de recourir à leurs lumières. Les choses se passent avec une simplicité tout à fait piquante. Vous avez envie d'entamer une conversation avec quelque personnage important : rien de plus simple. Vous allez à la table où il est assis et vous vous installez à côté ou en face de lui ; à un moment donné, vous vous inclinez en disant : « Je suis Pierre ou Paul. » Celui qui est interpellé se nomme lui-même et la glace est rompue, quelque obscur que vous puissiez être. On cause amicalement comme si on se connaissait de longue date, et souvent des rapports sont noués qui subsistent toute la vie.

Pendant la quinzaine qu'a duré le cours de politique sociale, les étrangers installés à München-Gladbach avaient tout le temps de faire connaissance les uns avec les autres et, d'après les renseignements qu'on m'a transmis, le vœu de l'abbé Hitze a été exaucé. Les soirées ont été toutes consacrées aux rapprochements entre maîtres et étudiants. De même les fêtes auxquelles furent invités les hôtes de l'Université, fête musicale au parc et à la maison de Saint-Joseph, fête à l'hospice des jeunes ouvrières, fête au local des *compagnons*, et partout régnait la même franche cordialité qui supprimait les distances et ramenait tous, étudiants et professeurs, au niveau d'une affectueuse confraternité.

Ainsi les distractions comme les cours, la visite des œuvres comme les fêtes, contribuaient à instruire les étudiants et à rendre fécond le stage passé à l'Université populaire.

II

LES DOCTRINES DE L'UNIVERSITÉ POPULAIRE

On pourrait comparer les cours de politique sociale de München-Gladbach à un ouvrage illustré où de superbes gravures, faites pour le plaisir des yeux, expliquent et éclaircissent un texte de plus haut intérêt. Nous venons d'examiner, si je puis ainsi parler, la reliure du livre, de contempler les images qui l'ornent, d'admirer la belle ordonnance de l'ensemble. Il nous reste à parcourir le texte lui-même. *Arduum opus !*

Un gros volume ne suffirait pas pour analyser les nombreuses et longues conférences qui forment le cours : nous n'aborderons pas ce travail trop ingrat. Il faudra nous contenter d'indiquer les sujets qui ont été traités et d'effleurer quelques-unes des idées qu'on a exposées ou discutées, choisissant autant que possible ce qui intéressera davantage le lecteur français.

La question sociale est complexe : elle n'est pas seulement la question de l'ouvrier industriel, comme on se l'imagine quelquefois ; les conditions d'existence des diverses classes laborieuses, les périls qu'elles courent et qu'elles font courir à la société, tous ces problèmes, et d'autres encore, rentrent dans ce qu'on est convenu d'appeler la *question sociale.* A München-Gladbach, on les a discutés à peu près tous. Pour plus de facilité, nous allons classer ces cours multiples sous trois rubriques se rapportant aux trois principaux groupements ouvriers : les ouvriers de la terre, les ouvriers du métier et les ouvriers de l'industrie. Bien qu'elle soit purement artificielle, cette classification nous permettra de procéder avec plus d'ordre, plus de clarté, plus de méthode.

§ 1. — *L'Université populaire et les paysans.*

L'ouvrier de la terre, le paysan, a été le premier des ouvriers et, en dépit de toutes les transformations sociales, il demeure encore le plus important de tous. Socialement, moralement, économiquement, la population agricole est la base de l'édifice vacillant que nous habitons à la fin de ce XIXe siècle. Détruisez ou laissez se ruiner ce fondement, et l'édifice croulera, ensevelissant sous ses décombres toute l'organisation de la société actuelle. Il est donc juste que l'on s'occupe sérieusement de l'ouvrier du sol, qu'on vienne à son aide, qu'on empêche le petit paysan propriétaire d'être anéanti par l'usure, la concurrence étrangère, les exigences exorbitantes du fisc. Il faut lui tendre la main et, au besoin, le sauver malgré lui.

En Allemagne, la question agraire est actuellement au premier plan des préoccupations publiques. Il était naturel qu'elle figurât en bonne place au programme de l'Université populaire de München-Gladbach.

Le docteur Jäger l'a exposée avec la maîtrise qui distingue les travaux de cet éminent économiste. « Le sol, dit-il en substance, a une importance sociale exceptionnelle, mais il ne remplira vraiment sa mission que s'il nourrit un très grand nombre de paysans indépendants. La petite propriété rurale avec un heureux mélange de propriétés moyennes et grandes est la vraie condition de la paix sociale. »

Historiquement, l'Allemagne possède trois formes de constitution agraire. Dans certaines provinces (les bords du Rhin, la Franconie, la Hesse, la Thuringe) existe comme en France le partage égal des biens entre tous les enfants de la famille : c'est l'origine de la petite propriété.

Dans d'autres règne le système de la terre noble, du *Rittergut*, qui concentre en quelques mains toute la richesse foncière et groupe autour de quelques familles seigneuriales possédant toutes des milliers de familles pauvres qui ne possèdent à peu près rien. Rien de plus antisocial et de plus dangereux que cette organisation féodale qui subsiste dans les anciens pays slaves, sur la rive droite de l'Elbe.

Enfin, dans plusieurs provinces, on conserve ou l'on rétablit le système de la succession privilégiée, de l'*Anerberecht*, qui entraîne comme conséquence le maintien de la propriété moyenne, du *Bauerngut*, de la tenure roturière. Ce système qui n'est, du reste, pas obligatoire, réunit de grands avantages, et comme il n'est pas connu en France, nous allons l'expliquer en peu de mots.

Je ne parle pas de l'*Anerberecht* tel qu'il régnait autrefois et qui s'opposait à l'aliénation partielle ou intégrale du bien des paysans. Il ne sera question ici que du droit nouveau.

On sait qu'en Hanovre et en Westphalie, il existe un grand nombre de biens de paysans, de fermes, qui sont restés longtemps indivis. Actuellement la loi permet la dislocation, le morcellement de ces terres ; mais elle contient aussi des clauses autorisant le chef de famille à assurer après sa mort l'unité du *Hof*. C'est ce qui s'appelle le *Höferecht*. En vertu du *Höferecht*, le propriétaire d'un bien de paysans a la faculté de faire inscrire sa tenure dans un registre *ad hoc* tenu au greffe du tribunal, et qui porte le nom de *Höferolle*. Par cet acte, et à moins qu'il ne manifeste une volonté contraire, il soumet son bien à des dispositions particulières en ce qui concerne la dévolution par succession *ab intestat*. Une succession privilégiée, *Anerberecht*, est ouverte au profit du fils aîné ou de la fille aînée. La tenure roturière n'est pas partagée, mais attribuée intégralement à l'héritier privilégié. Ce dernier doit verser la valeur dans la masse héréditaire ; mais son privilège consiste : 1° en ce qu'il garde un tiers de cette valeur à titre de préciput ; 2° en ce que le bien de paysan est estimé en prenant pour base son revenu net et non pas sa valeur vénale.

Le testateur peut encore améliorer la situation de l'*Anerbe* dans la mesure indiquée par le § 19 de la loi de 1874.

Ce *Höferecht* fut bien accueilli en Hanovre où, dès 1881, 61,000 tenures sur 100,125 furent inscrites à la *Höferolle.*

La loi du 3 avril 1882 introduisit ce système en Westphalie ; celle du 10 juillet 1883 dans la province de Brandebourg ; celle du 24 avril 1884 en Silésie ; celle du 2 avril 1886 en Schleswig-Holstein ; celle du 1er juillet 1886 dans le district de Cassel. Partout il est considéré comme un bienfait social.

Du reste, outre que la loi est facultative, son application n'est pas uniforme. Là où le *vieux droit* de l'*Anerbe* s'est maintenu, l'inscription à la *Höferolle* n'est pas nécessaire. Dans le Brandebourg, la Silésie, la Westphalie, l'inscription n'est admise que si le revenu de la tenure roturière atteint un chiffre déterminé. Ailleurs, tout bien pourvu d'une habitation et destiné à l'exploitation agricole ou forestière a droit à l'inscription. A Cassel, la loi ne désigne pas l'héritier. Elle laisse aux successeurs le droit de s'entendre entre eux sur le choix de l'héritier privilégié et sur les engagements qu'il devra prendre à l'égard des cohéritiers, quand le défunt n'aura pas tout réglé par testament. En cas de non-entente, le tribunal de bailliage intervient et, si celui-ci échoue, un conseil de famille est institué.

Quelles que soient la forme et l'extension du *Höferecht*, Jäger conclut, avec raison, qu'il offre des avantages très considérables. D'une part, il maintient la possibilité de l'aliénation de la tenure roturière, l'effet de l'inscription à la *Höferolle* pouvant toujours être effacé par la radiation demeurée facultative ; de l'autre, il développe l'esprit du foyer, crée un centre familial permanent, empêche le *Hof* d'être morcelé et ses débris d'être absorbés par la grande propriété. Il est la sauvegarde de la propriété moyenne et donne moins de prise à l'usure que la petite propriété.

En soi-même chacun des deux systèmes, le partage égal avec la petite propriété et la succession privilégiée avec la propriété moyenne, est socialement très bon. Combinés dans une sage proportion, les deux constituent pour la société une garantie inappréciable. C'est le devoir de tout économiste chrétien d'encourager et de soutenir l'un et l'autre : « Vu les dangers formidables qui nous menacent, dit Jäger, ce devoir social est peut-être le plus important de tous ceux qui nous attendent dans l'avenir. »

Mais le tout n'est pas d'avoir une législation successorale avantageuse. La petite et la moyenne propriété ont besoin d'être positivement défendues contre certains périls et secondées dans certaines détresses.

Les dettes hypothécaires, l'usure sous toutes ses formes, la concurrence des produits américains : autant d'ennemis qui harcèlent le paysan. Il faut les combattre.

L'intermédiaire prélève sur les revenus de la terre des sommes considérables quand il s'agit de l'achat des machines, des aliments, des engrais, des semences, ou encore des assurances contre l'incendie, la grêle, etc. Ces capitaux peuvent être conservés aux petits et aux moyens propriétaires, s'ils savent se liguer, créer des syndicats agricoles, s'ils substituent à l'individu toujours faible la toute-puissance de l'association.

L'association est le salut de l'ouvrier de la terre. Aussi un autre professeur de l'Université populaire avait-il été chargé d'entretenir les étudiants de ce large mouvement social connu sous le nom de *Bauernverein*. C'est au docteur Fassbender qu'on avait confié ce travail, et personne n'était plus apte à le faire que lui, puisqu'il a consacré aux *Bauernvereine* une excellente monographie. Malheureusement une indisposition l'empêcha, au dernier moment, de se rendre à München-Gladbach, et il fut remplacé par M. Strauve. Celui-ci est secrétaire du *Bauernverein* rhénan, et partant très au courant de la question.

Son cours, en quelque sorte improvisé, obtint le plus vif succès. Il retraça à grands traits l'histoire des dix grands *Bauernvereine* qui existent en Allemagne, montra leur développement rapide, leur influence salutaire et le rôle qu'ils sont appelés à jouer dans l'avenir. Le premier *Bauenrverein* a été fondé — celui de la Westphalie — en 1862 ; le dernier, celui de la Hesse électorale, en 1889. Aujourd'hui, sauf Posen, toutes les provinces où les catholiques sont en nombre possèdent leur association de paysans, et ces *Vereine* exercent partout l'action la plus heureuse.

Sur le terrain social, ils ont contribué à faire modifier la législature agraire ; ils ont réagi contre l'endettement par l'organisation du crédit personnel et la création des caisses de prêt.

Sur le terrain économique, ils ont mis les paysans à l'abri des accidents imprévus par la fondation des assurances de toute nature ; ils les empêchent d'être dupés en se chargeant de leur procurer à meilleur compte les machines, les engrais, etc., en leur indiquant des débouchés sérieux pour leurs produits.

Au point de vue intellectuel et moral, ils leur viennent en aide en établissant des tribunaux d'arbitrage et en subventionnant des écoles d'agriculture.

Grâce à cette activité bienfaisante, les *Bauernvereine* rendent les plus grands services à la société, et il serait à désirer que tous les paysans en fissent partie. Que de propriétés seraient ainsi arrachées aux griffes de l'usurier ! Combien l'on sauverait de tenanciers que la ruine jette tôt ou tard entre les bras du socialisme !

Dans les pays où le Juif domine, le *Bauernverein* rend ses agissements presque inoffensifs. Sachant qu'il aurait affaire non pas à un paysan faible et ignorant, mais à une association qui a les bras très longs, l'usurier israélite est beaucoup plus circonspect, moins hardi et moins dangereux. Avant même d'agir, par le seul fait de son existence, le *Verein* produit déjà son effet.

Ce qui est vrai du Juif s'applique à des degrés divers à la plupart des intermédiaires qui exploitent l'ignorance du paysan, soit en lui vendant des marchandises, soit en achetant ses produits. Les *Bauernvereine* sont donc de véritables Sociétés protectrices des ouvriers du sol. « Le mot d'ordre que vous emporterez de München-Gladbach, dit Strauve, ne saurait être douteux. Si vous voulez préserver la société d'un cataclysme, sauvez le paysan, et pour sauver le paysan, commencez par le faire entrer dans le *Bauernverein*. »

Ces paroles furent vivement applaudies par l'assistance. Lorsque le lendemain le même orateur traita la question spéciale du *crédit agricole*, son succès ne fut pas moindre C'est que cette question est l'une de celles qui intéressent le plus l'agriculture. Pour beaucoup de paysans le crédit est une question de vie ou de mort. Qui saura jamais le nombre des propriétaires ruraux ayant péri parce qu'il leur manquait le petit capital avec lequel ils se seraient tirés d'embarras ? S'ils avaient eu à leur portée une Société de prêt, ils étaient hors de cause. L'usurier est venu et il les a dévorés. Que d'autres ont été épargnés précisément parce qu'ils ont pu s'adresser soit aux caisses du *Bauerverein*, soit aux caisses Raiffeisen ! Après avoir parlé brièvement des instituts de crédit, tels que les caisses d'épargne officielles, les banques populaires, les banques de Schulze-Delitzch, Strauve s'est étendu plus longuement sur l'œuvre admirable des caisses Raiffeisen. Raiffeisen, ce modeste bourgmestre rhénan, dont le nom est si populaire en Allemagne, a eu une idée de génie en instituant les Sociétés de prêt dont le réseau couvre aujourd'hui l'Empire. Par la simplicité de son fonctionnement, par la facilité et la sûreté de ses transactions, par la gratuité de son administration, par le caractère éminemment moral de son but et de ses moyens, la caisse Raiffeisen l'emporte de beaucoup sur toutes les institutions similaires. De là sa diffusion rapide en Allemagne. L'œuvre doit se développer davantage encore. Il faudrait l'établir dans toute commune, dans toute paroisse, de façon à expulser de partout l'usurier circoncis et l'usurier chrétien. Le jour où il en sera ainsi, la société sera délivrée d'un grand péril. Et rien de plus facile que l'établissement d'une de ces caisses! Il suffit de dix hommes de bonne volonté dans chaque village. Si une localité n'est pas assez importante, on l'annexe à la caisse la plus voisine. Mais point d'isolement, c'est sinon la mort, du moins la stérilité.

Les étudiants de München-Gladbach ont écouté le docteur Jäger et M. Strauve avec une attention qui ne s'est pas démentie un instant. Tous se rendaient compte de la gravité de la situation et de l'importance des problèmes agraires. On comprenait que même si, économiquement, l'agriculture était condamnée sans retour en Europe, socialement les paysans n'en resteraient pas moins le rouage essentiel de la machine d'un État moderne. La population agricole est en effet plus qu'un simple élément de production, tel que l'ouvrier industriel; elle est le grand réservoir des forces conservatrices. Supprimez le petit propriétaire rural, et le triomphe du socialisme n'est plus qu'une question d'années. Les millions d'ouvriers de la terre qui sont encore attachés à leur glèbe aujourd'hui, iront grossir les rangs du prolétariat des villes et des centres manufacturiers, et parce qu'on n'aura pas su leur garantir leur petit avoir, leurs convoitises se dilateront démesurément et ils voudront posséder tout. Ils l'auront, puisqu'ils sont le nombre.

Ce qu'il faut donc à l'heure présente, c'est la volonté énergique de mettre tout en œuvre pour maintenir les paysans sur le sol natal, de leur assurer une existence qui ne soit pas la misère, d'augmenter, s'il se peut, le nombre des tenanciers, fût-ce même au prix de quelques sacrifices. Outre qu'ils sont une classe sociale intéressante, les paysans forment, en quelque sorte, un service d'utilité publique, presque au même titre que l'armée. Les abandonner à leur triste sort équivaudrait pour l'État à un suicide.

Cette conclusion ressort avec évidence de l'enseignement social de München-Gladbach, et les 600 étudiants qui ont suivi ces cours n'auront pas manqué d'en tirer les leçons qu'il comporte.

§ 2. — *L'Université populaire et les ouvriers du métier.*

En Allemagne, l'homme du métier, l'artisan, joue un rôle considérable. Il ne se passe presque pas une année sans que le *Reichstag* ou le *Landtag* ne soient saisis de quelque projet de loi touchant le *Handwerk*.

Les catholiques se distinguent entre tous par l'ardeur avec laquelle ils prennent en mains la cause du métier. Les économistes les plus éminents, l'abbé Hitze, par exemple, ont inscrit en tête de brochures retentissantes ces mots : *Protection à l'artisan.* Dans les grands congrès catholiques il y a toujours quelque orateur qui s'élève en faveur du *Handwerker*. Au Parlement, à peu près toutes les motions favorables aux artisans partent du Centre. On le comprend ; le Centre est avant tout un parti social, envisageant les questions au point de vue de la conservation sociale. Pour lui, il ne s'agit pas simplement de développer la richesse publique dans le moindre laps de temps et avec le moindre effort possible. Son idéal n'est point la grande richesse au sommet et la misère universelle au bas de l'échelle sociale. Il a un souci extrême de la prospérité ou au moins du maintien des classes moyennes. A ses yeux, le progrès qui compromet l'existence de ces classes est un progrès funeste menant droit à la barbarie. L'usine qui remplace 50 maîtres artisans, avec quelques centaines de compagnons et d'apprentis, peut bien accumuler les millions dans les coffres d'un patron industriel, mais en même temps elle appauvrit la société en la privant de forces conservatrices d'une valeur immense. Or cet appauvrissement social n'est nullement contrebalancé par la richesse matérielle d'un petit nombre d'individus. La véritable richesse, celle qui garantit la stabilité de la société, ce sont les classes moyennes.

Les catholiques allemands ont cette conviction profondément ancrée dans l'esprit et, par suite, ils défendent, avec la même énergie, le paysan et l'artisan.

La question du métier a été à München-Gladbach l'objet d'un cours très intéressant fait par l'abbé Hitze lui-même. Cet économiste, qui vit au milieu des ouvriers industriels et se donne à eux avec une admirable générosité, ne perd pas de vue l'homme du métier, et on est presque tenté de croire qu'il a pour lui une véritable prédilection. Aussi avait-il choisi pour thème de sa conférence la *protection du métier.*

L'artisan est menacé de nos jours par la concurrence de la grande industrie, par la désorganisation du métier, par la liberté absolue du travail qui met sur la même ligne le bon ouvrier et le bousilleur. Ces conditions sociales nouvelles jointes à quelques autres causes secondaires ont amené la décadence du *Handwerk*. De l'avis de tout le monde, cette décadence se précipite. Comment l'arrêter? Comment préserver de la ruine une classe importante de la population? Le système du laisser faire a ruiné le métier. Il faut donc lui accorder une protection légale, sous peine de rendre le mal irréparable.

Le législateur est intervenu pour la première fois il y a une douzaine d'années, par l'établissement du régime corporatif. En vertu de la loi du 18 juillet 1881, les corporations (*Innungen*) furent rétablies en Allemagne, non pas *obligatoires* et *mixtes* comme elles sont en Autriche, mais *libres*, c'est-à-dire aucun patron ne pouvant être obligé d'en faire partie.

C'était un premier pas, un acheminement vers un avenir meilleur. Hélas! les intéressés eux-mêmes ne comprirent pas le bienfait que la loi leur accordait. En s'unissant, ils pouvaient décupler leurs forces et opposer une résistance plus efficace au capitalisme envahissant. Soit négligence, soit préjugés, la plupart préférèrent leur isolement, et le mouvement corporatif ne fit aucun progrès. Il fallut, en quelque sorte, leur forcer la main.

La loi du 8 décembre 1884 rendit les corporations obligatoires dans une certaine mesure, en décrétant que les patrons placés en dehors de ces cadres ne pourraient pas avoir d'apprentis.

Deux ans après, on alla plus loin encore. La loi de 1881 autorisait les *unions de corporations* (*Innungsverbände*), mais elle leur refusait, à la différence des corporations, la personnalité civile, et par le fait même les *unions* ne pouvaient point se constituer de patrimoine. Plusieurs de ces *Verbände* s'étaient formées. En 1886, il y en avait 15 avec plus de 80,000 membres. L'union des cordonniers comptait, à elle seule, au delà de 200 corporations. Mais, dépourvues de fonds, elles étaient toutes paralysées. On a pensé qu'en devenant personne morale et en réunissant des ressources, elles seraient à même d'avoir des écoles d'apprentissage, de fonder des caisses de secours, de faire des achats en gros des matières premières, d'établir des forces motrices, etc. Ces idées furent développées au *Reichstag* par les orateurs du Centre. La majorité se rangea à leur avis, et la loi du 29 avril 1886 organisa les *unions* et leur accorda la personnalité sous certaines conditions.

Ce sont bien là des améliorations réalisées en peu d'années. On ne s'arrêta pas en si bon chemin. L'un des principaux buts de la corporation, c'est l'établissement des écoles techniques, des tribunaux d'arbitrage, bref, des réformes qui contribuent au développement industriel, qui relèvent et perfectionnent le travail. Dès les premiers temps ces institutions donnèrent des résultats excellents. Le miel était bon ; on ne tarda pas à s'apercevoir que les frelons s'apprêtaient à le manger. En effet, les patrons restés étrangers à la corporation profitaient de tous les avantages du *Verband*, employaient les ouvriers habiles formés à ses écoles, etc. Sans bourse délier ils jouissaient des mêmes faveurs que ceux qui payaient. L'injustice était criante et il était indispensable d'y remédier. La loi du 6 juin 1887 décida que les patrons n'appartenant pas à la corporation pourraient être astreints à participer, au même titre et dans les mêmes conditions, aux charges nécessitées par certaines institutions corporatives telles que les écoles techniques, les tribunaux d'arbitrage, le *Herbergswesen*. A l'autorité administrative supérieure de déterminer dans quels cas particuliers la loi est applicable.

Ce n'était pas tout que d'atteindre le patron lui-même. Les économistes conservateurs de la Chambre pensaient qu'il fallait se préoccuper de l'ouvrier et l'empêcher de voler trop tôt de ses propres ailes. Les corporations d'autrefois exigeaient que le compagnon produisît son chef-d'œuvre avant de le proclamer maître. On imagina une institution analogue. A partir de 1884, les catholiques et les conservateurs protestants demandèrent chaque année au *Reichstag* d'introduire dans la loi l'obligation d'un *certificat de capacité*. Pour exercer certains métiers, tel est le sens de cette modification, on sera obligé de fournir, suivant les professions, soit un certificat d'apprentissage et de travail, soit la preuve de ses connaissances professionnelles. Ce projet de loi sur le *Befähigungsnachweiss* rencontra une vive opposition au Parlement. La majorité le repoussa à plusieurs reprises. Enfin, le 20 janvier 1890, elle l'adopta en troisième lecture. Mais ce fut un triomphe purement platonique. Le Conseil fédéral tint le vote pour nul et tout porte à croire qu'il s'obstinera longtemps dans cette attitude.

Les rebuffades ne découragent point les députés catholiques. Au mois de novembre dernier (1892), l'abbé Hitze interpella le secrétaire d'État, M. de Böttícher, au sujet du certificat de capacité et des corporations obligatoires. Il fut répondu que le gouvernement ne jugeait pas ces dispositions législatives opportunes. Par contre, M. de Böttícher fit entendre que l'on n'était pas hostile à d'autres réformes, telles que la réglementation du *Lehrlingswesen*.

L'abbé Hitze retraça l'historique de cette campagne

avec une clarté et une objectivité qui fascinèrent les étudiants de München-Gladbach. Le recteur magnifique enseignait à merveille et on comprend que depuis lors le gouvernement ait songé à lui confier une chaire importante dans l'une des grandes Universités d'Allemagne[1].

La question n'était pas épuisée par la conférence de Hitze. L'éminent député avait surtout insisté sur la protection légale du métier. Mais l'initiative personnelle ne saurait être remplacée par la loi. Ici comme ailleurs, son intervention vigoureuse est plus puissante que tous les codes. La charité intelligente fait plus pour les apprentis, les compagnons, en un mot les corps de métier, que la main toujours lourde de l'État.

L'abbé Mehler, l'infatigable apôtre des petits apprentis, a traité à München-Gladbach la *Lehrlingsfrage*. Le sort du jeune apprenti a été très divers à travers l'histoire. Au moyen âge et même encore dans les temps modernes, il était encadré dans la corporation de son métier et celle-ci se chargeait de lui jusqu'au moment où il arrivait au grade de compagnon. En entrant chez un patron, il devenait pour ainsi dire l'enfant de la famille. Il mangeait à la table du patron, partageait ses joies et ses peines, et lui obéissait comme un fils. Sous le régime de la liberté absolue qui succéda au régime patriarcal l'apprenti fut complètement aban-

1. On sait que l'abbé Hitze vient d'être nommé par le gouvernement professeur à l'Académie de Münster.

donné. Après sa journée de travail il gagnait son gîte, qui était trop souvent une de ces odieuses maisons de pension où s'épanouissent tous les vices. Le jeune homme se perdait de corps et d'âme.

L'Église ne pouvait assister indifférente à cette perversion de l'apprenti et elle tâcha de le sauver par la création des patronages et des cercles d'apprentis. L'abbé Mehler, qui s'est voué à cette belle œuvre, exposa en détail le but, l'organisation et le fonctionnement des *Lehrlingsvereine*. Jusqu'à ce jour, l'Allemagne possède cent dix cercles d'apprentis avec dix mille membres. C'est encore peu de chose si l'on songe qu'il reste plus de quatre-vingt mille apprentis livrés à eux-mêmes. Il y a là un vaste champ d'activité pour les catholiques et le clergé. Qu'ils se mettent à l'œuvre, dit l'abbé Mehler, et ils mériteront bien de la patrie et de la société entière !

L'Allemagne n'a pas été seule à s'occuper de l'apprenti. L'abbé Mehler a employé une autre conférence à raconter aux étudiants ce que l'on fait ailleurs pour le jeune ouvrier du métier. Il les a entretenus en particulier des créations sociales de dom Bosco et de ses fils spirituels les Salésiens. On connaît la vie extraordinaire de ce prêtre italien, son apostolat auprès de la jeunesse ouvrière, ses succès prodigieux, l'expansion de son œuvre dans les deux mondes. L'exemple de ce pauvre petit pâtre — Bosco gardait les troupeaux dans son enfance — montre ce que peut une volonté énergique appuyée sur la force de Dieu. L'abbé Mehler a analysé la méthode d'éducation de dom Bosco, les règlements qui sont en vigueur dans ses ateliers, et ceux qui président aux réunions dominicales des apprentis externes. Tout ce récit a vivement impressionné l'auditoire, et je suis persuadé que les apprentis allemands n'y perdront rien, car les émotions soulevées par l'éloquent professeur seront fécondes en œuvres.

Avant de devenir *maître* artisan, l'*apprenti* passe par le *compagnonnage*. Le compagnon n'est pas moins digne d'intérêt que l'apprenti, et peut-être est-il exposé à plus de périls. Le vice le guette partout, lui tend des lacs où il est pris trop souvent. L'isolement, la mauvaise camaraderie, le cabaret sont autant d'écueils auxquels il échappe avec peine. L'Église ne pouvait le condamner à un naufrage certain, et un jeune prêtre de Cologne, l'abbé Kolping, fit pour lui ce que dom Bosco avait réalisé pour l'apprenti. Il fonda les *Gesellenvereine*. Cette association, qui englobe à l'heure présente plus de cent mille compagnons et en fait une grande famille chrétienne, est une des œuvres les plus utiles de ce temps. Mgr Schäffer, qui en est le président général, s'est chargé d'expliquer aux étudiants de München-Gladbach l'origine, la nécessité, l'importance de ce vaste organisme. Il a montré ce qu'étaient les compagnons avant Kolping, et ce qu'ils sont devenus par lui. J'ai traité cette question ailleurs[1], de sorte qu'il est inutile de me répéter ici en reproduisant le cours de

1. Dans mes deux volumes : *Catholiques allemands* et *Le Réveil d'un peuple*.

Mgr Schäffer. Qu'il me suffise de dire que le vaillant prélat a été très applaudi et que l'œuvre des *Gesellenverein* a déjà recueilli quelques fruits de cette brillante apologie.

Tous ces cours consacrés aux corps de métier auront servi à augmenter les justes sympathies que l'artisan a rencontrées en Allemagne ces dernières années. C'est un résultat dont il faut savoir gré à l'Université populaire. Sans doute le jour n'est pas proche où cette classe de la société retrouvera son équilibre stable d'autrefois. Malgré les efforts les plus généreux, la crise que traverse le métier durera longtemps encore. Il est même probable qu'elle subsistera toujours. Les intérêts de la grande industrie aux prises avec les intérêts du métier constituent l'une de ces antinomies sociales impossibles à résoudre. On ne remonte pas les courants. La grande industrie continuera à se développer irrésistiblement; le métier de son côté se défendra tant bien que mal. Ainsi le veut la loi terrible de la lutte pour l'existence. L'essentiel est que la société ne permette pas à la classe des artisans de sombrer. Tous les efforts conservateurs doivent tendre vers ce but. Il ne s'agit pas d'examiner si l'industrie ne livrerait pas à meilleur prix le travail fourni par les quelques centaines de mille artisans qui vivent en Allemagne. Au-dessus du problème économique il y a le problème social cent fois plus important. Si nous voulons vivre, nous sommes obligés de multiplier les entités et les collectivités réfractaires à l'idée socialiste, et en tout cas de sauver coûte que coûte celles qui jusqu'ici ont été épargnées par l'action pulvérisante de la roue de Maïa. Or, l'artisan est l'une de ces entités ainsi que le paysan. Il faut par tous les moyens l'empêcher de périr et au besoin demander à la loi ce que l'initiative privée serait impuissante à lui assurer.

§ 3. — *L'Université populaire et les ouvriers industriels.*

Les ouvriers industriels eurent la part du lion à l'Université populaire de München-Gladbach et on reste plutôt au-dessous de la vérité en disant que les deux tiers au moins des conférences leur étaient consacrés. Il n'y a pas lieu de s'en étonner : la question ouvrière, — en prenant ce mot dans l'acception la plus stricte, — est la grande question du jour, celle qui demande la solution la plus prompte, parce qu'elle comporte deux solutions diamétralement opposées. Si elle n'est résolue dans le sens conservateur, les socialistes s'efforceront de la résoudre dans le sens révolutionnaire. Cette compétition redoutable du socialisme impose aux États et aux particuliers des devoirs qu'il serait dangereux de négliger. Il faut agir, agir vite et agir sur tous les points à la fois.

Les organisateurs du cours social ont donc accordé une large place aux nombreux problèmes qui constituent la question ouvrière. La production et le capital concentrés en quelques mains, par conséquent la disjonction du capital et du travail, les populations entassées dans les villes et les centres manufacturiers, les ouvriers de tout âge et de tout sexe parqués dans les mêmes salles, la machine substituée au travail de l'homme, l'admission de l'enfant et de la femme à l'usine, l'anarchie de la production et la surproduction, la loi d'airain du salaire, tous ces faits nouveaux ont donné naissance à une foule de difficultés qu'il est urgent d'aplanir. Toute perte de temps sous ce rapport est fatale, comme toute force demeurée stérile peut devenir désastreuse.

L'abbé Hitze, qui a formulé les points à élucider et les problèmes à résoudre, les a classés en trois grands groupes. Selon le savant économiste, pour résoudre la question ouvrière, il faut : 1° protéger les biens personnels de l'ouvrier (législation protectrice) ; 2° assurer à l'ouvrier un revenu permanent (assurances ouvrières); 3° améliorer et ennoblir ses conditions de vie. Les deux premiers points sont du ressort de l'État ; les patrons et les classes dirigeantes devront s'occuper du dernier.

Ici se dresse incontinent la grave question qui divise les économistes et les sociologues. L'État doit-il intervenir ou bien vaut-il mieux respecter le principe de non-intervention ? Cette question préalable a été admirablement traitée à München-Gladbach par le Jésuite V. Cathrein.

Donnez à César ce qui est à César, a dit le Christ. Mais qu'est-ce qui appartient à César sur ce terrain ?

Les uns lui accordent trop peu, ce sont les *individualistes ;* les autres lui accordent trop, ce sont les *socialistes ;* entre les deux, il y a la voie royale du juste milieu.

Les individualistes, dit Cathrein, ne reconnaissent à l'État d'autre mission que celle d'assurer à tous les citoyens le libre exercice de leurs droits. Séduisante en apparence, cette théorie serait admissible si tous les hommes étaient des anges obéissant d'eux-mêmes aux lois de la justice et de la charité. En réalité, il n'en est rien et le travail a besoin d'être protégé. Cela est si vrai que tous les gouvernements ont été dans le cas de prendre des mesures protectrices en faveur soit de l'industrie, soit du commerce, soit de l'agriculture. César n'est pas un simple garde de nuit, comme le prétendait méchamment Lassalle ; son devoir est de nous empêcher non seulement d'être assassinés, mais aussi de mourir de faim par la faute des autres. Gournay avait dit : « Laissez faire, laissez passer, et le monde va de lui-même ! » Oui, il va de lui-même, mais trop souvent à la dérive, et l'État ne saurait rester les bras croisés. Suivant une comparaison célèbre, il ne doit pas assister impassible à la lutte des brochets et des carpes enfermés dans le même étang. Sous prétexte de respecter la liberté des belligérants, il autoriserait d'une façon directe l'extermination des carpes.

Mais pour échapper à César-soliveau, ce n'est pas une raison de se livrer au bec de César-grue, ainsi que le veulent les socialistes. L'État socialiste mange carpes et brochets. Cathrein proteste avec plus d'énergie encore contre cette conception odieuse de la société future. Il réfute les chimères du collectivisme et du communisme, comme les théories hybrides du socialisme d'État tel que le professent Ad. Wagner et Al. Schœfflé.

La vérité est entre ces deux extrêmes. L'État n'a pas le droit de sacrifier l'intérêt général au bien de l'individu pas plus qu'il ne doit immoler celui-ci à la société. Son rôle est tout tracé : il consiste à s'occuper par-dessus tout du bien public, c'est-à-dire de l'ensemble des conditions requises pour que tout citoyen, agissant en pleine liberté, puisse atteindre sa vraie fin terrestre. Directement l'État ne favorise donc pas l'intérêt privé ; chacun reste l'artisan de sa propre fortune ; César se contente de créer des conditions sociales telles que les hommes soient à même d'acquérir ce qui est nécessaire à leur subsistance. Il ne faut pas que quelqu'un soit réduit fatalement à la misère par suite d'une situation provoquée ou tolérée par l'État.

Et quelles sont les formes de cette intervention de l'État ? Les pouvoirs publics ont d'abord à protéger les droits et les libertés de chaque membre de la société. Ensuite ils ont l'obligation de seconder positivement l'activité individuelle.

De ces principes découlent plusieurs conséquences pratiques que le P. Cathrein n'a fait qu'indiquer, parce que l'abbé Hitze allait y revenir : interdiction de l'usure, protection légale de la femme, du jeune ouvrier, repos dominical ; autant de questions dont nous aurons à parler tout à l'heure. En terminant, le P. Cathrein a touché un problème épineux entre tous, la fixation d'un salaire minimal. On sait qu'au congrès de Liège quelques économistes catholiques ont affiché sur ce point un radicalisme qui a soulevé une violente tempête. Le P. Cathrein est beaucoup plus sage et plus raisonnable. Il admet qu'en théorie -- spéculativement parlant — l'État aurait le droit de fixer un minimum de salaire. Seulement en pratique la chose est irréalisable de nos jours. « Il est facile de décréter, dit l'orateur, non sans une pointe d'humour : Monsieur l'industriel, vous donnerez à vos ouvriers au moins tel ou tel salaire. Il s'agit de savoir si le fabricant est toujours en état de le faire. Il y a des périodes critiques où des maisons même solides seraient dans l'impossibilité de s'exécuter. On a répondu à cette objection en disant : Eh bien ! que ces maisons périssent, elles ne méritent pas de vivre. Voilà une réponse bien dure. En définitive, les patrons sont aussi des hommes, pour ainsi dire ! Et puis quelle singulière thérapeutique que celle qui prétend soulager un malade en en tuant un autre ! Enfin n'y a-t-il pas contradiction à se plaindre d'une part que le nombre des capitalistes diminue chaque jour et à contribuer d'autre part à en supprimer quelques-uns ? »

Ces réflexions si justes et si sensées devraient enterrer à tout jamais la question de salaire minimal. A quoi bon discuter des chimères quand on se trouve en présence de tant de questions pratiques à régler ?

La *protection légale* des ouvriers est l'une de ces questions. L'abbé Hitze a déployé, en l'exposant, les qualités maîtresses que les libéraux eux-mêmes sont obligés de reconnaître à l'auteur du beau livre : *Schutz dem Arbeiter*.

Que l'État ait le droit et le devoir de protéger les faibles, personne ne le conteste d'une manière absolue. En fait, tous les pays, même l'Angleterre, possèdent une législation protectrice des ouvriers plus ou moins étendue. On a essayé de contester la nécessité, l'opportunité, la possibilité de cette intervention de l'État. Ces objections ne tiennent pas debout. Il est vrai d'ajouter que, pratiquement, les lois protectrices peuvent susciter certaines difficultés dans tel pays ou dans tel autre. Est-ce une raison de renoncer à de grands avantages parce que ces avantages impliquent aussi quelques inconvénients transitoires ? Il en résulte simplement que dans le domaine de la législation protectrice, il faut procéder avec une sage lenteur et ne rien précipiter pour ne rien compromettre.

Ces principes posés, l'abbé Hitze passe en revue les différents cas où l'État peut et doit intervenir en faveur de l'ouvrier. Dans une suite de conférences, il indique comment la loi protège : 1° la santé et la moralité de l'ouvrier ; 2° la liberté du contrat ouvrier ; 3° la vie familiale de l'ouvrier.

La santé physique et morale forme le premier des biens de l'ouvrier. Il est donc naturel que la loi veille à sa conservation. La santé du corps est menacée par les machines, par les mauvaises conditions hygiéniques des salles de travail. Au législateur de forcer les patrons à diminuer, dans les limites du possible, tout ce qui compromet la santé ou la vie de l'ouvrier. Le code industriel allemand stipule plusieurs dispositions dans ce sens.

La moralité de l'ouvrier et surtout de l'ouvrière court de plus graves dangers encore. La *Gewerbeordnung* y pourvoit de son mieux ; mais évidemment la loi est impuissante si elle n'est secondée par la conscience du patron. C'est aux patrons de réaliser la séparation des sexes prévue par la loi, de n'employer que des personnes sûres là où, techniquement, cette séparation est impossible, de choisir des contre-maîtres offrant les plus sérieuses garanties au point de vue des mœurs ; d'interdire sévèrement les conversations et les chansons immorales ; de contrôler personnellement si leurs règlements sont observés ; de s'assurer le concours d'une commission ouvrière, de fortifier l'autorité paternelle, etc.

Toutes ces mesures regardent les ouvriers en général. Il est certaines catégories de travailleurs qui ont plus spécialement besoin d'être protégées. En tête, les *jeunes ouvriers*. L'industrie allemande employait en 1890, 27,485 enfants de douze à quatorze ans, 214,252 adolescents de quatorze à seize. Il faut protéger leur santé, leur éducation, leur moralité. Le code industriel allemand n'admet pas que les enfants au-dessous de treize ans puissent travailler dans les usines, et jusqu'à quatorze ans, leur travail ne doit pas durer au delà de six heures par jour. La journée des ouvriers de quatorze à seize ans ne doit pas dépasser dix heures. Le travail de nuit leur est interdit aux uns et aux autres, de même que le travail dominical.

Des dispositions législatives analogues se trouvent dans le code industriel à propos des *ouvrières*. La femme a une santé plus délicate ; ses mœurs sont exposées à plus de périls ; elle est destinée à devenir un jour mère de famille. Pourquoi la loi ne tiendrait-elle pas compte de ces conditions spéciales ? La *Novelle* de 1891 fixe la journée maximale de l'ouvrière à onze heures, avec une heure de repos à midi pour les femmes mariées. L'abbé Hitze n'est pas encore satisfait de ces améliorations. Parmi les réformes ultérieures à accomplir sur ce terrain, il indique la journée normale de dix heures, l'interdiction, ou du moins la limitation du travail des femmes mariées.

Avec l'obligation du *repos dominical*, nous revenons à une loi qui vise toutes les catégories d'ouvriers. Aux époques de foi, pas n'était besoin de recourir à la contrainte légale pour faire respecter le jour du Seigneur. La loi de Dieu suffisait. Mais avec les progrès de l'incrédulité et le développement de l'industrie, le troisième précepte du Décalogue a perdu peu à peu de son autorité. L'indifférence religieuse, l'amour des richesses, et dans bien des cas les nécessités de l'industrie, ont amené une assez grande extension de la profanation du dimanche. L'État pouvait-il rester indifférent en face de ce désordre qui atteint la santé physique, morale et religieuse du peuple ? Le soi-disant respect de la liberté de l'homme devait-il aller jusqu'au mépris des droits de Dieu ? Tel ne fut point le sentiment des législateurs en Autriche et en Suisse. Dans ces deux pays, le travail dominical est interdit depuis plusieurs années. L'Allemagne s'engagea également dans une voie plus conservatrice en 1891 et imposa une loi plus prohibitive aux mines, aux salines, aux carrières, aux forges, aux fabriques, aux ateliers, aux chantiers, etc. Vainement le chancelier de fer avait-il essayé de combattre cette loi. L'opinion publique fut plus forte que sa résistance ; le Reichstag vota le repos dominical, et le Conseil fédéral, inspiré par l'empereur, ratifia ce vote et fit triompher le précepte du Décalogue.

L'abbé Hitze, qui a contribué à ce résultat pour sa part virile, espère que les autorités administratives veilleront à l'application stricte de la loi. Tout dépend en effet de leur plus ou moins de fermeté. Il a fallu laisser tant de portes ouvertes, que par ces issues les abus peuvent se glisser partout et annihiler pour ainsi dire l'œuvre du législateur.

Le repos du dimanche a pour but de protéger la santé morale et physique de l'ouvrier. Dans une certaine mesure, la *journée maximale de travail* poursuit la même fin. Pourquoi les économistes et les moralistes tiennent-ils à ce que l'ouvrier ne soit astreint au travail que pendant un nombre d'heures limité ? C'est que la santé de l'ouvrier a elle-même des limites. Puis l'ouvrier a une intelligence, il a une famille. Il faut qu'il cultive l'une et qu'il se voue à l'autre. Si l'industrie l'exploite chaque jour au point d'épuiser ses forces, il est incapable soit de s'instruire, soit de s'occuper de sa femme et de ses enfants. Il tourne à la brute.

L'abbé Hitze rappelle que l'Autriche et la Suisse ont introduit la journée maximale de onze heures : la France, celle de douze heures. En Allemagne, la loi de 1891 autorise le Conseil fédéral à limiter le nombre des heures dans certaines industries dangereuses. Mais tout cela est bien vague, et l'abbé Hitze déclare que le Centre s'efforcera d'obtenir la journée de onze heures, de dix heures et demie, de dix heures.

A côté de la santé physique et morale, l'ouvrier possède d'autres biens qui sont aussi à protéger. De ce nombre est la *liberté*. L'État doit faire en sorte que le patron respecte la liberté des ouvriers et n'abuse pas du contrat qui les lie à lui. Au nombre des mesures légales à stipuler, il y a, avant tout, la réglementation de la paye.

De prime d'abord, rien de plus simple que la question de la paye et toute difficulté paraît exclue. Et pourtant les ouvriers ont dénoncé, les économistes ont reconnu, et la loi a été obligée de combattre une foule d'abus sous ce rapport. Tantôt la paye se faisait irrégulièrement, tantôt on substituait au salaire en argent la livraison de marchandises plus ou moins médiocres ; ou bien encore on retenait le salaire de l'ouvrier au profit des fournisseurs et des cabaretiers, ce qui présente de graves inconvénients.

La loi a remédié à cette situation en Suisse et en Autriche. Par les modifications introduites dans le code industriel, en 1891, l'Allemagne a suivi le même mouvement de réforme. Ainsi le législateur allemand oblige les patrons à payer comptant ; la paye s'effectue à la fin de chaque mois au plus tard, à la fin de chaque semaine au plus tôt. La commune peut également ordonner que le salaire des enfants mineurs soit payé aux parents ou au tuteur. Lors de la discussion de la loi, l'abbé Hitze avait proposé des mesures plus précises et plus radicales, mais sa motion fut repoussée.

Pour protéger efficacement la liberté de l'ouvrier, il ne suffit pas de régler le payement du salaire, il faut mettre l'ouvrier à l'abri de toutes les surprises et, à cet effet, un *règlement de la fabrique* est indispensable. Ce règlement est remis à l'ouvrier le jour où il rentre à l'usine. Les conditions du travail (travail à la tâche, à la journée), le tarif des salaires, les amendes, tout est minutieusement fixé d'avance, de sorte que l'ouvrier sait à quoi il s'engage et s'expose. En Suisse, en Autriche, et depuis 1891 en Allemagne, le règlement est obligatoire.

Le progressiste Schmidt et l'abbé Hitze auraient voulu de même rendre obligatoires les *commissions ouvrières* ou les chambres ouvrières qui sont un puissant moyen de protection. Mais leur motion a échoué, grâce à l'opposition des socialistes. L'heureuse innovation du *collège des anciens* a donné les meilleurs résultats chez M. Brandts, de München-Gladbach. Pour les patrons, ce *collège* — qui n'intervient pas dans la direction — est une ressource précieuse en cas de conflit avec les ouvriers, et pour ces derniers, c'est une garantie de premier ordre. On y viendra tôt ou tard.

Dans le même ordre d'idées, l'abbé Hitze exposa aux étudiants de München-Gladbach les problèmes si intéressants du *salaire minimal*, de l'organisation des *tribunaux industriels* et des *offices d'arbitrage*, etc. Enfin, l'un de ses collègues, le docteur Brull, traita à fond la question des *syndicats ouvriers* (*Gewerkverein*) qui ont pris une extension énorme en Allemagne et dont une seule catégorie,— le système Hirsch-Dunker, — compte environ 400,000 membres.

Comme l'abbé Hitze n'avait fait que toucher en passant ce qui concerne le *contrat ouvrier* et la *rupture du contrat ouvrier*, le P. Lehmkuhl revint sur ces points et examina, dans une longue conférence, la nature, l'importance, la forme, l'obligation et la rupture du contrat ouvrier, tandis que le député Carl Bachem, de Cologne, expliqua l'organisation, la procédure, la portée des tribunaux industriels institués par la loi du 29 juillet 1890.

La famille ouvrière a besoin de protection autant et plus que l'ouvrier isolé. Avec ses exigences et ses misères, la grande industrie est pour elle une menace et un perpétuel danger. Le travail trop prolongé et surtout le travail de nuit, l'absence presque totale de la vie du foyer, l'émancipation précoce des enfants, l'amour des plaisirs, toutes ces causes agissent subversivement sur les milieux ouvriers. L'abbé Hitze considère cette situation comme l'une des plus grandes difficultés de l'époque. La loi ne peut les ignorer et elle doit seconder les efforts de l'initiative privée. Il faut qu'elle arrive à fortifier l'autorité paternelle, à assurer l'instruction et surtout l'instruction religieuse aux enfants, à limiter les heures du travail de la femme, — Hitze propose six heures par jour, — à répandre le principe des écoles ménagères! Par là les familles ouvrières se constitueront ou se reconstitueront, et plus la famille est fortement et sainement organisée, plus est grande la sécurité de l'État.

§ 4. — *L'Université populaire et les Assurances ouvrières.*

Le rôle de l'État, suivant les économistes allemands, est loin de se borner aux mesures protectrices du travail. Il est des cas où l'ouvrier se trouve dans l'impossibilité de travailler, et par conséquent de gagner sa vie. La maladie, un accident, la vieillesse, le condamnent à l'inaction. La société le laissera-t-elle mourir de faim? Sera-t-il réduit à compter uniquement sur le secours trop incertain de la charité? L'abbé Hitze ne le pense pas; à côté de la protection, il y a la prévoyance. L'État doit empêcher l'ouvrier de mourir de faim lorsque celui-ci est incapable de travail. Il le fait en créant les *assurances ouvrières obligatoires*. « En principe, comme le disait Grad, le vaillant et regretté député de Colmar, le libre développement des institutions de prévoyance serait préférable de beaucoup au régime de l'assurance obligatoire imposée par la loi... Mais pour quelques établissements industriels qui dotent et subventionnent avec générosité les caisses des malades, il en est beaucoup d'autres qui ne font absolument rien pour aider, quand le malheur les frappe, les ouvriers attachés à leur service. » L'incurie trop générale des patrons et leur manque de générosité obligent ainsi l'État à intervenir.

L'Allemagne possède une organisation complète des assurances ouvrières.

La première, celle *contre la maladie*, a été votée par le Reichstag en 1883. Elle assure un secours aux ouvriers malades en même temps qu'elle leur procure une indemnité de chômage égale au montant du salaire journalier moyen.

Pour élaborer la loi sur l'*assurance contre les accidents*, il fallut au Reichstag plus de six années de travail. Elle fut définitivement adoptée en 1884. Elle accorda aux ouvriers et aux employés dont le salaire ou le traitement ne dépasse pas 2,500 francs par an, une indemnité sous forme de rente mensuelle proportionnée au dommage. Instituée d'abord pour les ouvriers des manufactures, des mines, des chantiers de construction, cette assurance a été étendue successivement aux ouvriers agricoles, aux employés des entreprises de transport et aux marins.

L'*assurance contre l'invalidité et la vieillesse* est la plus récente de toutes. Elle a pour but d'assurer une pension de retraite aux personnes devenues incapables de travailler par suite de maladie, d'infirmité ou de vieillesse. Y sont soumis les employés, ouvriers, apprentis, compagnons, domestiques âgés de seize ans révolus et occupés moyennant salaire et dont le gain annuel ne dépasse pas 2,500 francs.

Je ne puis évidemment entrer dans le détail de cette vaste organisation des assurances ouvrières. Il faudrait reproduire les cours de München-Gladbach. L'abbé Hitze trouve que les assurances existantes ne suffisent pas. « L'assurance des veuves et des orphelins, dit-il, s'imposera dans un prochain avenir. » Il y a, en outre, des circonstances non prévues par la loi et où l'ouvrier aurait besoin d'être assisté. Certaines crises industrielles, certaines transformations techniques ont eu pour résultat de réduire à une affreuse misère des milliers d'ouvriers. Des assurances spéciales s'opposeraient au retour de tels embarras et compléteraient l'édifice grandiose où l'État a le devoir d'abriter les populations ouvrières.

§ 5. — *Les résultats de l'initiative privée.*

Nous venons de constater que les professeurs de München-Gladbach attribuent à l'État un rôle qu'on trouverait excessif dans bien des pays. Taine dit quelque part : « Rien de plus destructeur que l'ingérence illimitée de l'État, même sage et paternel. » C'est l'avis de beaucoup d'économistes chrétiens qui repoussent le système des assurances gouvernementales parce qu'ils ont plus de confiance dans l'initiative privée. Il est permis de croire qu'ils ont parfaitement raison. Du reste les catholiques allemands sont eux-mêmes loin de méconnaître la puissance de l'initiative privée comme facteur de la réforme sociale. En effet, au moment même où ils consentaient à l'ingérence de l'État, ils tâchaient de créer une foule d'institutions ouvrières plus efficaces que les lois et les assurances.

L'abbé Hitze et quelques-uns de ses collègues de l'Université populaire ont retracé le tableau de ces œuvres et indiqué les points où l'intervention de l'État est absolument impossible.

Aide-toi, le ciel t'aidera. Cet aphorisme contient l'un des principes fondamentaux de toute vraie politique sociale. Il faut que l'ouvrier commence par s'aider lui-même. Il a des vices funestes, l'intempérance, l'amour des plaisirs, l'insouciance du lendemain. La création des caisses d'épargne et l'encouragement à l'épargne sont des remèdes qui guériront en partie ces maux. Il appartient aux associations catholiques de tout genre de s'atteler à cette tâche, et par conséquent il est utile, nécessaire même, de multiplier ces associations.

Le docteur Oberdörfer entretint les étudiants de München-Gladbach des cercles ouvriers allemands et de l'œuvre des cercles ouvriers de M. de Mun. Une autre conférence fut consacrée par l'abbé Mehler aux associations des mères chrétiennes. Le curé Schmitz, de Crefeld, parla des cercles des jeunes ouvrières. L'abbé Hitze, de son côté, s'était réservé plusieurs autres questions comme, par exemple, les sociétés coopératives, la création des écoles techniques, les bibliothèques populaires, la participation aux bénéfices et surtout les logements ouvriers.

Ce dernier point est capital. A mon sens, la question des logements est pour ainsi dire le nœud de la question ouvrière. Là où elle est résolue d'une manière satisfaisante, le socialisme a presque perdu la bataille. L'ouvrier qui est convenablement logé et encore davantage l'ouvrier qui est propriétaire de sa demeure n'est pas près de se révolter contre l'ordre social. C'est parce que dans la plupart des centres industriels et surtout dans les grandes villes on lui a assigné des bouges infects que les agitateurs révolutionnaires ont tant de prise sur lui. L'ouvrier mal logé est l'ouvrier du cabaret, et le cabaret est l'église du diable, c'est-à-dire du socialisme.

§ 6. — *L'Université populaire et le socialisme.*

Cette église du socialisme a pris des proportions gigantesques. Chapelle encore imperceptible pendant la première moitié de ce siècle, elle s'est dilatée au point de contenir aujourd'hui des millions de fidèles. Elle a ses prophètes, ses apôtres, ses légions de missionnaires. Elle s'adresse à tous les mécontents, à tous les déshérités de la fortune, au paysan ruiné, à l'artisan écrasé, à l'ouvrier industriel, bref à tout ce qui est prolétaire. A tous elle dit en parodiant la parole du Christ: « Venez à moi et je vous soulagerai. » Et ils vont au « Messie du XIXe siècle », ils ajoutent foi à ses promesses mensongères, et en attendant qu'ils obtiennent la transformation universelle, ils préparent la destruction universelle.

Le socialisme, ses théories, sa genèse, son développement entraient nécessairement dans le programme de l'Université de München-Gladbach. Le P. Pesch, d'Exaeten, a exposé dans une première conférence les doctrines socialistes, depuis l'*Utopia* de Thomas Morus jusqu'au collectivisme de Marx, en passant par les communistes français Babœuf, Saint-Simon, Fourier, Louis Blanc et par l'école anglaise de Robert Owen, Hall, Thompson. Il les a soumises à une critique savante, montrant comment le socialisme n'est, d'après le mot d'Engels, que « l'héritier de la philosophie allemande », faisant toucher du doigt les contradictions, les impossibilités, les absurdités de ce système qui, réalisé, produirait la tyrannie la plus épouvantable qu'on puisse concevoir. Dans un second discours, Pesch a parlé spécialement du socialisme germanique, de son organisation, de son histoire, de ses tendances et de son expansion rapide, malgré de nombreuses difficultés. A travers une série d'évolutions, le parti est arrivé à former un véritable État dans l'État, une puissance à laquelle les excès du militarisme et les crises économiques amènent chaque jour de nouvelles recrues.

Ces recrues, il faut les lui disputer homme par homme; il faut préserver les uns de la contagion, guérir d'autres qui sont déjà frappés, en un mot soumettre à un régime et, si j'ose ainsi parler, refaire tout l'organisme social, de façon à neutraliser autant que possible et rendre inoffensif le virus socialiste. Comment obtenir ce résultat? Quelle thérapeutique suivre, quelle hygiène observer? Toute la question sociale est là !

La solution a été indiquée de main de maître par la plus haute autorité de ce monde. Dans son admirable encyclique *Rerum novarum*, Léon XIII a traité la question sociale avec une hardiesse, une précision de contours, une clarté qui récemment soulevaient l'enthousiasme du congrès ouvrier protestant de Brienne. Cette encyclique, qui est en quelque sorte la *Somme* économique et sociale de la fin de ce siècle, a inspiré l'enseignement de l'Université populaire. Les cours de München-Gladbach n'étaient que le développement harmonieux des grands principes posés par le Pape.

Mais pour bien marquer que les doctrines de l'encyclique sont les doctrines adoptées par l'Université, le docteur Brull a fait de ce document l'objet d'une conférence spéciale très explicite. Il l'a analysé avec soin ; il a fait ressortir quelle est, suivant Léon XIII, la fausse, et quelle est la véritable solution à poursuivre.

Guerre au socialisme d'une part, solutions pratiques de la question sociale de l'autre : en ces deux mots se résume l'encyclique. C'est aussi le résumé de l'enseignement social qui a si brillamment débuté à München-Gladbach.

CONCLUSION

Tout est nouveau et curieux à étudier dans cette institution catholique dont nous avons essayé de donner un rapide crayon. Ordinairement les vacances sont considérées comme une période de repos pendant laquelle on tâche d'oublier cours, livres et professeurs. Pour les étudiants de München-Gladbach, elles ont été au contraire le moment du travail le plus sérieux. En effet, une fois rentrés chez eux, les six cents auditeurs de l'Université populaire ont pris à cœur de faire connaître autour d'eux par des conférences, des articles, des brochures, les doctrines économiques et sociales qu'on leur avait enseignées. C'était là le but que visaient, le rêve que caressaient les promoteurs de l'entreprise. Chaque étudiant devait à son tour devenir centre et foyer d'un nouveau groupe de partisans plus ou moins considérable suivant l'importance du milieu où il se trouvait.

Ainsi la bonne semence confiée à quelques esprits d'élite fructifiait au centuple dans toutes les régions de l'Allemagne. Après avoir récolté, les auditeurs de München-Gladbach semaient avec ardeur, et semer des idées saines n'est-ce pas le vrai moyen de préparer la paix sociale ?

Tout semeur ayant besoin de renouveler sa provision de graines fécondes, le cours de sociologie pratique ne pouvait rester à l'état de brillant météore. Dans la pensée du comité de l'Association catholique populaire, l'institution qu'on avait appelée à la vie était une œuvre durable. Le spectacle de München-Gladbach se reproduira donc dans le courant de cette année[1]. On annonce même deux cours pour l'automne prochain : l'un se fera dans l'est, l'autre dans le sud ou l'ouest de l'Empire. Sans nul doute, les hommes de bonne volonté se retrouveront en grand nombre aux pieds des maîtres de la science sociale, et on verra l'Université populaire grandir d'année en année. Si le socialisme peut être refoulé et vaincu en Allemagne, il le sera en partie grâce à cette œuvre admirable qui, en propageant des idées sociales justes, suscite les apôtres, les hommes d'action, les héros de la charité, ceux qui passent en faisant le bien à l'instar du divin Sauveur.

1. Il y a eu en effet deux cours de sociologie dans le courant de l'automne dernier : l'un à Bamberg, l'autre à Neisse (Silésie). A Bamberg, le chiffre des étudiants s'est élevé à 800, et bien que le cours de Neisse suivît de près celui de Bamberg, il n'en attira pas moins environ 600 auditeurs. Le succès a donc été complet.

V

RÉSULTATS DE L'ORGANISATION SOCIALE

DES CATHOLIQUES ALLEMANDS

RÉSULTATS DE L'ORGANISATION SOCIALE DES CATHOLIQUES ALLEMANDS

LES ÉLECTIONS DU REICHSTAG ET LE CENTRE

« Voilà bien des années que je lutte contre le Centre, et il est toujours là qui se dresse comme une tour. Je suis fatigué, fatigué à mourir, la puissance du Centre est, au contraire, invincible. »

Il y a treize ans que cet aveu mélancolique est tombé des lèvres du chancelier de fer, et on se le rappelle involontairement à l'issue de la grande bataille électorale qui vient d'être livrée dans l'Empire d'Allemagne.

On pourrait croire que c'est hier seulement que le prince de Bismarck a prononcé ces paroles, tant elles ont un cachet d'incontestable actualité!

Le chancelier qui tient aujourd'hui les rênes du gouvernement est aussi parti en guerre contre le Centre, traînant à sa suite tous les ennemis de l'Église catholique, socialistes, antisémites, libéraux, conservateurs. Encouragé par la défection de quelques sécessionnistes, il a engagé la lutte avec le ferme espoir de rompre enfin le faisceau qui a résisté à la toute-puissance de son prédécesseur. Entreprise irréfléchie, œuvre de géant pour laquelle il n'était pas taillé! Il a eu le dessous! Le Centre est sorti intact de la redoutable épreuve, et lui, le paladin de l'empereur, est « fatigué à mourir! »

Et pourtant ils n'avaient pas manqué, les prophètes de malheur qui croyaient voir chanceler la tour du Centre! D'ores et d'avance, ils avaient annoncé que « les ferments de décomposition » de l'aile aristocratique finiraient par produire leur effet. « Le parti de Windthorst a vécu, disaient-ils après la dissolution du Reichstag! Il a eu sa verte jeunesse, il a eu ses années de gloire et de triomphe; sa décadence va commencer, il ne saurait échapper à la loi commune. La Petite-Excellence, qui a été le plus grand tacticien du siècle, a réussi à prolonger ses jours au delà du Kulturkampf. Ce n'était plus qu'une vie factice, et Windthorst disparu, le Centre s'évanouira de lui-même. Les lieutenants d'Alexandre se partageront les lambeaux de son vaste Empire. Déjà les symptômes de l'irrémédiable décadence se manifestent de toutes parts. L'élément démocratique et l'élément aristocratique sont aux prises l'un avec l'autre; au jour des élections ils s'entre-tueront dans un duel suprême. Il y aura, sans doute, quelques candidats victorieux dans les deux camps ; mais les vrais vainqueurs, ce seront les socialistes et les conservateurs qui recueilleront leur succession. Le Reichstag futur comptera encore des députés catholiques, — moins que dans le passé, — il n'y aura plus de Centre. »

Ainsi vaticinaient les prétendus voyants et ceux d'entre eux qui étaient moins pessimistes modifiaient cette appréciation en disant : « Le Centre sera singulièrement diminué ! »

Les électeurs catholiques ont laissé dire les uns et les autres sans se préoccuper des intentions ou des lassitudes qu'on leur prêtait. Puis, le 15 juin, ils ont marché aux urnes comme un seul homme, et ils ont soufflé sur le château de cartes que leurs adversaires s'étaient complu à construire. Plus de 80 députés furent élus au premier tour de scrutin et 32 ballottages permirent de compter encore sur une douzaine de sièges.

En vérité, la tour est inébranlable, comme aux plus beaux jours de Windthorst !

I

LES ADVERSAIRES DU CENTRE

Et c'est merveille qu'elle soit restée inébranlable, car jamais assaut plus passionné et plus irrésistible n'a été livré à un parti. Au dehors, le Centre était attaqué par les gouvernementaux et les socialistes ; au dedans il avait à lutter contre des tentatives de schisme qui constituaient un péril plus grave encore.

Quand on est capable de résister à de telles coalitions, on est vraiment *invincible !*

Pendant la dernière législature, le chancelier de Caprivi s'est souvent appuyé sur le Centre. Par ses manières séduisantes, par ses principes franchement chrétiens, par les avances qu'il savait faire à propos, il avait su gagner les sympathies des chefs du parti catholique [1]. Ceux-ci fondaient de sérieuses espérances sur le *Nouveau cours*, et comme Caprivi ne marchandait pas les promesses on ne lui marchandait pas davantage les concessions. Le retrait du projet de loi scolaire refroidit un peu l'enthousiasme de la première heure. Il n'y eut pas encore de rupture, mais le Centre se défia, avec raison, des bonnes intentions d'un ministre qui

1. *Caprivi ist unter Mann*, me disait un jour un des chefs du Centre.

prenait de si grands élans pour ne pas sauter. La question militaire acheva de tout gâter. Les catholiques, qui avaient à cœur les intérêts du peuple, s'obstinèrent à refuser les crédits exorbitants qu'on leur demandait : dès lors le comte chancelier exhala sa haine contre eux et résolut de les écraser à tout prix.

Ce fut une campagne sans trêve ni merci ! L'administration usa de tous ses moyens et de toutes ses influences pour faire échouer les candidats du Centre. Dans les districts où « ceux d'autour de Lieber » se trouvaient en face d'un conservateur, d'un national-libéral, d'un conservateur-libéral, d'un progressiste dissident, d'un antisémite, d'un Polonais, le gouvernement travaillait partout pour ces derniers. Lorsque la lutte était engagée entre un candidat du Centre et un socialiste, il aurait dû, semble-t-il, être favorable au Centre qui est le parti de l'ordre. Loin de là, ses partisans, par exemple les nationaux-libéraux, ont dans plus d'un cas donné leurs voix au candidat révolutionnaire. Ce n'est pas seulement à Mulhouse que les libéraux se sont écrié : Plutôt *rouge* que *noir !* On a constaté ailleurs encore que dans certaines sphères gouvernementales on préférait un socialiste à un catholique.

On ne s'en est pas tenu à ces hostilités plus ou moins négatives. On savait que, en général, l'électeur catholique d'Allemagne n'hésite pas entre un candidat du Centre et un libéral ou un conservateur protestant. Il élit celui qui partage ses convictions religieuses. Pour opérer une diversion et enfoncer le coin dans le Centre il fallait donc opposer aux députés de la nuance de Lieber un autre candidat catholique. Cette tactique, le gouvernement la suivit dans une série de circonscriptions. Et afin d'augmenter les chances de succès de ses hommes-liges, il mit en avant de hauts fonctionnaires catholiques et des prêtres. Dans la province rhénane trois sous-préfets, dont deux de très grande naissance, le baron de Schorlemer-Alst, le fils du roi des paysans westphaliens, le comte Bruhl et M. Gescher se présentèrént à Neuss-Grewenbroich, à Coblenz et à Mörs contre les candidats du Centre. A Sigmaringen-Hohenzollern, le président du district, M. le baron de Frank, se présenta contre l'abbé Bumiller. A Paderborn et à Ravensberg (Wurtemberg), le chanoine Stukmann et le curé Ilg disputèrent ces deux sièges à deux candidats catholiques. A Merzig, le grand industriel catholique, M. René de Boch, fut opposé officiellement au député sortant, quoiqu'il eût décliné publiquement toute candidature. Rien ne fut négligé de ce qui pouvait amener la dislocation et l'effondrement du Centre.

D'autre part, depuis trois ans les socialistes concentraient toute leur propagande sur les provinces catholiques de l'Empire. Ils avaient constaté aux élections de 1890 que leur échec était complet dans les districts catholiques de la Westphalie et de la province rhénane. Et ce qui les exaspérait, c'est que les populations industrielles et les populations rurales se montraient également réfractaires à leurs doctrines. Il s'agissait de briser cette résistance obstinée et, à cet effet, les chefs socialistes organisèrent dans les pays catholiques une agitation incessante, y multipliant les meetings et y répandant à profusion les journaux, les brochures et les pamphlets révolutionnaires. Ils établirent des postes d'observation sur les points stratégiques les plus favorables et de là leurs émissaires rayonnaient partout à la ronde et profitaient de tous les mécontentements et de toutes les révoltes pour recueillir des adhésions. La goutte d'eau creuse la pierre : les socialistes étaient persuadés que leurs acides destructeurs réduiraient en poudre le roc de l'Église catholique. Déjà ils chantaient victoire — tant leur propagande avait été couronnée de succès, — et ils avaient le ferme espoir qu'aux élections du Reichstag ils enlèveraient au Centre un assez grand nombre de sièges. Ils posèrent des candidatures dans toutes les circonscriptions catholiques, et s'ils n'avaient pas la naïveté de croire qu'ils triompheraient partout, ils pouvaient espérer à juste titre qu'ils profiteraient dans une large mesure de la rupture du Centre et du gouvernement.

Comme si ce n'était pas assez de deux ennemis aussi perfides, le Centre eut à en combattre un troisième qui avait surgi de son propre sein. Il y a longtemps qu'on se disait à l'oreille que de sourdes dissidences régnaient dans le Centre, que deux courants, l'un démocratique, l'autre aristocratique, emportaient ses membres dans deux directions opposées. Pas n'était besoin d'être initié au secret des dieux pour savoir qu'il existait une aile droite et une aile gauche dans le parti catholique.

Seulement on n'en parlait pas parce qu'on ne voulait pas soulever de conflits inutiles. Quelques semaines avant la dissolution du Reichstag, les électeurs catholiques d'Olpe, en Westphalie, eurent à donner un successeur à l'illustre Pierre Reichensperger. Au grand étonnement de l'Allemagne, quatre candidats, tous catholiques, se disputèrent le siège vacant. L'un d'entre eux, Fusangel, le bouillant journaliste de Bochum, eut l'imprudence de déclarer dans son manifeste électoral qu'il ferait partie de l'aile gauche du Centre. Il reconnaissait ainsi publiquement l'existence des deux ailes tant contestée au congrès de Mayence. Son espièglerie, — bien innocente à mon sens, — provoqua une véritable tempête. Le comité du Centre infligea un démenti et un désaveu formels au malheureux candidat qui avait dit tout haut ce qu'il pensait. On s'acharna contre lui, et le docteur Lieber, l'abbé Hitze, et quelques autres se rendirent tout exprès en Westphalie pour soutenir la candidature de son adversaire. Fusangel fut élu à une majorité écrasante. Il demanda à être admis dans le Centre; on lui refusa sous prétexte qu'il n'y avait pas d'aile gauche.

On en était là lorsque la discussion du projet de loi militaire vint tout à coup donner un étrange épilogue à l'incident Fusangel. Une fraction du Centre — la fameuse aile droite — vota la loi, tandis que le gros de l'armée catholique y fut hostile. Et non seulement le petit détachement commandé par le baron de Huene affirma son existence, il alla jusqu'à se séparer bruyamment du Centre. Ce n'était plus un simple dissentiment entre amis, mais la guerre entre deux camps opposés.

Les hostilités commencèrent le jour même où le chancelier de Caprivi lut au Reichstag le décret de dissolution. Les partisans catholiques de la loi militaire firent bande à part sur toute la ligne. Il y eut plusieurs pronunciamentos qui ne pouvaient qu'envenimer la discorde.

Le baron de Schorlemer-Alst se distingua par l'acrimonie de ses attaques contre les *démocrates* catholiques. Il essaya d'entraîner dans sa défection la ligue des paysans westphaliens dont il est président. En Silésie, le baron de Huene et surtout son lieutenant, le jeune comte Matuschka, publièrent dans les journaux protestants, entre autres dans la *Kreuzzeitung* de Berlin, des déclarations qu'eussent pu signer des ennemis de l'Église. A Francfort, M. de Steinle, le fils du célèbre peintre, s'allia ouvertement aux nationaux-libéraux contre le Centre. Partout ces représentants de l'aile droite se jetèrent dans les bras des protestants gouvernementaux pour culbuter le Centre. Fusangel n'avait eu que trop raison, il y avait deux ailes dans la grande armée catholique.

Pour être tout à fait exact, il faudrait dire que le Centre renfermait certains éléments à tendances fortement gouvernementales. Le mot *aile aristocratique* n'est pas juste. Sans doute les sécessionnistes appartiennent presque tous à l'aristocratie : mais le chanoine

Lender et Porsch ne sont pas nobles et, d'autre part, il y a eu plus de vingt membres de l'aristocratie qui ont voté contre la loi militaire[1]. « L'aile droite, me disait, il y a trois ans, un des membres les plus distingués du Landtag prussien, l'aile droite ce sont *nos* députés qui veulent être ministres ou gouverneurs de province, ce sont des pères ambitieux qui désirent pousser leurs fils dans l'administration. » Et il ajoutait: « Tenez, par excemple, le baron de Schorlemer-Alst qui a donné tant de fil à retordre à notre grand Windthorst: il a un fils qui est sous-préfet et un autre qui est juge. Eh bien! il a l'ambition d'en faire des présidents, et, tôt ou tard, si on le met dans l'alternative de choisir entre le Centre catholique et le gouvernement, il optera pour le gouvernement qui dispose des places et des

1. Dans le nouveau Reichstag on retrouve quelques-uns des plus grands noms de l'aristocratie catholique d'Allemagne. Le comte de Hompesch, le président du Centre, le comte Galen, le baron de Heeremann, le baron de Buol-Berenberg ont été réélus par les électeurs du Centre. Malheureusement, le comte Preysing a été battu à Straubing par un agrarien, et le baron de Mentzingen, l'un des plus zélés promoteurs du *Bauernverein badois*, n'a pas réussi à évincer le candidat conservateur, comte Douglas. Il est vrai que la circonscription de Bretten est en grande partie protestante, et le gouvernement badois a exercé une grande pression en faveur de Douglas. Malgré cela, le baron de Mentzingen a obtenu 8,389 voix, ce qui est un véritable succès quand on songe que son adversaire n'en a eu que 11,779. Grâce au dévouement avec lequel il s'occupe du *Bauernverein*, le baron de Mentzingen deviendra de plus en plus populaire, même parmi les paysans protestants, et, tôt ou tard, il réussira à prendre la place du comte Douglas.

faveurs. » A cette époque, je considérais ces paroles comme une simple boutade; mais aujourd'hui, il est évident qu'il y avait une aile droite catholique, que cette aile était gouvernementale, et si ce groupe est surtout recruté dans les rangs de l'aristocratie, c'est que l'aristocratie est; par son origine et sa nature, plus rapprochée de la cour d'où viennent les honneurs et les titres.

Aristocratique ou non, l'aile sécessionniste a essayé de détruire le Centre qui l'importunait. Il faut dire à la gloire du comte Ballestrem, qu'il s'est séparé des dissidents, ainsi que Porsch, et qu'il s'est renfermé dans un silence plein de dignité. Le baron de Huene s'était d'abord imposé la même réserve; mais bientôt il en est sorti, et, sans briguer aucune candidature, il a accepté toutes celles qu'on lui offrait et prêté son nom aux manœuvres les plus odieuses. Le comte Matuschka, un fort petit personnage, — je l'ai toujours trouvé affreusement ridicule et poseur aux congrès catholiques, — en est arrivé de suite aux injures. Le baron de Schorlemer-Alst a eu recours aux intrigues et aux stratagèmes plus ou moins francs pour arriver à ses fins. C'était à qui gênerait davantage l'action catholique du Centre.

II

LE RÉSULTAT DES ÉLECTIONS

Malgré la pression administrative et les candidatures officielles, malgré l'agitation socialiste et les défections ou les félonies de l'aile droite, on peut affirmer hardiment que le 15, le 24 et le 26 juin ont été des journées de triomphe pour le Centre. Tout en ne croyant pas à son écrasement, on pouvait admettre qu'il éprouverait des pertes considérables et que c'en serait fait de sa situation prépondérante au Reichstag. Ces prévisions ne se sont pas vérifiées. Dès le premier tour de scrutin, le Centre a eu à enregistrer des succès éclatants. Il emporta, haut la main, 82 sièges, c'est-à-dire autant que les conservateurs (50), les nationaux-libéraux (16), les conservateurs-libéraux (10) et les antisémites (3) ensemble. Il obtint de plus 32 ballottages, dont quelques-uns équivalaient à des victoires définitives. Dans l'ancien *Reichstag*, il comptait 102 membres, plus 11 guelfes protestants qui étaient ses *hôtes*. Aux élections du 20 février 1890 il avait conquis définitivement 90 mandats et les 12 autres il les avait gagnés au scrutin de ballottage. Quoique la différence des temps fût très grande, le scrutin du 16 juin 1893 ne différa pas sensiblement de celui du 20 février 1890. L'influence du Centre est restée la même ; ses ennemis n'ont pas eu de prise sur lui.

En effet, le 15 juin, les socialistes n'ont pas réussi à lui enlever une seule position. Il est vrai qu'ils ont été en ballottage avec les candidats catholiques dans quatre circonscriptions : à Cologne, à Dusseldorf, à Reichenbach-Neurode et à Wurzbourg ; mais ceci même n'était pas une victoire nouvelle. Déjà, en 1890, Cologne n'a pu être conquis qu'au second tour — c'était un siège gagné — et à la même époque Wurzbourg avait été enlevé aux socialistes.

Les candidats du gouvernement n'ont pas été plus heureux que les socialistes. Le baron de Huene a été patronné dans cinq districts de la Silésie et on l'a présenté en outre dans plusieurs circonscriptions de la province rhénane. Partout il a subi de douloureux échecs. Son siège de Neumarkt, — qu'il n'a pas défendu, — a été gagné par le protestant Limbourg-Stirum. Le sous-préfet, baron de Schorlemer-Alst, a été battu à Neuss; le sous-préfet, comte de Bruhl, à Coblenz; le président du district, baron de Frank, à Sigmaringen ; l'inspecteur des forêts, Dobbelstein, à Mulheim; le chanoine Stuckmann (un chanoine qui aurait volontiers voté deux fois la loi militaire pour obtenir un évêché), à Paderborn ; le curé Ilg, à Ravensberg; le comte Hönsbröch, à Bergheim-Enskirchen; le comte Schalscha, en Silésie, etc. Ces candidats officiels, qu'on a jetés entre les jambes du Centre ont été tous honteusement battus au premier tour de scrutin.

Les pertes du Centre ont été, par contre, absolument insignifiantes. Dans la province rhénane, il n'a perdu que le siège de Mörs, où le sous-préfet catholique Gescher l'emporta sur son concurrent. En Bavière, le fameux docteur Sigl, le rédacteur du *Bairische Vaterland*, évinça le candidat du Centre, ce qui n'est du reste pas un succès pour le gouvernement, car Sigl est l'adversaire le plus acharné qu'ait jamais connu la Prusse.

De plus ces pertes ont été amplement compensées par 11 ballottages obtenus dans des districts qui n'appartenaient pas au Centre. Bochum, Deutsch-Krone, Hamm-Soest, Diez, Duisbourg, Kreuznach, Germersheim (Palatinat), Zweibrücken (Palatinat), Wezlar, Bretten (Bade), Donaueschingen étaient représentés au dernier Reichstag par des libéraux et des conservateurs protestants. Et non seulement le Centre ne possédait pas ces sièges mais dans la plupart il n'était même jamais arrivé à un ballottage.

Ce résultat était aussi consolant qu'inespéré. On avait lieu d'être fier de ce premier jour de combat.

Le scrutin de ballottage, il fallait s'y attendre, fut un peu moins favorable au Centre. Il y eut de la part de ses adversaires de toute nuance un effort suprême pour atténuer l'effet des élections du 15 juin. Sus aux Noirs! ce fut le cri de guerre adopté par les conservateurs aussi bien que par les nationaux-libéraux et les socialistes. Un personnage ecclésiastique assez en vue eut l'infamie de s'écrier : « L'élection de ..... — un candidat catholique — serait un grand malheur! » Cette parole, inspirée par la jalousie et la haine, fut le mot d'ordre de tous les ennemis du Centre. On s'efforça d'éviter ce *malheur* au pays. Grâce à toutes sortes de manigances électorales, le parti catholique ne parvint à sauver que 10 mandats, alors qu'on espérait 15 ou 16 sièges.

En dépit de ce léger recul, le résultat général des élections est excellent pour le Centre, car voici le bilan exact des deux tours de scrutin.

Le Centre perd en tout 10 sièges : 1, Allenstein-Rössel ; 2, Essen ; 3, Dantzig-campagne ; 4, Breslau-Neumarkt (représenté par le baron de Huene) ; 5, Reichenbach-Neurode (siège de Porsch) ; 6, Rees-Mörs ; 7, Lörrach ; 8, Straubing (siège du comte Preysing) ; 9, Kelheim ; 10, Pfarrkirchen. Encore faut-il faire observer que ces mandats ne sont pas tous perdus pour la cause *catholique*. Allenstein-Rössel a été gagné par un Polonais catholique ; Rees-Mörs a élu M. Gescher, qui se pose en catholique croyant ; Sigl, le vainqueur de Kelheim, rédige un journal qui, tout en étant très hostile au Centre prussien, est très répandu dans le clergé bavarois. A Straubing et à Pfarrkirchen, ces deux sièges bavarois, les députés élus sont catholiques, mais constituent le parti agrarien.

En réalité, les ennemis de l'Église romaine n'ont enlevé au Centre que Breslau-Neumarkt (conservateur), Dantzig-campagne (conservateur-libéral), Reichenbach-Neurode (socialiste), Essen (national-libéral) et Lörrach (national-libéral).

Dantzig-campagne a toujours été un siège très disputé, et en 1890 on l'avait arraché avec grande peine aux conservateurs. De même Reichenbach-Neurode, où Porsch évinça en 1890 le député conservateur-libéral. Breslau-Neumarkt n'était guère plus sûr. Dans ces deux dernières circonscriptions, la population est mixte et les protestants y sont plutôt en majorité. Le candidat catholique y est combattu à la fois par les socialistes et les conservateurs protestants. Les socialistes y obtiennent presque toujours des ballottages. Le 15 juin il y a eu à Breslau-Neumarkt un ballottage entre le conservateur Limbourg-Stirum et le socialiste Schutz, à Reichenbach entre le socialiste Kuhne et le candidat du Centre, Conrad. A Breslau-Neumarkt le conservateur l'a emporté parce que les catholiques lui sont venus en aide avec l'appoint de leurs voix. Le socialiste a vaincu à Reichenbach parce que les conservateurs protestants n'ont pas appuyé Conrad. La perte du siège d'Essen a aussi son explication toute simple. Au second tour de scrutin deux candidats se trouvaient en présence : le député sortant Stötzel, un journaliste d'Essen, et Krupp, le grand industriel. Dans une ville en partie protestante comme Essen, la lutte était trop inégale entre le richissime industriel protestant et le journaliste ultramontain. Stötzel a succombé, mais à 2,000 voix seulement. Il a obtenu 23,000 voix et son adversaire 25,000 : défaite glorieuse s'il en fut ! Les circonscriptions de Lörrach et de Mörs renferment de même une population protestante supérieure à la population catholique. Y a-t-il lieu de s'étonner que, le gouvernement aidant, le Centre y ait été battu ?

A ces pertes si minimes on peut d'ailleurs opposer des gains très importants. Le Centre a enlevé aux nationaux-libéraux le siège de Bochum et conservé par un vrai miracle celui de Bielefeld où les électeurs protestants sont deux fois plus nombreux que les catholiques. Enfin, outre Allenstein, les Polonais ont conquis deux sièges sur les protestants. Il est donc permis de conclure que les éléments catholiques seront représentés dans le nouveau Reichstag aussi nombreux que dans l'ancien, et quant au Centre, il est moralement beaucoup plus fort qu'auparavant. Il sera désormais plus uni, plus homogène, plus libre de toute attache, plus rapproché du peuple, et par le fait même plus sûr de l'avenir.

III

CAUSES DU SUCCÈS DES CATHOLIQUES

Trois facteurs principaux ont contribué à ce résultat superbe : l'*Association populaire catholique*, la *presse* et le *clergé*.

A la fin du chapitre sur l'*Association populaire*, je disais : « Quand viendront les élections du Reichstag — en 1895, — les cadres de l'armée catholique seront organisés dans les coins les plus ignorés de l'Empire : ce sera un jeu de la mobiliser. » On vient de voir que je n'ai pas été trop mauvais prophète. Le *Volksverein* a tenu ses promesses, bien que les élections fussent survenues deux ans plus tôt qu'on ne s'y attendait. Windthorst a encore vaincu dans la tombe par cette œuvre qui a été la grande pensée de sa vieillesse.

L'*Association populaire* a si bien influé sur les élections que partout où ses cadres étaient formés, le Centre a triomphé. Nous avons vu plus haut qu'en somme, la Westphalie, la province rhénane et le Wurtemberg avaient seuls travaillé avec énergie.

Or, c'est précisément dans ces trois pays — si divers au point de vue religieux, — que les élections ont le mieux réussi. Dans le Wurtemberg, les 4 candidats du Centre ont passé dès le premier tour avec de très fortes majorités. Dans la province rhénane, 23 sur 27 l'ont emporté le 15 juin, et si au second tour le Centre a perdu Essen, les Westphaliens ont en revanche gagné la ville voisine de Bochum. En Westphalie, 8 sur 9 candidats ont été élus le 15 juin, et le 24 on y a maintenu le neuvième sans compter la victoire de Bochum. Ces chiffres ont une éloquence qui se passe de tout commentaire. Le *Volksverein* est un outil admirable lorsqu'on a le talent de s'en servir.

C'est le *Volksverein* qui avait préparé et enrôlé les troupes catholiques, la presse les a instruites, stimulées, encouragées, conduites à la victoire. On sait quelle est la puissance prodigieuse de cette presse du Centre, objet d'envie pour les catholiques du monde entier. Pendant la campagne électorale du mois de juin 1893, elle s'est montrée digne de son passé.

Elle avait à lutter contre des obstacles inconnus jusqu'ici, puisqu'elle s'est trouvée dans la triste nécessité de combattre des catholiques, les sécessionnistes de la Silésie, de la Westphalie et des pays rhénans. Elle a rempli son rôle avec autant de vaillance que de désintéressement. Sur les 450 journaux catholiques quelques très rares organes ont seuls pris fait et cause pour les dissidents. Tous les autres sont restés dans la tour du Centre. Ce qu'il y a d'étrange, c'est qu'ils avaient une grande partie de l'aristocratie catholique contre eux. Il y a là évidemment une preuve manifeste que cette presse repose sur le peuple, de même qu'elle défend avant tout les intérêts du peuple. L'indépendance des journaux catholiques a été le salut du Centre, car si financièrement ces journaux avaient dépendu de l'aristocratie, la cause catholique eût été terriblement compromise. Le Centre a vaincu aux élections parce qu'il avait à sa disposition une presse bien organisée, indépendante, populaire, courageuse, ne connaissant que sa devise : *Pour la vérité, le droit et la liberté !*

Le clergé est l'âme de la presse catholique comme il est l'âme du *Volksverein*. Je n'ai pas besoin d'ajouter qu'il a été à son poste durant ces jours de combat. On peut dire qu'il a eu sa part glorieuse aux élections du Centre. Partout, dans les réunions électorales, dans les journaux, il a déployé une activité infatigable.

D'abord il n'y a pas moins de 28 prêtres qui ont posé leur candidature. Sur ce nombre, 24 ont été élus d'emblée dès le 1er tour de scrutin. 1, Mgr de Jazdzewski a été élu à Krotoschin (Posen) ; 2, le curé Wolny à Oppeln (Silésie) ; 3, le curé Frank à Ratibor (Silésie) ; 4, le curé Cytronowski à Neustadt (Silésie) ; 5, l'abbé Hitze à Geilenkirchen (province rhénane) ; 6, l'abbé Bumiller à Sigmaringen (Hohenzollern). A ces six députés ecclésiastiques de la Prusse, il faut joindre 9 Bavarois : 1, le curé Baeuerlé, élu à Aicharch ; 2, le chanoine Harl à Wasserbourg ; 3, l'abbé Pichler à Passau ; 4, le curé Léonhard à Deggendorf ; 5, l'abbé Wenzel à Bamberg ; 6, l'abbé Schädler (aumônier du lycée) à Eischtädt ; 7, le curé Haus à Aschaffenbourg ; 8, le doyen Wildegger à Donauwörth ; 9, le chanoine

Reinde à Illertissen. Dans le Wurtemberg, Aalen a élu le curé Wengert; en Alsace, les abbés Guerber, Winterer, Simonis ont été réélus, et la Lorraine envoie à son tour 3 prêtres à Berlin, l'abbé Colbus et les deux députés sortants Kuchly et Neumann.

Les trois prêtres alsaciens, Cetty, Glöchler, Müller-Simonis, qui s'étaient présentés à Mulhouse, à Schlestadt et à Strasbourg, ont échoué le 15 juin pour des motifs que je n'ai pas à expliquer ici, et l'abbé Wacker, le grand électeur du pays badois, a succombé au second tour de scrutin contre le *sauvage* baron de Hornstein.

Poser sa candidature dans une circonscription, c'est bien, mais cela ne suffisait pas. Il était nécessaire d'organiser vigoureusement la campagne électorale, de convoquer les réunions, d'y prendre la parole, d'endoctriner les électeurs à la brasserie, dans les cercles, chez eux, partout où on les rencontrait, de réfuter cent fois les mensonges et les calomnies répandus par les adversaires de toute couleur. Le clergé sut être à la hauteur de la situation. De l'aveu de tout le monde les vicaires, — *die Capläne,* — ont fait merveille.

Je ne citerai qu'un exemple. Dans la commune de Merheim, un centre ouvrier très considérable près de Mulheim, — sur le Rhin, — les socialistes s'étaient implantés sournoisement il y a quelques années, et lors des élections de 1880 ils avaient obtenu un assez grand nombre de voix.

Le vicaire de la paroisse, Mertens, « le plus grand

théologien du diocèse », — il mesure 6 pieds et demi, — s'est mis à battre en brèche les *Rouges*, et il a travaillé avec tant de succès que le 15 juin dernier les socialistes ont de nouveau perdu à peu près tout le terrain qu'ils avaient gagné. Et l'histoire de l'abbé Mertens, c'est l'histoire de tous les prêtres rhénans.

Dans le grand-duché de Bade, c'est également le clergé, dirigé par l'abbé Wacker, qui a fait le succès relatif du Centre.

Si dans le Palatinat bavarois les catholiques ont réussi cette fois à avoir deux ballottages et à serrer de près les nationaux libéraux, le principal mérite en revient aux prêtres.

En Silésie, dans le Wurtemberg, en Westphalie, dans l'Eichsfeld, dans les pays polonais, partout le clergé catholique a été l'une des chevilles ouvrières des élections du Centre. L'action électorale est un droit auquel le curé allemand tient par-dessus tout. Le gouvernement en est parfois vexé et gêné, les libéraux sectaires sont furieux, les conservateurs protestants protesteraient volontiers, s'ils ne revendiquaient le même droit pour leurs pasteurs; mais il ne viendrait à l'idée de personne de supprimer le traitement d'un prêtre parce qu'il a exercé pleinement ses droits de citoyen. Dans ce pays de monarchie militaire, on a une idée un peu plus haute de la liberté et du droit. C'est une supériorité que pourrait lui envier plus d'une république!

CONCLUSION

Le nouveau Reichstag est au complet. Au moment où paraîtront ces lignes, il sera réuni à Berlin. Votera-t-il ou ne votera-t-il pas la loi militaire[1] ? Ce n'est pas un paradoxe de prétendre que cette question est devenue tout à fait secondaire en face du résultat des élections. On pourrait se demander plutôt, — et ce point est bien autrement grave, — comment fera le chancelier pour gouverner à l'avenir. En lançant, il y a quelques semaines, son apostrophe outrageante au docteur Lieber, il était convaincu qu'il réussirait à détacher du Centre un groupe aristocratique considérable, et que le gros du parti cesserait d'être l'axe de la majorité parlementaire. A l'aide de cette aile droite catholique, il espérait constituer un nouveau cartel à tendances plus ou moins conservatrices.

Les électeurs catholiques ont déjoué ce plan si habilement conçu. D'aile droite, pas la moindre trace, et le Centre est revenu fortifié dans le sens démocratique. Contre toute attente, les 100 voix sont de nouveau là, plus nécessaires que jamais, et le comte de Caprivi s'est emporté de telle façon que tout espoir de les attirer à lui est perdu !

1. Ces lignes furent écrites au mois de juillet 1893. On sait la loi militaire a été votée.

Dans l'ancien Reichstag deux majorités étaient possibles. En s'appuyant sur le Centre, le gouvernement pouvait s'allier, selon les circonstances, tantôt aux libéraux, tantôt aux conservateurs, et il était sûr d'avoir cause gagnée. Le Centre s'y prêtait de bon cœur et, grâce à lui, le chancelier s'est tiré d'affaire en 1890 pour le projet de loi militaire et plus tard pour les traités de commerce.

Aujourd'hui ce jeu n'est plus possible, et il y aurait de la candeur à s'imaginer que le Centre entrera dans une combinaison gouvernementale. Or, les groupements du Reichstag sont tels, que le Centre est plus que jamais l'arbitre de la situation. Les conservateurs (75), les nationaux-libéraux (53), les conservateurs-libéraux (23), c'est-à-dire les partis de l'ancien cartel, réunissent 151 voix : pas de majorité. En y ajoutant les Polonais (19), on arrive à 170; encore pas de majorité. Joignons-y les 17 antisémites, nous avons 187 : toujours pas de majorité. Même les 8 ou 9 sauvages viendraient au secours du ministre, qu'il ne serait pas plus avancé. On obtiendrait une majorité — mais dérisoire, — en enrôlant dans cette armée, déjà si bigarrée, une quinzaine de progressistes. Malheureusement pour le chancelier, il n'y a pas une seule question politique, sociale, financière, économique, religieuse, sur laquelle cette majorité hypothétique soit d'accord. Autant dire que le chancelier se trouve dans une situation inextricable. A supposer que la loi militaire soit adoptée, et on peut croire qu'elle le sera, la coalition militariste se disloquera dès le lendemain du vote. On ne s'entendra même pas sur les moyens de se procurer les crédits militaires.

Puis les petits groupes qui poursuivent des intérêts très particuliers, les Polonais et les antisémites, ne tarderont pas à exiger le prix de leur concours. Le gouvernement sera dans l'impossibilité de faire droit à leurs réclamations, et par conséquent ce sera à brève échéance la brouille, sinon la guerre. La haine des mécontents sera en raison directe des espérances qu'ils avaient nourries.

Ah! le chancelier de Caprivi est entré dans une maudite galère, et d'aucuns disent qu'il n'en sortira qu'en se jetant ou en se laissant jeter à l'eau! Il doit regretter l'heureux temps où ses sourires et ses bonnes grâces lui avaient valu les sympathies de Windthorst, de Lieber et de tout le Centre! De gaieté de cœur il s'est lancé dans une aventure sans issue avec des alliés toujours prêts à l'abandonner et capables de le trahir à la première occasion. N'aurait-il pas été plus sage de se ménager des intelligences dans cette tour du Centre qui est inébranlable sur son roc et qui est gardée par une garnison invincible?

FIN

TABLE DES MATIÈRES

III

Organisation d'une Association.

IV

Organisation d'un Enseignement social.

V

Résultats de l'organisation sociale des Catholiques allemands.

FIN DE LA TABLE DES MATIÈRES

Chalon-sur-Saône, imprimerie de L. Marceau.